UN HOLLANDAIS A PARIS

EN 1891

W. G. C. BYVANCK

UN HOLLANDAIS A PARIS

EN 1891

SENSATIONS DE LITTÉRATURE ET D'ART

PRÉFACE D'ANATOLE FRANCE

PARIS

LIBRAIRIE ACADÉMIQUE DIDIER

PERRIN ET Cie, LIBRAIRES-ÉDITEURS

35, QUAI DES GRANDS-AUGUSTINS, 35

1892

Tous droits servés

AVANT-PROPOS

Ce doit être dans une de mes délicieuses flâneries de l'après-midi, le long des quais de la Seine, que m'est venue l'idée de faire un livre avec les souvenirs de ces aventures intellectuelles. Livre de réflexions plutôt que de notes prises au jour le jour ; car j'ai cruellement souffert parfois devant l'effrayant problème de quelques existences déséquilibrées, et parfois je me suis indigné. Mais, avec le temps, j'ai trouvé pour toutes ces choses des justifications morales.

Sans doute, j'ai été téméraire en cherchant des idées générales sous des expériences passagères. Nous ne savons pas, dans le Nord, rester indifférents à la vie extérieure ou ne la prendre que pour ce qu'elle est. Nous voulons de l'immuable sous nos illusions.

Toutefois, ce qui me chagrine davantage, c'est que je crains d'avoir transformé toutes ces conversations vives en les interprétant. On voudra bien être indulgent, je l'espère, quoique le bavardage d'un voyageur soit sans excuse.

D'ailleurs, après cette confession, lisez si vous osez. Et si vous n'osez pas je tâcherai de m'en consoler un jour en reprenant ma promenade au bord de la Seine, à l'heure où le soleil se couche et où vous entre au cœur le grand apaisement dont a parlé le poète.

Menton, février 1892.

PRÉFACE

Il faut bien qu'il soit dans la petite ville d'Hilversum, où l'on tisse la laine et le coton, un de ces poêles de Hollande, dans lesquels le sage, comme au temps de Descartes, s'enferme pour méditer. Car M. Byvanck qui vit là, sous un ciel humide et doux, est un savant pensif, que la pratique des livres n'a point détourné de l'étude des hommes et qui, tout philologue qu'il est, s'intéresse au mouvement des idées. Il promène sa pensée bien au delà des prairies, des canaux et des moulins qui l'entourent ; et son esprit, dans ses veilles, va par les pays et remonte les âges. M. Byvanck a publié sur François Villon des études critiques dont nos villonistes font grand cas et qui témoignent d'une profonde connaissance de notre vieille langue et de notre vieille littérature. On trouve à la première page d'une de ces études le nom de Jean Richepin rapproché de celui de François Villon, et cette association n'a rien d'affecté chez M. Byvanck, qui connaît aussi bien les poètes français de notre temps que ceux qui vivaient sous les rois Charles VII et Louis XI.

En un bel ouvrage qui s'appelle *la Poésie et la vie au* XIXe *siècle,* M. Byvanck a étudié l'action de la société et des mœurs sur la littérature européenne, dans une période de temps qui embrasse la vie et l'œuvre de Henri Heine, de Carlyle, du cardinal Newman, de Balzac, de Baudelaire, de Hebbel et Clough, d'Emerson, de Walt Whitman et de Henrik Ibsen.

Il achève en ce moment un livre sur le mouvement social et religieux de la Hollande au commencement de ce siècle; il prépare une édition critique de deux pièces de Shakespeare, *Hamlet* et *Juliette et Roméo;* et il met la main à des études sur la poésie française au XVe siècle et sur le jargon chez les peuples romans. Un tel esprit, contemporain de tous les siècles, concitoyen de tous les poètes et de tous les savants, n'est étranger dans aucun pays de gloire. Et il ne faut point être surpris que M. Byvanck, durant quelques mois passés à Paris, soit entré si avant dans l'intimité des choses et dans le secret des âmes.

Je dirai, si l'on en veut croire un Parisien qui aime Paris comme un Italien du moyen âge ou du bienheureux quinzième siècle aimait sa ville, je dirai que M. Byvanck, doué de ce sens héréditaire du vrai qui anime tout l'art hollandais, découvre et peint avec l'exactitude d'un Téniers les coins littéraires de la capitale, cafés, brasseries, et la maisonnette rustique du chansonnier et le grenier du savant poète, où les in-folios montent sur les chaises semblables à ces monstres, témoins des antiques aventures de la terre, « qui devraient fuir la lumière du jour ». Vous pensez bien qu'un Téniers philologue est peu curieux d'étudier les belles-lettres dans les salons et l'éloquence à l'Académie. Le commentateur du *Grant testament* se plaît mieux sur le boulevard Saint-Michel, dans le café où il rencontrera un nouveau Villon. M. Byvanck a passé une bonne soirée au *Chat-Noir*, en écoutant Alphonse Allais, Georges Courteline et Maurice Donnay, qui y répandaient leur esprit subtil et leur divine fantaisie. Ils y tiennent école de sagesse, nous enseignant, avec une grâce renouvelée d'Aristophane, à mépriser la fausse vertu et le faux génie des heureux de ce monde et à sourire des sots, des méchants, des hypocrites. Ce cabaret est une grande et belle école de morale. Les poètes charmants du *Chat-Noir* professent l'ironie et la pitié, qui de toutes les vertus humaines sont, à y bien regarder, les seules innocentes et les seules exquises. Ils ne respectent point les ministres et les sénateurs; mais ils respectent les pauvres, et ils sont socialistes sans violence et sans haine. M. Byvanck a trop d'esprit pour ne pas se plaire au *Chat-Noir*. Le *Mirliton*, plus rude et plus âpre, l'a charmé. Le *Mirliton* est ce café du boulevard Rochechouart où l'on entend Aristide Bruant, le chansonnier qui le premier exprima le pathétique de la crapule. Ce chantre terrible des filles, des souteneurs et des voleurs a émerveillé le philologue d'Hilversum, comme il a depuis étonné M. Oscar Wilde, qui fait profession de ne s'étonner de rien.

C'est aussi qu'Aristide Bruant a su donner à sa poésie et à sa personne un caractère soutenu, une physionomie originale et se composer tout entier, corps et âme, en grand style canaille, avec une perfection qu'atteignirent seuls avant lui quelques cyniques grecs et, mieux que tout autre, ce Diogène qui fut, vivant, la plus amusante des œuvres d'art.

Pendant son séjour à Paris, M. Byvanck semble avoir eu constamment cette bonne fortune qui favorise les compères de revues et les fait se trouver à propos aux spectacles les plus intéressants. A peine le docte Hollandais a-t-il fait quelques pas sur le boulevard des Italiens, qu'il y rencontre Catulle Mendès. Et le poète aussitôt se répand en propos ingénieux, et, comme Alcibiade avec les joueuses de flûtes, anime le banquet des lettres par des discours subtils et savants sur les lois du rythme et sur les troubles de la chair! M. Byvanck s'assied-il à la table d'un café, Paul Verlaine y prend place auprès de lui, si las, si mystérieux et l'œil plein de telles lueurs, qu'il semble revenir de contrées où nul autre n'est allé.

Et si, vers minuit, remontant le boulevard Saint-Michel et laissant derrière lui le palais ruiné du pieux empereur Julien, il s'achemine vers un café très nocturne, il ne manquera pas d'y rencontrer Jean Moréas, tranquille et superbe, et de recueillir les paroles lapidaires du poète pindarique. Manifeste éloquent, auquel il convient d'ajouter les illustrations ardentes de Charles Maurras, si l'on veut connaître toute l'esthétique de la jeune école romane. Et toujours le hasard ou quelque bon génie favorise M. Byvanck : dîne-t-il chez des amis : Maurice Barrès est l'un des convives, Maurice Barrès, le plus fin, le plus rare, le plus exquis des causeurs et le plus habile à manier la douce ironie. C'est aussi une heureuse inspiration qui conduisit notre Hollandais chez M. Marcel Schwob, qui fait de si beaux contes, qui sait si bien la vieille langue française et qui a tant d'humour et de philosophie.

M. Byvanck a recueilli avec soin les propos de M. Marcel Schwob, et il a su les mettre sur le papier dans leur force et leur chaleur, avec tout leur mouvement. On trouve dans le livre du *Hollandais à Paris* d'autres conversations bien intéressantes, entre autres celle de Jules Renard, le plus sincère des naturalistes, sur Flaubert et sur le style. M. Jules Renard ne veut pas que la phrase chante et il en donne pour raison qu'il faut être naturel. Il oublie de prouver qu'il est plus naturel de parler que de chanter, ce qui ne pourrait s'établir par l'exemple des oiseaux et des poètes lyriques. Notons aussi une consultation de Jean Richepin sur J.-K. Huysmans et sur J.-H. Rosny, et un intermède de M. Léon Cahun sur les janissaires et sur les soldats mongols du xiiie siècle,

Ce divertissement interrompt tout à coup, avec des chocs et des éclairs d'armes blanches, le cours paisible du drame littéraire. C'est le ballet des sabres.

Quant au théâtre, M. Byvanck, à qui suffit la comédie humaine, ne va guère entendre des drames. Mais, pour une fois qu'il est allé à l'Odéon, il y a vu *Amoureuse* de M. de Porto-Riche, et certes on peut dire que cette fois encore il ne tomba pas mal. M. de Porto-Riche a l'accent profond et vrai; il porte au théâtre une sincérité inconnue. Il est sensuel et triste; il est tendre et désabusé, il est violent et délicat, et il donne à ses personnages une âme vivante et des paroles qui vont au cœur et le déchirent. Je veux, comme M. Byvanck, aller au théâtre les jours de Porto-Riche.

Il est intéressant aussi de faire avec lui une visite aux ateliers du peintre Carrière, du peintre Claude Monet, du sculpteur Rodin, et là, parmi les toiles impressionnistes et les maquettes mouvementées, de disputer des lois de l'art et de l'idéal nouveau. Querelles amusantes et vaines, qui ne cesseront jamais! Frivolités sublimes! Nous n'en savons pas plus long aujourd'hui sur les lois de l'art que les troglodytes de la Vezère qui dessinaient à la pointe du silex le mammouth et le renne sur l'os et l'ivoire.

En rapportant tous ces propos de lettres et d'art, M. Byvanck y a mis son âme, une âme douce et bienveillante, pieuse et morale, candide et savante, d'un invincible optimisme.

Anatole FRANCE.

UN HOLLANDAIS A PARIS

EN 1891

UNE CAUSERIE

En parlant des romans de Rosny, qu'il appréciait fort, Richepin nous dit : « Leur grand défaut, c'est que l'auteur veut nous y apprendre trop de choses. A Paris, on se comprend à demi mot ; quelquefois même avant. Pourvu que la pensée des autres soit à peine indiquée, nous la complétons. Si on nous fait des conférences, nous nous en allons. »

— « Je ne conçois pas qu'on attache de l'importance à une explication théorique, » remarqua l'auteur de *Sourires pincés*. Une théorie, en soi, peut être très belle comme fantaisie, mais d'ordinaire elle n'a rien de commun avec les faits dont elle veut donner l'interprétation. Et l'homme qui l'applique à ce qu'il a observé me fait l'effet d'un père, qui, par vanité, fait promener son fils dans des habits trop larges pour son âge. »

Un autre observa : « Toutes ces considérations, où se complaît un auteur, me semblent superflues pour cette seule raison que l'auditoire a d'ordinaire plus d'esprit que l'orateur, et que le public des lecteurs vaut mieux que l'écrivain. Le sonneur de cloches est un juge moins sûr des sons qu'il produit que les gens qui écoutent à distance. »

— « Du moins c'est ce que pensent les gens qui écoutent à distance, » s'empressa d'ajouter le quatrième. « Pour moi, on n'a jamais flatté plus délicieusement mon amour-propre qu'en me disant : Il y a dans ce que vous avez écrit là bien plus que vous ne soupçonnez vous-même. »

Le sujet était épuisé. L'entretien qui suivit offrit aux interlocuteurs plus d'une occasion de pratiquer le contraire de ce qu'ils venaient de dire. C'est l'issue fatale de ces sortes de conversations.

UNE EXPOSITION DE TABLEAUX

C'est le dimanche de la Pentecôte. J'aurais aimé à rafraîchir mon esprit mortifié par l'étude des manuscrits, en prenant un petit bain d'air et de verdure; mais le temps est au froid et le vent souffle brutalement sur mes projets. Je suis contraint, aujourd'hui, de remplacer la nature par l'exposition de tableaux au Champ-de-Mars.

Dans les salles, le vrai public du dimanche. On se bouscule devant les tableaux à effet.

Deux agents se promènent devant la toile où Jean Béraud a représenté le Christ au milieu de gens qui viennent de dîner; une actrice du Théâtre-Français, qui, par l'éclat de sa toilette, relève d'une note gaie la tristesse des habits noirs, est étendue, éperdue et pénitente comme Madeleine, aux pieds du Consolateur; un des convives s'attache avec un soin minutieux et une infinie précaution à bien allumer un Havane, dont il hume avec volupté les premières bouffées.

L'impression que laisse le tableau est trop compliquée pour qu'on puisse la résumer banalement; aussi la foule réserve-t-elle son jugement sur les œuvres d'art, jusqu'à ce qu'elle soit arrivée devant de l'imagerie moins troublante. « C'est du papier peint ! » On pousse ce cri devant le portrait d'une personne qui, grâce à une faute de perspective, semble rentrer dans le mur de son boudoir. « Jamais une vache n'a été ainsi faite; ce n'est pas la couleur d'un visage. » Telles sont les exclamations que j'entends autour de moi. Par-ci, par là, une protestation de connaisseur, plus ou moins indignée : « La peinture n'est pas une photographie; en voilà un qui nous montre ce qu'il a vu ! » Quelques farces et quelques curiosités innocentes à propos des nudités exposées.

Comme cette promenade à travers des salles bien remplies, le regard pris par ces interminables murailles voyantes, élève mon esprit au-dessus de tous les minces soucis ! Le sentiment de la réalité des choses d'art s'infiltre peu à peu en moi. « Enfin je respire, » disons-nous lorsqu'arrivés aux dernières dunes de sable, la mer, bonne grondeuse, s'épand devant nous. « Ici je respire, » dit mon âme. Certes, la société nous donne la liberté. Ah ! quelle pauvre part pour ma liberté personnelle, étouffée par toutes les libertés que les autres s'arrogent. L'art nous donne l'affranchissement de l'âme.

Quelques impressions de détail bien définies se greffent sur le sentiment vague que me suggère l'aspect général. Une ouverture dans la masse des spectateurs me donne soudain, de loin, la vision d'une campagne idéale de Puvis de Chavannes ou d'un de ses élèves; les figures, les arbres, la prairie seulement indiquées par des lignes sommaires, les couleurs transparentes et lumineuses. Et c'est comme l'illusion d'une vie grandiose à distance, qui tout d'un coup se rapproche de notre œil.

Il me semble que c'est bien là un caractère distinctif de l'art, cette faculté de transporter les objets loin de nous de façon que l'attouchement direct soit remplacé par un rapprochement idéal. La distance entre le spectateur et les choses qui l'affecteront différera au gré des siècles divers et de l'esprit du siècle. Plus nous deviendrons sensibles, et moins nous pourrons supporter que les choses soient trop voisines de nous.

Un groupe de portraits et de tableaux, peints par Carrière, — quoique sa manière de traiter les sujets soit tout autre que celle de Puvis de Chavannes, — donne cette même sensation de vie, incapable d'exprimer son charme inhérent, si on ne l'ôte de l'horizon ordinaire de l'œil humain.

Je suis allé voir, récemment, son exposition particulière. A dire vrai, ma sympathie pour le talent de Carrière ne s'est éveillée qu'après avoir quitté les salles de Boussod et Valadon ; le brouillard dans lequel le peintre noie ses figures ne permet guère de vision nette que lorsqu'on a tourné le dos à ses tableaux. Mais aussi alors, comme elles occupent notre imagination, ces têtes d'enfants, ces mères qui tiennent leur nourrisson sur leurs genoux ! Elle continuait à hanter mon imagination, la pâle fillette qui, sortant des ténèbres de la toile, darde sur nous son regard pénétrant et qui, je ne sais pourquoi, vous serre le cœur d'une tristesse et d'une angoisse infinies. L'esprit et la naïveté en même temps y sont affinés jusqu'à la douleur. Non pas que l'expression soit forcée : au contraire, la physionomie, flottant dans le vague du brouillard, se dérobe plutôt à notre vue ; elle nous contraint et nous dit d'aller à sa recherche et l'émotion est partagée entre le spectateur et le portrait même.

Ici, devant l'exposition de Carrière au Champ-de-Mars, cette sensation se renouvelle. La petite sœur, qui ne peut se retenir de baiser la joue du bébé, tout en craignant de l'éveiller, la mère, qui presse, ah! si doucement, contre son cœur le tendre enfant de ses rêves, ne nous disent rien à la manière d'une anecdote, mais elles suggèrent l'émotion chez le spectateur par la perspective lointaine où se réfugie cet attouchement frêle du corps à corps. La vie, dans ces tableaux, ne fait que nous effleurer ; à peine sensible, elle semble ne s'adresser qu'au cercle extrême de notre conscience, et pourtant elle émet une vibration qui, pénétrant jusqu'aux parties intimes du Moi, l'émeut tout entier.

Sensation bienfaisante ou pénible ?

Comme le peintre a mis, à côté de ses mères et de leurs enfants, le portrait d'Alphonse Daudet, dont les traits amaigris disent l'angoisse d'un homme luttant contre une maladie fatale, il m'est impossible d'interpréter le choc que je ressens devant ces sombres tableaux de bonheur domestique, autrement que par un sentiment de douloureuse pitié.

Carrière nous donne l'impression de la vie en dehors de nous, et néanmoins de la vie qui tient intimement à notre conscience; il touche une corde qui rend un son plaintif ; et cette plainte même élargit la peine que nous enfermons au fond de notre cœur. L'artiste presse les choses qu'il veut représenter, jusqu'à ce qu'il en ait exprimé la goutte de douleur qu'elles enserrent. Il montre ainsi qu'elles sont bien vivantes, et cette vie même nous console de la misère qui y est attachée.

Lui et cet autre grand peintre avec ses tableaux riants à grand traits lumineux nous offrent ce que nous possédons déjà et ce que nous aurons toujours : une réalité qui se dérobe à notre regard et que nous ne pouvons atteindre qu'au moyen de notre sympathie.

UN ATELIER DE SCULPTEUR

Rodin nous reçut dans son atelier. Sa personne me faisait penser à un mot qu'on me disait l'autre jour. De notre temps, tout le monde, sauf l'artiste, ressemble à un artiste. L'homme qui, créant sans cesse, s'adonne tout entier à son œuvre, n'a guère le loisir de penser à son extérieur : il amasse son capital de talent ; et le monde lui en emprunte quelques bribes.

Rodin nous montra ses œuvres en cours d'exécution, ou qu'il venait d'achever : un monument consacré à Victor Hugo : — le poète est au bord de la mer et écoute l'écho de ses chants, une vierge guerrière, casque en tête, un groupe de deux amants, plus grands que nature.

Il nous ramenait avec persistance à sa grande Porte de l'Enfer, couronnée par la figure de Satan, décor monumental, qui rivaliserait avec les portes de Ghiberti, au Battisterio de Florence.

« Que de pensée, combien de jours d'étude accablante n'y a-t-il pas là! » nous dit-il; « toute la vie a passé devant mon esprit, tandis que j'étudiais cette œuvre. Souvent j'ai exécuté à part et seulement pour moi les idées qui me venaient en travaillant. Voyez ces amants, condamnés aux peines éternelles; ils m'ont donné l'inspiration de représenter l'amour dans les phases et les poses différentes où il apparaît à notre imagination. Je veux dire la passion, car, avant tout, l'œuvre doit être vivante. »

Et continuant à parler, tandis qu'il sortait de tous les coins de la salle des maquettes en terre glaise, qu'il posait sur des tréteaux :

« Avant tout, il faut qu'ils vivent, mes bonshommes, naturellement; parce que, comme on dit, un chien vivant vaut mieux qu'un évêque mort. L'expression définie, dont nous voulons doter la vie, ne vient qu'après; la beauté des formes ne vient qu'en troisième lieu : c'est le couronnement final. Mais le principal, c'est la vie. »

Et poursuivant mentalement le train de ses idées, tandis qu'il les reportait à son expérience personnelle, il ajouta : « Comme nous pouvons nous tromper sur nous-mêmes ! Savez-vous quel est le plus grand ennemi de l'artiste ? Le talent, qu'il apporte en naissant. L'habileté, l'adresse des mains, le *chic*, en un mot, nous gâte et nous perd. Nous croyons être parvenus au sommet de notre art, aussitôt que nous avons produit, et nous ne cherchons pas plus loin. Ce n'est pas cela seulement; mais nous méprisons ceux qui n'ont pas la même adresse. Figurez-vous, quand j'étais jeune garçon, pas plus haut que cela, je travaillais à l'atelier de Barye; j'aurais pu devenir son élève, mais je l'ai quitté, parce que l'homme ne me semblait pas grand'chose. Il était si simple dans ses discours et ses manières ; il ne pensait pas à la réclame ; il cherchait, cherchait toujours ; je croyais que jamais je ne pourrais rien apprendre de lui. Vingt ans après, derrière une vitrine, je remarque deux lévriers modelés en bronze. Ils couraient. Ils étaient ici, ils étaient là, pas un seul instant ils ne restaient en place. Je les voyais courir : c'était signé : Barye. L'idée, soudain, illumina mon esprit: voilà l'art, voilà la révélation du grand mystère ; exprimer le mouvement par le repos. La sculpture antique le savait bien; nous ne faisons que balbutier. Barye avait trouvé le secret. Il est le grand homme de notre siècle. »

Et Rodin répéta encore : « C'est l'homme du siècle. »

Nous étions groupés autour des petites figures, dans lesquelles l'artiste avait réalisé ses idées sur l'amour.

C'était d'abord une bacchante lascive, qui éperdûment, d'une folle étreinte, enlace le corps d'un vieux satyre. Le visage du satyre est dur et triste. C'est la sève débordante de la jeunesse, qui veut communiquer son trop plein d'ardeur à la sagesse, fille de la tristesse et de l'impuissance.

Venait ensuite le groupe d'un jeune héros et d'une femme, le Printemps où l'Amour, qui se met en travers de son chemin. Elle s'offre à lui, s'il se donne seulement la peine de la désirer, avec tous les trésors de sa beauté. Et c'est l'équilibre entre la virilité et le charme féminin.

Le troisième groupe symbolise l'extase de la passion : un jeune homme à genoux, qui effleure de ses lèvres le ventre de la bien-aimée, debout devant lui.

Cette suite de figurines m'affecte un peu de la même manière que les tableaux de Carrière. Elle révèle la distance, ici de la jeunesse à la satiété, là de la fierté de l'homme à l'ensorcellement de la femme, — qui, avec ce petit groupe de la nymphe et du jeune faune en adoration devant elle, se résout en un tendre attouchement, élevant l'âme jusqu'au ravissement.

L'expression du sculpteur est bien différente de celle du peintre, mais la signification est la même. Le sculpteur doit s'attacher au corps matériel et à ses formes : Rodin parle directement aux sens.

Il n'a d'œil que pour les gestes et les articulations des membres du corps humain, et tâche de donner à ces mouvements leur expression la plus intense. Il représente la terreur qui détruit toute pudeur, par une femme nue, se pressant dans son désespoir les pieds contre le visage ; et le spectateur ne voit que le bas du corps, dans la tension violente de toutes ses parties.

Rodin poursuit le poème de la beauté féminine jusqu'à la limite extrême. Je ne connais rien de plus saisissant dans son œuvre que le bronze d'une vieille, qui regarde d'un œil sec sa nudité décharnée et flétrie. Ah! pour de l'expression, en voilà ; mais la beauté de la forme n'y est pas oubliée; elle ressort de la puissance de la charpente, qui se dessine fortement sous la chair desséchée, de l'orgueil du crâne chauve et de la ligne du nez, que la fatalité n'a pu défigurer.

L'artiste a bien le droit de dire une fois sa pensée tout entière.

SUR LE BOULEVARD

La conversation tomba sur la valeur qu'on devait attacher aux idées de Rodin sur l'art.

— « Il y a là plus d'une chose qui me frappe par sa justesse, dit Catulle Mendès, et sa doctrine pourrait s'appliquer à la poésie aussi bien qu'à la sculpture. Le poète, » — et il prononça ce mot non seulement avec l'autorité d'un connaisseur en littérature, qui avait affiné son jugement par la fréquentation journalière des grands poètes de son temps, mais encore avec l'*orgueil* d'un maître en poésie, — « le poète ne fait pas des mosaïques, et quoique, suivant Banville, la rime soit tout le vers, on serait bien loin de la vérité si on disait que les vers français sont des bouts rimés.

« La rime est comme l'expression de ce que nous voulons dire; mais il y a une chose dans la création du poème, qui précède toute expression : c'est la vie du poème, un sentiment presque inconscient, qui monte et descend sourdement en moi, un rhythme vague sans césure définie, un mouvement comme celui de la mer quand elle arrive dans une nuit d'été jusqu'à vos pieds, puis se retire avec son clapotis tendre. Soudain, sur cette mer, se lèvent des pointes lumineuses. Ce sont les mots expressifs, qui résument notre sentiment, la terminaison de nos vers, le point vers lequel tend notre pensée. Et chacune de ces pointes en évoque une autre, sa compagne, avec laquelle elle est liée intimement soit par contraste, soit par harmonie. Ce sont les couples de rimes. Elles attirent naturellement vers elles toute la file des mots, qui complètent le vers.

« Ce qui dans Victor Hugo passe ma compréhension, c'est la force et la justesse de ses rimes. Prenez simplement un passage bien connu des *Feuilles d'automne :*

> Va prier pour ton père ! — afin que je sois digne
> De voir passer en rêve un ange au vol de cygne,
> Pour que mon âme brûle avec les encensoirs !
> Efface nos péchés sous ton souffle candide,
> Afin que mon cœur soit innocent et splendide
> Comme un pavé d'autel qu'on lave tous les soirs !

Et remarquez comme le mot *encensoirs* ne prend toute sa valeur pour l'imagination que par l'obscurité qu'apporte la rime *soirs*, qui le suit. Quand ailleurs la pensée de Victor Hugo rencontre l'image du sommet de la *Jungfrau*, comme le symbole de la pureté d'âme absolue, il y a là une pointe lumineuse qui en attire une autre, et la rime *taureau* surgit dans son esprit. Non seulement parce que la syllabe finale avec sa consonne d'appui donne une résonnance pleine, mais aussi parce que le mot éveille en nous l'idée de force virile en contraste avec la montagne vierge. Ainsi la pensée et la forme se tiennent indissolublement. Il semble presque que la langue ait créé ce mot justement sous cette forme pour que le poète pût l'employer en cet instant précis. Cette parfaite aisance à trouver le mot nécessaire est signe de maîtrise.

« La poésie lyrique, qui ne demande qu'un nombre restreint de lignes pour exprimer nos sentiments, nous révèle cette genèse du vers de la manière la plus probante. Une œuvre de longue haleine exige naturellement, en dehors de l'inspiration, la connaissance profonde du métier. Mais cette expérience du métier, — nous parlons d'un maître, n'est-ce pas? — qu'est-elle donc, sinon l'inspiration, à laquelle il a appris à lui obéir au premier mot? »

— Ces dernières paroles donnèrent un autre tour à la conversation et la portèrent sur Baudelaire et sur la faculté qu'il exigeait du poète : commander à la poésie.

— « Je n'aime pas Baudelaire, » dit un des convives ; « je ne crois pas qu'il ait eu bon cœur. »

— « Il ne l'avait probablement ni bon ni mauvais, » lui répondit Catulle Mendès. « Il y a eu un temps de ma vie où je le voyais presque journellement et il se peut qu'alors j'aie parfois été peu satisfait de ses procédés, que même j'aie cru y découvrir quelque fausseté; mais à présent, tout bien pesé, je n'y vois que de la sincérité et de la bienveillance. C'était un caméléon, que Baudelaire, et quoiqu'il proclamât bien haut son indépendance de tout lien et de toute personne, aussitôt qu'il avait parlé à quelqu'un il se laissait impressionner par son individualité. Avec un fat, il était fat, avec un savant, il était savant, en causant avec un ouvrier il était homme du peuple. Ceux qui le fréquentaient ne savaient jamais à quoi s'en tenir. Théophile Gautier lui-même, qui a écrit sa notice biographique, ne l'a jamais compris. »

— « Et Banville? » demanda quelqu'un.

— « Banville, » reprit Catulle Mendès, « a fait de son mieux et a un peu exagéré comme toujours ; mais il n'a pas saisi le caractère de Baudelaire. Voulez-vous savoir ce que c'était que Baudelaire ? » Et ici, on vit percer le boulevardier, qui croit bien connaître les gens, quand il a trouvé le défaut de la cuirasse. « C'était un grand poète, qui faisait difficilement ses vers. Ça ne coulait pas chez lui. Vraiment. Il n'était pas abondant. Vous vous rappelez bien, parmi ses poèmes, les sonnets irréguliers qui s'y trouvent en assez grand nombre ? Gautier a cherché à excuser leur irrégularité, en disant que ce n'est que dans sa seconde période que Baudelaire a appris, et appris de lui, à bâtir un sonnet suivant toutes les règles. Je n'en crois rien. Baudelaire avait beaucoup trop de goût et d'instinct des formes. La raison est toute différente : c'est qu'il n'avait jamais eu l'intention d'en faire des sonnets. Le soir, il rentrait chez lui avec le projet d'écrire un grand poème, dont le commencement seul lui venait à l'instant : deux strophes tout au plus. Le matin suivant, l'inspiration lui manquait ; il se hâtait alors d'y ajouter quelques vers pour terminer, et cela devenait à peu près un sonnet. Il ne trouvait qu'avec difficulté ce qu'il voulait dire. Il changeait et modifiait sans cesse jusqu'à la publication définitive ; la dernière épreuve apportait souvent les plus grandes transformations, et quelquefois il ne restait pas un mot de ce qu'il avait écrit en commençant. La première version de la traduction des nouvelles de Poë était assez mauvaise ; peu à peu, pendant qu'elle passait sous la main des imprimeurs, elle a reçu la forme définitive et lucide que nous lui connaissons. Créer était pour lui un chagrin et une peine. Ce n'est pas, — loin de là, — que le talent de Baudelaire manquât de puissance et de vigueur ; mais il n'était pas abondant. C'est là que le bât le blessait. »

Ce m'est un grand charme d'écouter d'authentiques récits sur la manière d'être et de travailler des grands hommes. Surtout lorsqu'il s'agit de poètes ; parce que, dans leur continuel retour sur eux-mêmes, ils ont développé jusqu'à l'extrême limite les facultés qu'ils ont apportées en naissant, et que, hors de la gangue des circonstances accessoires, ils ont fondu leur propre type, pur de tout alliage. Un artiste ne peut pas mentir ; il donne ce qu'il a ; il montre ce qu'il y a au fond de la génération de ses contemporains, et ce que la génération suivante seulement commencera à révéler au jour. A ce point de vue, on peut dire que le poète est un prophète : en nous dévoilant son propre secret, il nous annonce ce qui, dans un avenir prochain, sera une publique vérité.

Mais le passé convient peu à une conversation animée. Les causeurs préfèrent saisir des figures momentanées qu'à leur plaisir ils se jettent et se renvoient : le présent seul les intéresse.

Aussi le petit groupe dont Catulle Mendès était

le guide, s'étant rendu, après la fin du dîner, dans un café du boulevard, changea bientôt de sujet de conversation et remplaça la dissertation littéraire par des propos qui étaient mieux en accord avec la vie environnante.

On parlait de la femme.

Un artiste comme Catulle Mendès, qui de plus est un homme du monde et du boulevard, devait sûrement pouvoir raconter de charmantes anecdotes. Beaucoup de gens se rappellent encore le succès qu'il remportait dans sa jeunesse, simplement par le prestige de sa personne. Lorsqu'au théâtre de Toulouse, où demeuraient ses parents, il entrait dans la loge de sa mère, une beauté célèbre, les spectateurs souvent se retournaient pour admirer l'arrivée de ce jeune homme, dont les cheveux blonds cendrés encadraient langoureusement la noble et sensuelle figure judéo-hellénique.

Le talent lui était venu de même source que la beauté. Le nom de Catulle, qu'il a reçu à sa naissance, montre les goûts littéraires de la famille. Son grand-père, un banquier, aimait passionnément la poésie. « J'étais trop jeune pour l'avoir connu avant que la catastrophe de 48 mit fin à ses affaires et à sa vie, » m'a dit Catulle Mendès un jour, « mais je me suis toujours senti avec lui dans un rapport intime. Un jour, je ne sais plus à quelle occasion, je visitai, encore enfant, son tombeau avec ma famille: je fus poussé irrésistiblement et, tombant à genoux, j'embrassai la pierre avec fer-

veur, comme si la meilleure partie de mon être
y était ensevelie. Bien plus tard, un livre de sa
bibliothèque me tomba entre les mains. C'était un
recueil de poésies, dont il avait noté les vers faibles,
et, — remarquez bien que c'était en 1840, personne ne pensait encore aux Parnassiens, — il
condamnait les vers mêmes que je n'aurais pas
laissé passer. »

L'heureux possesseur de dons si précieux, qu'une
fée bienfaisante a placés dans son berceau, peut
marcher d'un pas agile et sûr à travers la vie. Et
cette sûreté du talent, qu'on ne doit pas confondre avec l'adresse, n'exclut pas les soins méticu-
leux donnés au style et à l'observation ; au contraire, elle est précisément la condition de cette
exactitude, parce que c'est elle qui forme la
conscience de l'artiste.

Cependant il y a une ombre au tableau d'un
artiste aussi choyé des Muses. Le talent exclusif
le place à part et hors du monde ; il regarde ce
qui se passe autour de lui, comme une matière de
livres futurs ; il ne vit jamais complètement en
unisson avec son entourage. Ne lui reprochons
pas, pour notre part, de prendre la vie en spectateur, nous qui sommes les premiers à en profiter.
S'il n'apportait pas avec lui dans le monde l'é-
bauche du roman dont son esprit est plein, il ne
l'achèverait jamais pour notre plaisir.

Les observations de Catulle Mendès sur les
mœurs contemporaines étaient moins plaisantes

que sérieuses, quoiqu'elles ne fussent pas plus édifiantes pour cela.

Il peignit à grands traits l'état de la société : l'amour devenu une convention, comme toutes les autres aspirations de l'humanité, la licence réglée comme un appétit banal et le jour de l'adultère suivant strictement le jour de théâtre ou le jour de réception, sans jamais enjamber.

Aux temps d'Hérodote, — il est permis de citer le vieux conteur éternellement jeune, même sur le boulevard, — les femmes ne perdaient la pudeur qu'en quittant leur chemise, et la retrouvaient évidemment en reprenant ce vêtement. Aujourd'hui elles peuvent être en grande toilette sans en garder la moindre trace.

Quelques anecdotes complétaient ce tableau en donnant un aperçu des sentiments du demi-monde. La recherche des raffinements sensuels n'y connaissait plus de frein. Et c'était un renversement de tous les rapports naturels et une exploitation de la bête humaine au profit d'une curiosité insatiable de jouissances.

« Je ne connais rien de plus vil et de plus lâche, » dit Catulle Mendès, en citant le cas d'une actrice, qui, en vacances, s'était donné une petite orgie presque maternelle dans une ville d'eaux. « Il y a là un manque d'équilibre mental, une désorganisation de tous les sentiments affectifs, qui vous ferait reculer d'horreur, si l'on n'avait pas déjà fait quelque chemin dans le monde. Nous ne nous émotionnons plus facilement. Mais voulez-vous que je vous raconte une chose qui m'a ému et m'a fait réfléchir longtemps ? » Et la voix du poète, quittant le ton un peu mélodramatique qui convenait à la conversation, devint naturelle et enveloppante : « c'est une histoire arrivée qu'un de mes amis me racontait récemment. »

L'artiste puisait-il dans sa fantaisie, ou nous disait-il une histoire de sa propre vie ?

— « C'était une jeune femme, dont me parlait mon ami — jeune? — en tout cas elle n'avait pas plus de vingt-cinq ans, — charmante, spirituelle et presque jolie. Elle vivait séparée de sa famille et avait quelque fortune, ou du moins elle en avait eu. Elle fréquentait les cafés des deux rives de la Seine et était admise, ou presque, dans des cercles d'artistes, d'étudiants et d'acteurs. Jusqu'ici rien pour nous étonner : nous connaissons assez de détraquées, qui courent les cabotins. Mais l'étrange douceur de ses yeux de bête craintive; l'humble désir de plaire qui caractérisait toutes ses démarches, sans jamais désirer un retour; ce besoin de rendre service, de se sacrifier, qui lui faisait vider sa bourse pour le premier venu, sans qu'il lui restât un sou pour le lendemain, — tout cela avait frappé mon ami au vif.

« Ils devinrent intimes; il prenait plaisir à causer avec elle, et toujours il la trouvait prête, exacte au rendez-vous, enjouée et amie fidèle, mais toujours aussi il retrouvait sur son visage cette impression d'humilité et de soumission, comme si elle lui demandait pardon d'exister en répandant le bonheur autour d'elle.

« On lui raconta de tristes histoires sur son compte, et elle ne s'en cacha guère. Elle avait habité une maison meublée, refuge de la bohème des théâtres et du monde des artistes. Tous avaient spéculé sur sa compassion, et l'un après l'autre, — pour parler convenablement, — ils l'avaient possédée. Elle avait payé leurs dettes et même à la fin elle s'était chargée du déficit du propriétaire de la maison. En un mot, elle y avait perdu tout, mais tout, fortune et réputation. « J'ai souffert horriblement de la familiarité de ces gens-là, dit-elle, « mais comment refuser de leur rendre service? J'étais plus que dégoûtée de leurs caresses et je les laissais venir à moi. »

« Pourtant, au milieu de ce dénûment, elle ne pensait jamais à elle-même. Lui arrivait-il par hasard un peu d'argent, en un clin d'œil tout disparaissait dans la poche d'un plus misérable qu'elle. Et gaie, menant la conversation avec une autorité rare, mais toujours lisant dans les yeux des gens s'il y avait quelque service à leur rendre ou quelque plaisir à leur faire.

« Un soir, mon ami en la conduisant chez elle lui demanda la permission d'y passer la nuit. Elle consentit; mais soudain il remarqua sur son visage l'expression habituelle de timidité renforcée par une sorte de terreur plaintive, et il se rappela le mot qu'elle lui avait dit un jour : « *je souffrais horriblement.* » Touché au cœur, il murmura quelques paroles : il lui dit qu'il resterait son ami, puisqu'elle n'avait pas hésité à lui accorder le droit d'un amant, et se prépara à sortir de la chambre.

« Alors, dans l'émotion de sa reconnaissance, elle tomba à ses pieds, et lui embrassa les mains et les genoux avec un abandon si éperdu de toute sa personne, que ce journaliste endurci pleura des larmes d'une pitié infinie. »

— « Cela fait songer à la Madeleine repentante du tableau de Jean Béraud, » dit un des nôtres.

« L'entourage était plus modeste, et ce n'était nullement une scène à effet, » dit Catulle Mendès en se levant : « une seule bougie éclairait la chambrette, et la figure à genoux dans son costume de mérinos noir était à demi voilée par les ténèbres ; mais le simple attouchement, par ce visage défait de pauvre femme, de la main qu'elle avait saisie en son extase, exprimait un mystérieux trésor de passion, de douleur et de ravissement tel que l'âme humaine ne le peut révéler à une autre âme que dans un seul instant et par un geste fugitif. »

Catulle Mendès me prit le bras et nous nous promenâmes le long du boulevard. La nuit était venue ; les lumières disparaissaient une à une, seule la lueur de quelques lanternes éclairait l'asphalte glissant, mouillé par une pluie de printemps.

— « Où s'en va notre civilisation ? » me dit le poète, qui voyait tout en noir, non pas tant à cause du récit qu'il venait de faire, mais plutôt troublé par la nouvelle d'un conflit entre les soldats et les ouvriers pendant la grève du 1ᵉʳ mai. « Notre société, à nous, ne peut plus offrir de résistance.

« Et quelle vigueur pourrons-nous attendre de la génération future, des enfants de ces mères dont je vous ai parlé ? Nous sommes arrivés au bout ; nous avons dit notre dernier mot ; nous ne méritons plus d'être à la tête du mouvement social. Quel principe (je parle d'un principe réel et vivant) pourrons-nous opposer à la foule, qui croit son tour venu de jouir ? Nous n'avons d'autre réponse à leur offrir que la bayonnette ou l'épée.

« Et il n'y en a pas un de nous, » ajouta-t-il avec une sorte de fierté âpre, « qui ne saisisse l'épée, dans ces jours qui viendront, pour se défendre contre la domination brutale de la populace. Non pas par conviction, mais pour montrer qu'il y a une seule chose qui de nos traditions nous est restée entière et intacte : l'honneur. »

Que répondre à ces pressentiments ! Quelle contenance tenir devant ces sombres visions de l'avenir ! Je me méfie toujours des inspirations d'un esprit qui, exalté par le labeur intense d'une journée, se met à vaticiner au milieu de la nuit noire, sur l'avenir de notre société. Quand on parle de sa fragilité, je me souviens des efforts désespérés que je fis un jour pour démolir une vieille caisse, qui n'était plus bonne à rien. Les clous étaient rouillés dans les planches, que sais-je ? bref, toute ma vigueur ne valut guère contre la force de résistance que m'opposait cette carcasse informe. Je ne pense pas que notre société se laisse désagréger facilement ; mais je préférais ne rien répondre à l'apostrophe passionnée du poète : c'est un argument un peu prosaïque qu'une vieille caisse de bois.

AU THÉATRE

A l'Odéon on donne *Amoureuse*, de Porto Riche, drame à trois personnages marquants : le mari, la femme et l'ami de la maison. Ceci nous promet une farce, une satire ou une tragédie. L'évolution de l'intrigue nous fait passer successivement par ces manières différentes d'envisager la vie.

Y a-t-il quelque chose de plus comique que l'embarras d'un homme qui, réfugié dans le port du mariage après une jeunesse agitée, et croyant y trouver le repos, se voit déçu, parce que sa femme l'aime trop passionnément, et le lui prouve et le lui fait sentir ?

Le côté satirique du drame repose sur le contraste entre ce mariage qui enchaîne la liberté d'esprit de l'époux, et sa liaison précédente, dans laquelle sa maîtresse, femme rangée s'il en fut, avait déployé ses meilleurs soins pour lui procurer, en réglant sa vie, toutes les occasions de contenter son ambition. Ainsi, d'une part, la nervosité moderne des gens comme il faut, de l'autre, la pose et la prose du demi-monde.

La tragédie naît d'une crise dans les rapports conjugaux, au moment où le mari reproche à sa femme l'esclavage des sens où elle l'a tenu pendant huit années de mariage.

Tous deux, alors, s'oubliant dans leurs paroles et dans leurs actes, jettent leur bonheur dans l'abîme qui s'ouvre entre eux, lui, en conseillant à l'épouse d'assouvir ses besoins d'amour dans les bras de l'ami de la maison, et elle...

Ah ! la femme blessée jusqu'au plus profond de sa personnalité, exaspérée par le mépris qu'elle éprouve, ne suit que trop facilement le conseil qu'on lui a donné.

C'est ici que le drame de l'ancienne école aurait pris son point de départ : une femme qui a commis une faute dans un moment de désespoir, un ami de la maison qui a transgressé les droits sacrés de l'hospitalité, un mari, agité par des soupçons, qui cherche à se rapprocher de l'épouse avec laquelle il vit en froideur. N'est-ce pas là que sont rassemblés les véritables éléments d'un drame qui, par ses complications et ses conflits, nous mettra les larmes aux yeux et la mort dans l'âme? Et c'est précisément ici que finit la pièce moderne. Elle donne seulement des indications sur le dénouement possible; elle montre en quelques traits la femme confessant sa faute à l'époux, l'ami déloyal s'éloignant honteusement de la maison, le mari, plein de repentir, tâchant de regagner le cœur de son épouse, et vlan! le rideau tombe.

Parce que l'action est achevée?

Non pas, mais parce qu'elle est arrivée au point où sa représentation sur la scène risquerait de devenir tout à fait conventionnelle; nous ne pouvons l'achever véritablement que dans notre esprit seul et pour nous-mêmes.

« Mais tu seras toujours obsédé par la pensée de ma faute et tu te sentiras malheureux ! » dit la femme, lorsqu'après avoir entendu sa confession son mari lui tend la main et veut la reprendre.

« Qu'est-ce que ça fait? » répond le mari.

C'est le mot final du drame; et nous en emportons la conviction que, dès ce moment, l'homme égoïste, grâce à son propre malheur, a trouvé de la sympathie pour celle qui est liée à son sort. Pour lui devenir plus précieux, l'objet de son amour devait avoir perdu de sa valeur, et il lui fallait, à lui aussi, se sentir amoindri.

Jusqu'alors la femme n'a été à ses yeux qu'un jouet rare, auquel il ne demandait que de ne le point gêner dans ses projets ; mais dès qu'elle souffre et fait souffrir, il apprend qu'elle a une âme et en acquiert la conscience.

« Mais tu seras malheureux ! » lui dit-elle.

« Qu'est-ce que ça fait ? »

Il accepte désormais son sort des mains de sa femme.

AU CHAT-NOIR

Marcel Schwob, le profond connaisseur de l'argot, l'auteur de *Cœur double*, me mène voir le Chat-Noir, auguste domaine où Rodolphe Salis, gentilhomme et aubergiste, impose à ses vassaux, poètes et artistes, la corvée d'amuser le Paris cosmopolite. La façon d'amuser lui importe peu. Chacun donne, à sa guise, une chanson équivoque, quelques caricatures, des ombres chinoises même, tout est bienvenu. Ils ont des bocks pour récompense.

L'aubergiste et son auberge prospèrent.

En route, Marcel Schwob me donne quelques renseignements sur les gens que j'y rencontrerai.

« Je ne vous ai pas encore nommé le plus original d'entre eux, » me dit-il. « C'est Alphonse Allais. Il a publié ces jours-ci un recueil de contes intitulé : *A se tordre, histoires anthumes*. Une trouvaille impayable que ce titre, n'est-ce pas? Il est comique de nature. Georges Courteline et lui sont presque les seuls qui aient la gaieté native. Les autres gardent tous au fond de leur cœur ce que Paul Bourget, qui à son tour a pris le mot d'un autre, appelle: « un cochon triste. »

Qui donc a jamais peint avec un sérieux plus folâtre la fin d'une soirée d'automne, « pénétrante jusqu'à la douleur, » qu'Alphonse Allais dans ces simples mots : « Il était six heures; la nuit tombait et personne pour la relever. » Ou bien cette description épique d'un suicide : « Il jeta un regard par la fenêtre et le suivit sur-le-champ. » Voilà tout réuni dans une seule ligne, l'émotion et l'action.

Et ses farces pratiques dans la vie ordinaire !

Il a obtenu un sursis définitif dans l'armée de réserve parce que personne au régiment ne comprenait plus rien à sa conduite. Lorsqu'il arriva devant le major on lui demanda s'il était marié ou non. D'un air ingénu il se déclara bigame.

« Mais c'est sérieux, » lui dit le lieutenant. « Vous savez bien qu'il y a un article de loi contre la bigamie. »

« Toutes mes excuses, Monsieur, » répondit Allais. Puis, voyant le regard sévère du lieutenant à ce mot « Monsieur », il poursuivit en s'adressant avec un léger salut aux autres réservistes : « Pardon, Mesdames et Messieurs, ce n'est pas bien grave; au contraire, j'ai tout lieu de croire que « Monsieur » (et ici il regarda le lieutenant d'un air contrit et bénin) m'accordera quelques passe-droits à ce titre. J'ai remarqué avec plaisir qu'on accordait beaucoup plus de liberté et la permission de la nuit aux hommes mariés. Ils n'ont qu'une femme. Moi, j'en ai deux et je compte en profiter pour demander, en faveur de la première, la permission de la nuit ; pour la seconde, la permission du jour. »

On le fit comparaître à la salle des rapports. Avec sa démarche nonchalante, il entra dans la salle, où s'étaient assemblés les officiers et le secrétaire du colonel, qui m'a raconté l'histoire. Il salua profondément la société : « Mesdames, Messieurs, » puis tout à coup s'élança vers un coin de la salle, où se trouvait le drapeau du régiment. « Oh ! l'ombre ! » s'écria-t-il en tournant autour de la hampe. « Je cherche l'ombre, mais où est l'ombre, l'ombre du drapeau ? »

Les assistants étaient ahuris ; les capitaines, intrigués par l'étrangeté de la scène, se demandaient ce qu'il voulait dire ; le colonel saisit de ses deux mains son front vénérable et se creusa longtemps la tête pour deviner l'énigme. Pendant des journées entières ils ont cherché la solution sans oser comprendre l'allusion à la chanson patriotique : « L'ombre du drapeau. »

Le secrétaire, un ami d'Allais, dit à l'oreille de l'officier assis à côté de lui, qu'il le connaissait de longue date : « Un excellent garçon, dit-il,

« seulement un peu toqué; c'est un journaliste parisien. » A ce double titre on laissa partir Allais ce jour-là sans lui faire d'autres observations.

Le lendemain matin il ne parut à l'appel que quand tous les autres réservistes étaient depuis longtemps en rang, sous l'œil du sergent. Il arriva, le képi de travers sur sa tête, une main dans la poche de son pantalon, tenant son fusil par la pointe de la baïonnette. « Belle journée aujourd'hui, Monsieur le sergent, » dit-il, « le soleil brille, les oiseaux chantent, je m'en vais faire un petit tour à la campagne. » Sur ces mots, il tourna les talons, traînant son fusil après lui, et le faisant retentir sur les dalles. Le sergent ébahi de cette audace ne souffla mot. Allais naturellement n'alla pas à la campagne, mais se rendit au Chat-Noir, où il rédigea un article sur ses aventures au régiment. Il se garda bien d'y oublier le colonel : « Brave homme, écrivit-il, un peu bête peut-être, mais si décoratif ! »

Depuis ce moment on passe son nom sous silence au régiment, et on lui donne des sursis illimités.

Avec toutes ces facéties il a pourtant bon cœur et au fond une grande simplicité d'esprit. Cependant pour tout l'argent du monde je ne voudrais pas être dans la peau de celui qu'il aurait pris en grippe.

Nous approchions du Chat-Noir. Le premier qui vint à notre rencontre fut Alphonse Allais en personne : un garçon blond bien découplé.

« Oh ! énormément de talent et d'avenir ! » dit-il de lui-même, aux premiers compliments d'usage que je lui fis, comme s'il avait prononcé les paroles de rigueur qu'on adresse à un jeune auteur ou à un poète débutant.

Nous regardâmes un moment les curiosités de la salle, les fresques de Steinlen et de Willette, le portrait authentique de François Villon, les cocottes surannées qui, vissées sur les banquettes devant leur verre de bière éventée, attendaient la proie et le butin, puis nous montâmes au premier où se trouve le vrai spectacle.

Un public hybride était réuni, dans la salle étroite et basse ; des commis-voyageurs en goguette, des Américains à la recherche de distractions, des boulevardiers qui s'ennuyaient, des gens du monde qui avaient dîné, d'autres qui avaient faim ; en un mot on y voyait un monde mêlé, des artistes peut-être en quête d'inspiration, et des dames qui compensaient leur manque de charmes par un excédent de fard et d'insolence.

Le spectacle commença par des ombres chinoises, et c'était le conte touchant de la pudeur de la gardeuse d'oies attaquée par un vieux célibataire entreprenant. Quand il prendra un bain dans la petite rivière qui coule à travers la prairie, pour refroidir l'ardeur qui le dévore, les Oies-Euménides, protectrices de l'innocence menacée, lui dévoileront leur pouvoir fatal. Et elles s'emparent des vêtements du baigneur ahuri, et

« seulement un peu toqué; c'est un journaliste parisien. » A ce double titre on laissa partir Allais ce jour-là sans lui faire d'autres observations.

Le lendemain matin il ne parut à l'appel que quand tous les autres réservistes étaient depuis longtemps en rang, sous l'œil du sergent. Il arriva, le képi de travers sur sa tête, une main dans la poche de son pantalon, tenant son fusil par la pointe de la baïonnette. « Belle journée aujourd'hui, Monsieur le sergent, » dit-il, « le soleil brille, les oiseaux chantent, je m'en vais faire un petit tour à la campagne. » Sur ces mots, il tourna les talons, traînant son fusil après lui, et le faisant retentir sur les dalles. Le sergent ébahi de cette audace ne souffla mot. Allais naturellement n'alla pas à la campagne, mais se rendit au Chat-Noir, où il rédigea un article sur ses aventures au régiment. Il se garda bien d'y oublier le colonel : « Brave homme, écrivit-il, un peu bête peut-être, mais si décoratif ! »

Depuis ce moment on passe son nom sous silence au régiment, et on lui donne des sursis illimités.

Avec toutes ces facéties il a pourtant bon cœur et au fond une grande simplicité d'esprit. Cependant pour tout l'argent du monde je ne voudrais pas être dans la peau de celui qu'il aurait pris en grippe.

Nous approchions du Chat-Noir. Le premier qui vint à notre rencontre fut Alphonse Allais en personne : un garçon blond bien découplé.

« Oh ! énormément de talent et d'avenir ! » dit-il de lui-même, aux premiers compliments d'usage que je lui fis, comme s'il avait prononcé les paroles de rigueur qu'on adresse à un jeune auteur ou à un poète débutant.

Nous regardâmes un moment les curiosités de la salle, les fresques de Steinlen et de Willette, le portrait authentique de François Villon, les cocottes surannées qui, vissées sur les banquettes devant leur verre de bière éventée, attendaient la proie et le butin, puis nous montâmes au premier où se trouve le vrai spectacle.

Un public hybride était réuni, dans la salle étroite et basse ; des commis-voyageurs en goguette, des Américains à la recherche de distractions, des boulevardiers qui s'ennuyaient, des gens du monde qui avaient dîné, d'autres qui avaient faim ; en un mot on y voyait un monde mêlé, des artistes peut-être en quête d'inspiration, et des dames qui compensaient leur manque de charmes par un excédent de fard et d'insolence.

Le spectacle commença par des ombres chinoises, et c'était le conte touchant de la pudeur de la gardeuse d'oies attaquée par un vieux célibataire entreprenant. Quand il prendra un bain dans la petite rivière qui coule à travers la prairie, pour refroidir l'ardeur qui le dévore, les Oies-Euménides, protectrices de l'innocence menacée, lui dévoileront leur pouvoir fatal. Et elles s'emparent des vêtements du baigneur ahuri, et elles s'en vont nageant en pleine eau, chacune portant un détail de son costume au bec. Les bottes elles-mêmes, et, horreur! le vêtement indispensable que je n'oserais nommer, elles les lui prennent en ricanant de leur bouche plate et stupide. Puis voici apparaître au moment psychologique le garde, qui veille aux abords de la morale : il dresse procès-verbal au misérable qui, de par sa nudité naturelle, soufflète la pudeur publique.

Je ne m'étendrai pas en longue digression sur la morale de l'histoire; on la touche des mains et des yeux.

Aussi vous laisse-t-on fort peu de temps pour la réflexion, car à peine le rideau du petit théâtre est-il tombé que Rodolphe Salis, l'hôte du lieu, nous annonce de sa voix claire et mordante qu'il demande le silence pour « notre cher confrère le poète chaste ».

Le poète chaste, un jeune homme vêtu de gris, à cheveux roux et à visage de satyre, traverse la petite salle en deux pas, se plante devant le public et dit un poème dont les passages équivoques sont soulignés par les sourires de l'auditoire. Un militaire à mes côtés, qui passe sa soirée de permission au Chat-Noir, rougit jusque au-dessus des oreilles.

Le rideau du théâtre se lève de nouveau, — toujours pas de temps pour réfléchir — et c'est une vraie scène qui se montre à nos yeux avec des petites coulisses qui représentent un palais.

Tout à l'heure le décor changera et nous serons dans un défilé sombre des Pyrénées. C'est la tragédie de Roland et de sa mort à Roncevaux. Un monsieur et une dame, debout auprès du piano, prêtent leur voix au paladin et à sa chère Aude, les petits fantoches de la scène, qui se déclarent leur amour mutuel dans le langage ardent qui caractérisait les passions au moyen âge.

Pour rendre la jouissance de l'œil plus intense, ces voix se taisent, quand l'armée de Charlemagne passe, superbe, parmi les montagnes couvertes de neige.

Ici, un effet grandiose a été atteint par des moyens infimes : donnez-moi un peu de carton peint et quelques fils defer, dit l'artiste, et je bouleverserai votre âme de fond en comble par l'image de rochers, d'abîmes et de troupes de guerriers, marchant à la mort sous le regard de leur empereur.

Ou je me trompe fort, ou là aussi il doit y avoir matière à moraliser.

Mais de nouveau Rodolphe Salis annonce un de ses confrères poètes.

Un petit homme à mine chétive s'avance devant le public. Il a l'air d'un fonctionnaire mal payé qui tromperait sa faim en avalant la bière que le gentilhomme aubergiste met gratuitement à sa disposition.

La voix du poète, faible d'abord, se raffermit bientôt ; il nous dit d'une façon infiniment tendre et spirituelle la fête de la bénédiction des cloches à Rome, au moment où toutes ces bouches de métal dans une envolée de sons s'agitent au dessus de la ville éternelle. Et les sons retentissent à nos oreilles, puis s'évanouissent avec le mouvement net et élégant que le langage choisi d'un artiste a su leur communiquer.

Encore des ombres chinoises ! Ce sont les aventures de Phryné, la fameuse hétaïre de l'antiquité, qui attira sur elle la vengeance des dieux et l'indignation des hommes en divulguant les mystères divins au Chat-Noir d'Athènes, le μέλας αἴλουρος bien connu des archéologues. Une mélopée traînante, qui sait être spirituelle sans jamais perdre le comique sérieux qui convient à un sujet aussi ancien, accompagne les divers tableaux de la représentation. Le poète se tait lorsque l'avocat Hypéride, qui défendra Phryné devant le tribunal où elle comparaîtra accusée de blasphème, lui rend visite afin d'établir les arguments de son plaidoyer. Le théâtre est plongé dans les ténèbres, et l'on ne saurait apercevoir les savantes recherches du jurisconsulte athénien. On en est d'autant plus ébloui à la scène suivante par le magnifique décor qui imite le tableau de Gérôme : Phryné devant ses juges ; imitation parfaite, avec cette seule différence qu'ici la belle accusée apparaît au prétoire enveloppée d'un large *peplum*. Elle écoute en silence les reproches que lui adresse l'accusateur public, en attendant — oh! avec quelle patience pudique! — que le tour de son avocat soit venu. Enfin, Hypéride prend la parole, et convaincu de l'excellence de sa cause, se borne pour toute argumentation à dévoiler la figure divine de l'hétaïre. Phryné, surgissant soudain hors de ses vêtements épars dans toute la splendeur de sa nudité, frappe les yeux de ses juges et attendrit leurs cœurs.

Gérôme, le peintre, n'a pu traiter qu'un seul moment de l'action; le poète, qui parle à l'imagination, nous initie aux différentes phases que retrace son récit, mais il ne saurait nous donner une représentation plastique des faits : les ombres chinoises unissent la reproduction exacte des circonstances à leur développement. Ce que les plus grands génies ont cherché avec angoisse, depuis que Lessing, dans son *Laocoon*, en a posé le problème : la liaison intime entre le verbe et la plastique, s'accomplit à nos yeux; ou, pour citer l'épilogue sublime du second Faust de Goëthe, qui seul est applicable à ces hauteurs de l'abstraction :

Hier wird's Ereignis.

Cependant un autre poète a déjà pris place au bout de la salle et en vers pleins de distinction nous conte ce qu'il pense de l'âme, de la société et autres choses appropriées au local où nous sommes et à l'heure qu'il est. Faut-il l'avouer? Cette variété de divertissements me fatigue l'esprit; nous ne tenons pas à ce qu'on nous amuse, quand on en montre trop clairement l'intention. De plus, il y a dans l'atmosphère un relent de bière et de fumée, qui me rappelle les jours d'antan, où j'entrais dans la vie et où je croyais sérieusement aux divertissements des cafés-chantants. Et ce souvenir donne au spectacle que je contemple quelque chose de déjà vu, qui me rend curieux d'aller voir autre chose.

AU MIRLITON

Marcel Schwob me propose de nous mener à la salle du boulevard Rochechouart, emplacement de l'ancien Chat-Noir. Aristide Bruant y a aujourd'hui installé le Mirliton.

L'idée de faire connaissance avec ce café et son propriétaire me séduit fort.

Est-ce par hasard simplement que la série des numéros du *Mirliton*, le journal illustré de Bruant, est parvenue jusqu'au solitaire village hollandais où se passe ma vie? Je ne le crois pas. L'explication en est plus facile.

La vie de Paris est d'une importance si prépondérante pour toute l'Europe que chaque trait de sa physionomie est relevé et noté, pour être porté à la connaissance du monde entier. Ce qui, dans une autre ville, passerait inaperçu du public, ou tout au plus ne vivrait qu'à l'état de souvenir curieux dans la mémoire de quelques vieux bourgeois, y prend tout desuite du relief et y acquiert de la notoriété. On voit dans ces mêmes événements une révélation de l'esprit du siècle, on les considère comme des phénomènes intéressants de l'histoire du jour, jusqu'à ce qu'ils disparaissent pour faire place à de nouveaux phénomènes. Pour le moment tout au moins ils ont participé à la vie générale du monde.

Carlyle s'est souvent moqué d'un mot qu'il rencontrait sans cesse dans les pages des auteurs français : *un homme alors célèbre*. Mais aujourd'hui encore on parle couramment des *célébrités du jour* sans penser le moins du monde à l'ironie de ce contraste.

Il y a pourtant des gens qui soupçonnent l'état réel des choses. On me l'exposait ainsi tout récemment : « D'ordinaire, les étrangers quittent Paris sous le coup d'une fausse impression. Ce qu'on leur a vanté comme quelque chose d'excessivement remarquable, ce dont ils parleront plus tard dans leurs souvenirs, n'existe pas en réalité pour nous autres Parisiens. Retenez bien ce que je vous dis : vous rencontrerez un grand nombre d'hommes célèbres, mais au fond tout cela n'existe pas. Croyez-moi : notre point de vue diffère radicalement de celui des étrangers ; pour eux, l'impression qu'ils reçoivent de Paris n'est qu'une question de trains. Arrivés quinze jours plus tôt ou plus tard, ils auraient eu à noter sur leurs tablettes une tout autre variété de grands hommes. »

Ce recueil du *Mirliton*, ce petit volume de vers, illustré d'une si drôle de façon, avec son titre frappant : *Dans la rue*, par Aristide Bruant, que la réclame d'un grand journal m'avait mis entre les mains, étaient-ils donc destinés aussi à ne vivre qu'un jour? Ou y avait-il quelque chose là?

Je demandai l'opinion de mon compagnon de route; mais il avait appris la prudence, ou peut-être me trouvait-il trop curieux. « Bruant, » me dit Marcel Schwob, « a découvert une nouvelle veine de poésie, et il est arrivé à son jour et son heure; la fortune est venue à lui et il est resté artiste sérieux; voilà qui promet un succès durable. Mais, d'autre part, presque tout dépend des circonstances. On n'a pas à compter qu'avec soi ; il ne s'agit pas seulement de savoir si, à un moment donné, on possède l'énergie nécessaire pour persévérer; mais ce sont les autres, les amis, les ennemis, les élèves et les imitateurs, qui trompent les prévisions. On parle toujours des circonstances; eh bien! les circonstances, ce sont ces autres-là! La concurrence est une excellente chose pour tenir l'artiste en haleine. Mais trop d'imitation gâte le marché, comme on dit, elle corrompt le goût du public, — ce n'est pas bien important, je vous l'accorde, — mais elle corrompt aussi le goût de l'artiste même, ce qui est d'un tout autre intérêt. Toutefois, le talent de Bruant est encore en pleine période de croissance et jusqu'ici il n'y a pas de mal. Pourtant je ne voudrais pas courir le risque de prédictions hasardées, et j'aime mieux jouir de l'originalité, partout où je la trouve.

« Or, Bruant est vraiment original. Croyez-moi, ce n'est pas le premier venu qui, comme lui, arrivé de sa province à Paris, petit employé de chemin de fer, puis débutant dans un café-concert, sait conquérir son coin de la vie parisienne et y maintient son droit d'être poète. Vous me direz que le domaine de sa muse est assez mal famé : des vagabonds, des filles et leurs souteneurs, la rue, comme l'indique le titre de son volume, si l'on entend par là le rebut de la société dont les maisons ne veulent plus. Mais la question est précisément de nous rendre intéressante cette lie du peuple. Zola, honnête bourgeois s'il en fut, n'a jamais osé s'attaquer à cette dernière couche de la société. Dans *le Sublime*, ce livre bien connu sur la question sociale, qui est l'origine de *l'Assommoir*, on ne trouve que du dédain pour les ouvriers qui quittent le travail et cherchent leurs moyens d'existence dans le crime ou la prostitution : Zola a chastement détourné les yeux de cet abîme. Arrive Bruant, quinze années plus tard. Il a commencé par dire le contraste entre les pauvres et les riches, la rue et la chambre bien close, la brutalité et la convention : en un mot, il a joué des variations, avec une diction qui lui appartient en propre, sur le thème que Richepin dans sa *Chanson des Gueux* et André Gill dans sa *Muse à Bibi* avaient déjà entrepris, sans parler encore d'Auguste de Châtillon et de la fameuse complainte de *la Levrette en paletot*, qui est la mère du genre. Vous vous la rappelez :

> Y'a-t-y rien qui vous agace
> Comm' un' levrette en pal'tot !
> Quand y'a tant d'gens sur la place
> Qui n'ont rien à s'mett' su' l'dos... !

Mais Bruant ne s'est pas arrêté là. Il a pénétré dans ce monde de souteneurs et de filles et s'est pris à l'aimer pour son propre compte. Oui, *aimer* c'est bien le mot, car qui ne ressent de la sympathie pour ce qu'il connaît à fond ? Tout dans ce monde n'est qu'une question de nuances et de masques. Çà et là ce sont des êtres humains et une société que l'on a devant soi. Çà et là on trouve de l'honneur et de l'honnêteté, du courage et de la lâcheté, de la fraude aussi. Il faut y aller voir pour le croire, mais dès qu'on l'a vu, on peut y croire, et même on peut le chanter. Et cette lie du peuple a trouvé une voix qui prend sa défense, et qui parle pour elle. Mais nous y voilà, au Mirliton. »

Une troupe de curieux stationnait devant une

porte fermée. Mon compagnon frappa, se nomma, et ce fut Bruant lui-même qui nous introduisit dans la salle. Il est maître chez lui et regarde attentivement les gens qu'il y admet. Il nous indiqua notre place, nous promit de venir bientôt faire un bout de causette avec nous et s'en retourna à son poste pour recevoir de nouveaux hôtes.

— « Messieurs, voilà du linge ! De la gerce, et de la belle ! » C'est ainsi qu'il annonça d'une voix retentissante deux couples, qui venaient d'entrer successivement. Puis il chanta la première mesure d'une chanson bachique et le chœur bruyant du public, assis devant les petites tables chargées de verres de bière, la continua en saluant à sa manière les nouveaux arrivés. Un farceur les suivit. Comme il voulait sauver son entrée en prenant une attitude comique, ou en débitant une drôlerie de son fonds, Bruant le malmena durement. Un chœur d'indignation du public appuyait le chansonnier chéri, qui n'aime pas les farces, quand il ne les fait pas lui-même. Que deviendrait donc une pareille maison si on oubliait le respect qu'on doit au maître !

Bruant chante ses vers en marchant par grandes enjambées à travers la salle. Un piano, qui toussote au fond du Mirliton, l'accompagne discrètement. La porte de l'établissement reste alors fermée. La voix aigre et dominante de Bruant résonne avec intensité au milieu de la petite salle, comme s'il se croyait encore au grand air devant son public des Champs-Élysées. Parfois une inflexion tendre vient varier l'expression d'énergie qu'il sait donner à ses paroles, et quelques phrases sentimentales, comme le peuple en désire, donnent une surprise douce.

Bruant a une figure nerveuse, fine en même temps et vigoureuse; sa physionomie vous séduit tout en vous maîtrisant. Il y a sûrement là le rapport qu'il doit y avoir entre le chanteur et son auditoire. Dans ses façons d'agir et de s'habiller, veston de velours, chemise rouge flamboyante, Bruant fait parade de la brutalité qui veut s'emparer de la foule et s'en empare, tandis que le regard pétillant et pétulant la charme et la dompte.

Scène curieuse que ce Mirliton ! La petite salle, profusément éclairée, avec ses rangs de tables de bois où des gens de toute sorte prennent leur chope de bière médiocre ; l'unique garçon, majestueux comme un maréchal de Napoléon, qui tient l'œil à ce que tout le monde prenne des consommations et les paie ; l'humble assistant à physionomie de maître d'école, qui vend la chanson que vient de chanter le maître et qui remplit les pauses en récitant des vers que personne n'écoute ; — enfin, les dominant tous, le maître lui-même, soit qu'il enfle sa voix de stentor jusqu'à sa puissance extrême pour rappeler à l'ordre un récalcitrant, soit qu'il conte fleurette à une belle, à laquelle il persuade de lui confier la clef de sa chambre, — les yeux partout et sur tous, afin que rien ne se passe en son domaine en dehors de lui.

A notre demande, il nous récite une de ses dernières chansons : *A Saint-Ouen.*

Dès le début, c'est l'existence d'un membre utile de la société : le chiffonnier de Saint-Ouen.

> Un jour qu'i faisait pas beau,
> Pas ben loin du bord de l'eau,
> Près d'la Seine ;
> Là où qu'i pouss'des moissons
> De culs d'bouteille et d'tessons,
> Dans la plaine,
> Ma mèr' m'a fait dans un coin,
> A Saint-Ouen.

On souffre de la faim là-bas. Qu'y faire, quand on ne sait pas de métier et qu'on veut rester honnête ? On devient *biffin*, ses huit ans à peine sonnés et l'on parcourt tout Paris, la grand'ville, pour ramasser des chiffons. La vie est dure !

> Dame on nag'pas dans l'benjoin,
> A Saint-Ouen.

> Faut trottiner tout'la nuit
> Et quand l'amour vous poursuit,
> On s'arrête...
> On embrasse... et sous les yeux
> Du bon Dieu qu'est dans les cieux...
> Comm'un'bête,
> On r'produit dans un racoin,
> A Saint-Ouen.

Enfin je n'sais pas comment
On peut y vivre honnêt'ment.
 C'est un rêve.
Mais on est récompensé,
Car, comme on est harassé,
 Quand on rêve...
El'cimetière est pas ben loin,
 A Saint-Ouen.

« Achetez la chanson : *A Saint-Ouen*, » clame l'humble assistant, et il agite la petite urne où il quête, tandis que de l'autre main il pousse sous le nez des visiteurs la chanson notée avec sa couverture illustrée : deux enfants, courbés sous leurs hottes, allant tous deux leur chemin, la petite fille causant gaîment, le garçon tirant la langue.

Les vers de Bruant ont un timbre original, qui les grave dans la mémoire, grâce à leur refrain qui est d'ordinaire le nom d'un quartier ou d'un faubourg de Paris. C'est la localité, où l'historiette se passe, ou plutôt le cercle au milieu duquel se développe la vie du héros ou de l'héroïne, ou encore c'est le sort qui leur est jeté dès leur naissance et qui les avertit à toute heure : à Montrouge, à Saint-Lazare, à la Roquette.

Il y a bien d'autres chansons populaires qui tirent leur effet d'une phrase qui frappe l'imagination, et qui revient à chaque fin de strophe. Mais la différence est sensible entre ces sortes de poésies, — comme la ballade de Bürger avec son refrain : *Les morts vont vite*, — et les vers de Bruant, différence dans la façon de rimer d'abord, dans l'intention et dans l'effet ensuite. Car les noms propres qui ont leur particularité de forme la transmettent en quelque sorte au vers correspondant de la rime, et la fin de chaque strophe y prend une teinte légèrement grotesque. Même le simple mot *loin* devient presque comique, quand il faut le prononcer à la vraie manière parisienne pour le faire rimer avec *Saint Ouen*.

Bruant ne prodigue pas ces effets grotesques. Dans sa chanson: *A Montrouge*, il a montré une fois les horribles images qu'il serait capable d'évoquer à notre imagination, en utilisant simplement la syllabe finale du refrain; mais d'ordinaire il ne tire d'autre emploi des noms propres que pour tempérer l'émotion trop intense des paroles par le comique involontaire des rimes.

Et il ne faut pas considérer le refrain chez lui comme un simple appendice de la chanson; il appartient à la structure intime du poème. En effet, les vers brefs, qui dans chaque strophe alternent avec les vers ordinaires, l'annoncent de loin, et comme il est le repos final de la strophe, ces vers représentent une pause de la pensée et de la voix au milieu du groupe.

On peut y vivre honnêt'ment
C'est un rêve ;

Car comme on est harassé
Quand on crève....

La déclamation des chansons repose principalement sur cette alternance de vers longs et brefs. Ces derniers nous montrent l'intention et la physionomie du récit ; ils forment l'élément lyrique de la petite épopée que l'on nous raconte. Parfois, Bruant, en y appuyant la voix d'une manière un peu sentimentale, montre toute l'émotion qu'ils renferment ; d'autres fois, il les jette brusquement et amèrement, mais toujours sous l'influence du sentiment d'harmonie qu'une composition artistique bien ordonnée doit laisser dans l'esprit des auditeurs.

Je me trompe ; ce n'est pas l'artiste seul qui s'y décèle, c'est l'homme aussi avec sa fierté tout ensemble et sa grande pitié pour les humbles, qui apparaît dans cette façon de dire les vers.

— « Un goncier et sa gonzesse ! » C'est la voix brutale de Bruant qui retentit soudain dans la petite salle et qui annonce de nouveaux visiteurs désorientés par le tapage qui accueille leur entrée. Cependant, le maître de la maison prend place auprès d'une jolie horizontale. Il met le pied sur la chaise qui est devant elle, et, dans cette posture, la dominant du regard, il se moque de ses clients avec la belle rieuse, qui, les yeux rivés aux yeux du maître, prend part à la jouissance que donne à Bruant le sentiment de son empire et de son triomphe.

SUR LA BUTTE MONTMARTRE

« Le rôti est-il prêt ? » demanda Bruant devant la porte de son salon, qui s'ouvrait sur le jardin. « Encore cinq minutes ! Bien, juste le temps pour faire le tour de mon domaine. En avant, marche ! »

Découvrir la maison d'Aristide Bruant n'est pas chose facile. Je me rappelle vaguement que nous passâmes l'église du Sacré-Cœur, qui couronne le sommet de Montmartre, que nous descendîmes ensuite, puis que nous montâmes pour descendre encore...; enfin la voiture, après mille détours, s'arrêta devant un groupe de maisons de chétive apparence à l'extrême limite de la partie habitée de Paris. Le corridor d'une de ces maisons nous conduisit vers une grande cour extérieure, ouverte au midi, où il y avait seulement quelques arbres, des petites dépendances et des barrières : c'était le vestibule en plein air du château de Bruant. Et cela me rappelait les jardins mornes des béguinages hollandais, traversés par des haies coupées ras, où fleurit le linge des familles : l'existence terre à terre et en miniature.

Le poteau d'un treillis vert portait le nom d'Aristide Bruant avec son titre de *chansonnier populaire*. Je sonnai, et tout au loin, derrière un second ou troisième treillis, apparut la figure du chansonnier dans le cadre d'une fenêtre ouverte. Mais la voix retentissante, comme si Bruant donnait des ordres au milieu d'une tempête, parvint nettement jusqu'à mes oreilles.

— « François, voilà des visites. Allons, cours ! Ouvre la grille extérieure, demande le nom de ces Messieurs, et annonce ! »

François, un garçon roux mal bâti, tomba, plutôt qu'il ne marcha, vers la barrière. Il cherchait en vain ses mots, y renonça après quelques efforts, et se contenta de sourire, de ce sourire timide et niais, dont les victimes de l'esprit d'autrui font leur défense.

— « Demande donc le nom de Monsieur, animal ! » répéta Bruant.

Des sons confus sortirent comme d'une bouche d'enfant.

— « Maintenant, annonce ! »

Nouveau bredouillement des grosses lèvres de François.

— « Bien ; dis que je recevrai Monsieur ; ouvre la grille intérieure et avertis Monsieur qu'on n'entre ici qu'après avoir essuyé ses pieds. Bonjour ! Je vous demande bien pardon, mais je ne peux pas perdre un instant de vue l'éducation à donner à François. L'œil du maître, il n'y a que ça, n'est-ce pas, crétin ? »

« Oui » (avec une nuance de dépit).

« Comment, oui ? » hurla la voix furieuse. « Oui, quoi ? »

— « Oui, chansonnier populaire, » et la mine piteuse de l'esclave parut demander grâce.

— « Bien, prépare le déjeuner. — Ah ! que d'embarras ! » continua-t-il d'un ton comique. « Voilà ! Il m'a été impossible jusqu'ici de garder mes domestiques. Quand j'en avais un d'intelligence moyenne, il ne passait pas un mois à mon service, avant de se croire le droit d'imiter mes façons et d'être tenté d'offrir au public des petits cafés du Bruant authentique. J'ai découvert cet idiot, mais je me méfie. Il faut que je le tienne dans un état perpétuel d'ahurissement ; autrement, il deviendrait, lui aussi, un rival. — Allons voir mon domaine ! Qu'en dites-vous ? Vous étiez-vous douté qu'à Paris on trouverait une campagne comme celle-là ? Voici l'*Allée des Saules*, où je compose mes chansons et ma musique. Voilà un ravin ; remarquez-le bien, s'il vous plaît : il donne une note sauvage au paysage. — Un parterre de violettes, — on en fait des bouquets pour les jolies femmes qui viennent me voir. Car il vient ici des dames, même du vrai monde : je ne vous garantis pas que ce soit celles que je préfère. Voici un hangar, qu'on est en train de me bâtir, et mon charpentier, qui remplit en même temps l'office de jardinier et d'architecte, un très brave homme.

« Hé l'ami ! on m'a volé encore un pigeon. Je

crois, ma parole, que c'est ton gueux de fils. Tu me feras le plaisir de m'envoyer ce garnement tout à l'heure. »

Puis, reprenant l'inventaire de son domaine, Bruant continua la promenade et poursuivit :

— « Un tuyau d'irrigation; des fagots, là-bas, produit de la propriété; encore un tuyau d'irrigation : *bis repetita placent*. Mais que diable ! vous ne dites rien de ma maison de campagne. Regardez un peu par là. Croyez-vous qu'il y en ait une autre dans Paris avec une vue pareille à la mienne ? »

Bruant indiqua de la main la perspective qui s'ouvrait devant nous. La ville immense était à nos pieds, traversée par le ruban argenté de la Seine et grimpant peu à peu sur les hauteurs. Toutes les collines des environs venaient se ranger en demi-cercle sous nos yeux ; ici, riant des pointes blanches de leurs maisons parmi la verdure sombre ; là, menaçant par l'armement des forteresses : l'enceinte entière de Paris avec ses alentours, embrassée d'un seul coup d'œil.

— « Une vue libre comme celle-là éveille les idées qui dorment en vous, » dit Bruant. « Venez par ici et regardez juste en face et au-dessous de nous. » Il s'appuya sur la haie vive, clôture du domaine. « Voici le chemin creux, qui est le théâtre des amours du voisinage. J'en ai vu de belles d'ici. Tenez, regardez le dessin gravé dans le poteau là-bas : deux cœurs percés d'une flèche et deux noms accolés. En voilà, de la sensiblerie de souteneurs! »

— « Si l'on est en sûreté ici? » reprit-il sur une question que je lui adressai. « Ils volent comme des pies ; je m'en aperçois bien à mes pigeons. D'ailleurs ils me laissent tranquille, quoiqu'il y ait ici des gaillards de la pire espèce et que le *Café des Assassins* soit à côté. Ils n'osent pas. Quand je rentre la nuit, à trois heures ou plus tard, vous pouvez être sûr que je ne me tais pas : je gueule tout le long du chemin, je fais claquer mon fouet et je salue tous ceux qui passent de ma voix la plus formidable. La butte entière sait que je reviens du Mirliton. Et puis, au fond, ils croient que je suis un des leurs, les brigands. Il y a une légende sur moi dans leurs bandes. Ils croient que je suis souteneur comme eux et je le leur laisse croire. Pourtant la nuit, dans ces parages, j'ai toujours un revolver chargé sur moi. Peut-être aussi qu'ils n'ignorent pas ce détail-là.

« Après le déjeuner nous irons voir ma campagne d'été avec ses différents pavillons ; elle est à deux pas d'ici ; mais à présent j'ai faim et je crois que le rôti est prêt. »

— « Ah, j'ai le cœur léger, maintenant, » dit Bruant, en dépliant sa serviette, « plus léger que depuis longtemps. Figurez-vous que pendant six mois j'ai eu dans la tête une chanson, qui ne voulait pas en sortir dans la forme que je voulais.

Mais, nom de Dieu! François, où sont les assiettes chaudes? Dépêche-toi, cours, vole! Ne ris pas, grand bêta, mais vole, quand je te le dis. M'entends-tu? »

— « Oui, » bafouille François avec l'air de dire: voilà qu'il recommence.

— « Oui, quoi? » tonne Bruant.

— « Oui, chansonnier populaire, » supplie l'esclave.

— « Dis papa, dis maman! » commande le maître de la maison.

François lève un œil timide vers le plafond.

— « A l'instant! » rugit le despote.

Et le lourdaud, rouge de honte, piaille, comme un enfant qu'il est : « Papa, maman. »

— « Bien ; maintenant apporte-nous les assiettes, mais avec la rapidité de l'éclair. »

— « Je suis paresseux », poursuivit Bruant. « Sept mois pour une simple chanson. A Biribi! Et si vous saviez combien de temps il y a que cette idée d'ajouter à ma collection les compagnies de discipline d'Afrique m'obsède. Car c'est le complément de la canaille d'ici, ceux qui sont envoyés là-bas en Algérie, à Biribi, comme ils disent, pour avoir été de fortes têtes au régiment.

« En Afrique, il y a deux légions, en dehors du cadre régulier de l'armée : la légion étrangère composée de déserteurs et de malheureux de toutes les nations du monde, et les compagnies de discipline, qui représentent le niveau le plus bas auquel un homme puisse arriver. Pour apprendre ce qu'ils chantaient, j'ai fait demander à un sergent de consigne de là-bas de me noter leurs airs populaires. Mais les gredins ne chantaient que des chansons de Paris. Au contraire, la légion étrangère a des mélodies très belles et très originales; c'est tout naturel, puisqu'il s'y trouve nombre d'Autrichiens, qui ont apporté en Afrique leurs chansons populaires. Celles-là m'ont inspiré la composition d'un air à la fois animé et traînant, qui s'adapte autant aux paroles fières d'un homme qui a brûlé ses vaisseaux qu'à la tristesse morne de ses jours de désespoir.

« Mais ces paroles : ah! qu'elles m'ont coûté de peine avant d'avoir trouvé la disposition d'esprit qu'on a dans l'existence de Biribi. Tenez, voilà mes archives particulières, » et Bruant sortit d'un tiroir une liasse de papiers. « Ce sont des lettres envoyées par les soldats d'Afrique à leurs *marmites*, qui font le trottoir sur les boulevards extérieurs; des lettres authentiques, vous pouvez m'en croire; je les ai prises moi-même dans les tables de nuit de ces demoiselles. Que ne fait-on pas par amour de l'art! Parcourez-les, si vous voulez bien, tandis que François donnera des cigares.

« Nom de Dieu! imbécile, où sont les cendriers?
— « Je n'ai pas pu les trouver! » ronronne François frappé dans sa dignité.

Mais, nom de Dieu! François, où sont les assiettes chaudes ? Dépêche-toi, cours, vole! Ne ris pas, grand bêta, mais vole, quand je te le dis. M'entends-tu ? »

— « Oui, » bafouille François avec l'air de dire: voilà qu'il recommence.

— « Oui, quoi? » tonne Bruant.

— « Oui, chansonnier populaire, » supplie l'esclave.

— « Dis papa, dis maman! » commande le maître de la maison.

François lève un œil timide vers le plafond.

— « A l'instant ! » rugit le despote.

Et le lourdaud, rouge de honte, piaille, comme un enfant qu'il est : « Papa, maman. »

— « Bien ; maintenant apporte-nous les assiettes, mais avec la rapidité de l'éclair. »

— « Je suis paresseux », poursuivit Bruant. « Sept mois pour une simple chanson. A Biribi! Et si vous saviez combien de temps il y a que cette idée d'ajouter à ma collection les compagnies de discipline d'Afrique m'obsède. Car c'est le complément de la canaille d'ici, ceux qui sont envoyés là-bas en Algérie, à Biribi, comme ils disent, pour avoir été de fortes têtes au régiment.

« En Afrique, il y a deux légions, en dehors du cadre régulier de l'armée : la légion étrangère composée de déserteurs et de malheureux de toutes les nations du monde, et les compagnies de discipline, qui représentent le niveau le plus bas auquel un homme puisse arriver. Pour apprendre ce qu'ils chantaient, j'ai fait demander à un sergent de consigne de là-bas de me noter leurs airs populaires. Mais les gredins ne chantaient que des chansons de Paris. Au contraire, la légion étrangère a des mélodies très belles et très originales; c'est tout naturel, puisqu'il s'y trouve nombre d'Autrichiens, qui ont apporté en Afrique leurs chansons populaires. Celles-là m'ont inspiré la composition d'un air à la fois animé et traînant, qui s'adapte autant aux paroles fières d'un homme qui a brûlé ses vaisseaux qu'à la tristesse morne de ses jours de désespoir.

« Mais ces paroles : ah! qu'elles m'ont coûté de peine avant d'avoir trouvé la disposition d'esprit qu'on a dans l'existence de Biribi. Tenez, voilà mes archives particulières, » et Bruant sortit d'un tiroir une liasse de papiers. « Ce sont des lettres envoyées par les soldats d'Afrique à leurs *marmites*, qui font le trottoir sur les boulevards extérieurs; des lettres authentiques, vous pouvez m'en croire; je les ai prises moi-même dans les tables de nuit de ces demoiselles. Que ne fait-on pas par amour de l'art! Parcourez-les, si vous voulez bien, tandis que François donnera des cigares.

« Nom de Dieu! imbécile, où sont les cendriers?
— « Je n'ai pas pu les trouver! » ronronne François frappé dans sa dignité.

— « Ne pas trouver ? Qui, quoi ? » demande le tyran furieux.

— « Je ne les vois nulle part, chansonnier populaire, » se corrige le pauvre homme.

— « Eh bien ! prends ce que tu voudras, brute ! N'est-ce pas ? ce sont de vraies scènes de comédie, ces lettres ! Ils se plaignent, les malheureux ; ils voudraient revoir la maison, ils se rappellent les bons jours d'autrefois. — Et puis, à la fin, le pot aux roses : ils demandent qu'on leur envoie de l'argent. Et pourtant, même là, il y a quelque chose de touchant : avez-vous remarqué qu'ils prient ces filles d'aller voir leurs parents : ils veulent avoir par elles des nouvelles de la famille et qu'elles racontent aux vieux ce qui se passe là-bas, en Afrique ? Toujours avec l'arrière-pensée de leur soutirer de l'argent !

« Naturellement, pourquoi écriraient-ils des lettres si ce n'était pour cela ! Ah ! elles ne se font pas d'illusions là-dessus, celles qui les reçoivent, je vous l'assure !

« Je connais bien cette espèce de femelles, et elles me connaissent. Elles savent le plaisir qu'elles me font en me communiquant les dernières créations de leur argot. Un mot nouveau, fraîchement fabriqué pour le besoin de la cause, se propage d'une façon étonnamment rapide dans ce monde. Chacune d'elles est fière de le connaître et veut passer pour la première qui l'a appris. Et elles ont raison, nom de Dieu ! Cette langue est très belle.

Quand le gueux dit : *ma fesse* au lieu de : ma femme, c'est bien parce que cette nouvelle forme du mot rend mieux la figure, la ligne typique, si vous voulez, du sexe. Mais il faut avoir en soi le sentiment de cette beauté. Il y a aussi un côté spirituel de l'argot. La signification des mots s'élargit dans ce langage-là. Qu'est-ce que : *la courante ?* Naturellement, c'était d'abord l'aiguille de la montre; puis c'est devenu la montre elle-même, enfin l'heure et le temps. La courante ! ça suppose pourtant de la fantaisie, cette expression, hein !

« J'ai du cœur pour ces gens et je me sens tout près d'eux. Je ne vais pas me gêner, si je veux vivre dans leur société : pourquoi me gênerais-je ? Je me suis fait moi-même ce que je suis, et je veux être comme je suis. »

Cette bouffée d'orgueil volontaire passée, Bruant, après une courte pause, continua :

— « Richepin, dans sa *Chanson des Gueux*, a voulu chanter l'existence de ces misérables, mais il en est à une trop grande distance; c'est un littérateur. Son livre, somme toute, est manqué. Il y a de bonnes pages, mais au fond elles ne sont peut-être pas de lui. Tout ce qui dans son livre est venu, directement ou indirectement, de Raoul Ponchon est bon. Voilà le vrai, l'inimitable bohème, l'homme qui ne connaît rien au-dessus de sa chère bouteille, et qui seul parmi tous sait écrire des vers d'ivrogne, ivres; c'est un des très rares gens que je lis ; quand un numéro du *Courrier français* paraît, je cherche d'abord la pièce de Ponchon. Il y a toujours un peu de délayage, naturellement ; quand il faut, toutes les semaines, remplir une colonne, on ne peut guère donner le meilleur de ce qu'on a ; mais j'y rencontre toujours un passage qui est du vrai Ponchon, et c'est excellent. »

— « Nom de Dieu ! qu'est-ce qu'on me veut encore ? Est-ce qu'on ne peut pas nous laisser causer tranquilles ! » et le regard de Bruant se tourna vers la porte où parut un grand gamin assez peu timide.

— « Monsieur Bruant, papa m'a dit que vous aviez à me parler, » dit-il, tandis que son œil parcourait curieusement l'appartement où il venait d'entrer.

— « Ah ! c'est donc toi le voleur de pigeons ? » tonna le chansonnier populaire. « Qu'est-ce que tu as à me dire ? »

— « Je viens vous dire que je n'ai pas pris le pigeon et que je ne me laisserai pas appeler voleur par vous, Monsieur Bruant. »

— « Tu n'as pas honte ? » reprit l'artiste offensé, mais sur un ton plus bas.

— « Quand on n'a pas fait de mal, on n'a pas à rougir, » dit le gamin, comme s'il ne redoutait pas l'explosion de colère de l'artiste.

— « Bon, c'est fini : en avant, marche ! » dit Bruant d'une voix sévère pour soutenir sa dignité de châtelain.

Puis il commanda : « François ! du cognac !
Mais cours donc, malheureux ! »

« — Oui, chansonnier populaire, » murmura
l'humble esclave ; mais un commencement de
sourire narquois ridait son visage joufflu, et ses
petits yeux clignotaient de satisfaction : le patron
avait trouvé quelqu'un pour lui tenir tête.

— « Au fond, ce sont de braves gens, ici, » dit
Bruant en distribuant le cognac dans les petits
verres, « et pourtant d'ordinaire tous les enfants
qu'ils font deviennent voleurs et assassins. Je ne
répondrais de personne. Même pas de mon propre
fils. Pour sûr, je ferais pour lui ce qu'il est de mon
devoir de faire, — mais parce que je le voudrais et
non pour une autre raison. Mais l'adopter ? en faire
mon héritier ! Je n'y penserais même pas, avant
qu'il n'eût vingt ou trente ans bien sonnés et avant
de savoir ce qu'il y a en lui. Il pourrait être des-
tiné à éternuer dans le sac sous le couteau de la
guillotine. Chacun de nous porte toutes les mauvaises dispositions en lui. Oui, c'est là le cadeau que
la vie met dans notre berceau. Et les gens qui
auraient dû vous aider à lutter contre le sort...
Ah bien oui ! ils se mettent contre vous. On parle
toujours de l'enfance, de la jeunesse ! Vilaine
chose ! C'est de la misère, presque toujours. Oh,
la vie a été dure pour moi ; mais à présent je
veux être dur, moi, pour la vie ; je le veux. »

Visiblement, Bruant étreignait à cet instant
des fantômes de souvenirs qui l'obsédaient. Car

rien ne justifie présentement son accusation contre l'existence. Lui, victime ? Avec son orgueil d'artiste et la conscience du pouvoir qu'il exerce sur son public ?

Sur ces entrefaites la porte s'ouvrit et laissa entrer le vrai vaincu du sort. C'était le pianiste du Mirliton. Non pas qu'il nous entretînt de la série d'événements qui l'avaient amené derrière l'instrument de musique d'un café chantant. On ne lui demandait pas de confidences et il ne les offrait pas; il était devenu piano et les cordes branlantes de son existence ne sonnaient que là où on frappait les touches.

Pour lui, vraiment, Bruant y mit des façons.

— « Ah ! vous venez étudier avec moi la nouvelle chanson ! Parcourez un peu la musique ! Les premières mesures du prélude doivent être attaquées avec vigueur; ensuite il faut les répéter comme si elles venaient de loin. C'est le réveil qui sonne au camp. Le soldat sous sa tente se secoue, endormi, et voit poindre le jour. Il sait ce que cela veut dire, il va falloir reprendre le fardeau. Et à la pensée de ce faix sous lequel il succombe, toute la misère de son séjour sur le sol africain lui revient :

> Y en a qui font la mauvais'tête,
>   Au régiment,
> I's tir'au cul, i's font la bête
>   Inutil'ment
> Quand i's veul'nt pus fair' l'exercice

> Et tout l'fourbi,
> On les envoi'fair'leur service
> A Biribi,
> A Biribi.

« Je ne chanterai pas la suite ; c'est seulement pour vous indiquer le mouvement et je voudrais d'abord que vous transposiez la musique.

« A présent en route, n'est-ce pas? pour ma campagne d'été...

« Bientôt la belle saison viendra et je quitterai mon château d'hiver, mon domaine patriarcal, pour aller me prélasser là-bas. Ah! ce sera la bonne vie, alors : dîner en plein air, dormir sous la vérandah et paresser partout. Vous serez étonné de voir combien de petits pavillons j'ai flanqués auprès de l'habitation principale, et c'est une cuisine d'été, une salle à manger d'été, quand il fait mauvais, un garde-manger d'été ; tout y est à l'été. Et ma volière, donc! Vous verrez, elles me connaissent toutes, mes bêtes. Personne au monde n'a des pigeons comme j'en ai. En avant, marche au colombier ! »

POÈTE POPULAIRE

« Les Parisiens ! » me dit un jour Bruant ; « mais ça existe donc, des Parisiens ? S'il y en a quelque part, ils sont en train de moisir dans un coin de l'île Saint-Louis ; ils ne voient rien, ils n'entendent rien et ils ne font pas de bruit. Nous, qui de toutes les provinces de la France sommes venus vers la capitale, c'est nous les vrais Parisiens! »

C'est peut-être là ce qui explique l'amour de la campagne, que chaque Parisien garde au fond du cœur : souvenir des contrées qu'on a quittées dès sa première jeunesse. Allez voir le savant dans son appartement, et la première chose qu'il vous montrera ce sera le parc, qui rafraîchit ses yeux par un bain de verdure. Richepin est fier de la vue dont il jouit par les deux baies de son cabinet de travail; Rodin vous parle avec extase de l'allée de peupliers qui borde son atelier; Catulle Mendès demeure hors des fortifications. Mais aucun d'eux n'a su se créer un domaine rustique à Paris même, comme celui que Bruant peut se vanter d'avoir.

Il y a fallu de la ténacité et de la suite dans les idées, mais surtout et d'abord de la fantaisie, — de la fantaisie comme celle d'un marin qui, dans les longues nuits passées sur le pont, s'est créé en rêve un *home* expressément construit pour lui ; et le voilà qui soudain se voit en état de réaliser son idéal. Bruant est Bourguignon d'origine, mais l'expression de l'œil trahit l'homme accoutumé à tenir le regard fixé sur le flux et le reflux infini de ses vagues pensées. C'est un solitaire, comme le pilote à bord de son vaisseau, et il est indiscipliné comme un matelot à terre.

Si jamais il a été rivé à quelque besogne, ce doit avoir été à contre-cœur, consumé de dépit, en voyant ses talents, son imagination, sa chère paresse brisés sous la routine de la vie brutale.

On peut lire cet absolu sentiment d'indépendance, cette conviction d'être sur le pied de guerre avec la société régulière, presque à chaque page des poésies de sa première période. En effet, pour dramatique que soit leur forme, ces poèmes décèlent plus directement la disposition d'esprit de leur auteur, que les vers plus récents.

Quand, dans le monologue *Gréviste*, l'homme refuse de travailler, *respec' aux abattis*, parce qu'il craint d'y laisser sa peau, ou tout au moins un de ses membres, il ne s'agit pas, selon l'intention originale, d'une satire sur les grèves.

> J'tiens à ma peau, moi, mes brave homme,
> Tous les matins j'en jette un coup
> Dans les journal et j'y vois comme
> Les turbineurs i's s'cass' el cou...
> Moi... ! j'm'en irais grossir la liste
> Ed'ceux qu'on rapporte aplatis... !
> Pus souvent... ej'suis fataliste...
>   Respec'aux abattis.

Ce n'est pas là de la satire, mais c'est un sentiment vrai, et Bruant nous regarde sous le masque qu'il s'est appliqué au visage.

Sa dernière chanson exprime la même idée.

Ce qui répugne le plus au soldat envoyé en Afrique, c'est le travail continuel sous une discipline de fer, l'exclusion de toute possibilité de résistance.

> A Biribi, c'est là qu'on crève
>   De soif et d'faim,
> Pourtant faut *turbiner* sans trêve
>   Jusqu'à la fin.

Telle était la version originale de la strophe. Mais le mot *turbiner* ne contentait pas l'artiste; sa forme lui semblait trop faible et trop traînante; il a corrigé et recorrigé, choisi et rejeté, jusqu'à ce qu'il trouvât un terme, dont le son mat pût exprimer le travail rude et attristant où on essaye de soulever un poids presque inébranlable. Voici les vers actuels:

> C'est là qu'i faut *marner* sans trêve
>   Jusqu'à la fin

Les soins donnés à l'expression de la pensée sur ce point-là précisément caractérisent bien l'homme.

Des natures comme celle de Bruant, qui peuvent rester absorbées pendant longtemps dans le monde imaginaire qu'elles se sont créé, ont en même temps la faculté de sortir tout à coup de leur isolement et de déborder. Et l'artiste emploie cette impétuosité qui l'anime à produire son effet.

Les gens naïfs aiment d'ordinaire les coups de

théâtre ; c'est leur manière de montrer le plaisir qu'ils éprouvent dans leurs propres inventions. A cet égard, Bruant est acteur, ou plutôt encore il est régisseur ; il sait régler la scène et faire accepter son point de vue par le public.

Et je ne dis pas ceci pour soulever un doute sur la sincérité de l'artiste : au contraire, c'est sur cette qualité de caractère que repose non pas le principe, mais bien la puissance de son talent. L'art est toujours une exagération : il dramatise les sentiments ; il complète les données isolées pour en faire un tout. Voilà comment l'artiste chez Bruant gagne là où l'intégrité de l'homme souffrirait peut-être à la longue un amoindrissement.

Et c'est ainsi que Bruant ne s'est pas contenté d'avoir exprimé le sentiment d'indépendance et les besoins sensuels qui l'attachaient au monde infâme des souteneurs et des filles ; il est allé plus loin ; il a voulu se représenter cette vie de gueux dans son image complète. Les documents de ses « archives », comme il les appelle, les lettres prises dans les tables de nuit de ces demoiselles nous montrent déjà cette disposition de son esprit.

Mais il y a d'autres faits plus probants. Pour qui a jeté un coup d'œil dans l'atelier de l'artiste, — c'est-à-dire dans les brouillons de ses vers, — le procédé par lequel l'imagination du poète travaille pour créer ses chansons devient clair. Ce n'est d'abord tout au plus qu'une couple d'impressions, —

deux pointes, pour ainsi dire, — qui forment un thème, varié en quatre ou cinq strophes. Puis autour de ce noyau se développe toute une série de petits tableaux, qui comprennent la vie entière du personnage principal. Et, — ce qui est très curieux, — ce développement est tout à l'intérieur des strophes, car le poète n'en ajoute pas. Son seul travail consiste à rendre chacune d'elles plus expressive et plus pittoresque, dramatique en un mot.

Le thème de *A Biribi* est très simple. C'est le ressentiment contre la vie dure qu'on y mène et qui vous rend encore plus méchant par la rage qu'il faut renfermer en soi.

> A Biribi c'est là qu'on crève

et

> A Biribi on d'vient féroce.

Voilà la donnée originale. D'abord, Bruant ne s'en est inspiré que pour broder des variations sur le thème. L'un après l'autre, ses vers disent la contrainte sous laquelle est courbé le légionnaire. Mais alors il reprend son œuvre, et par un changement heureux, ce qui avait été par exemple :

> Et pour que la plainte se perde
> Sous le gourbi,
> Quand on dit grâc'on vous cri'merde
> A Biribi,

devient ceci :

> Le soir on rêve à la famille,
> Sous le gourbi,
> On souffre encor quand on roupille
> A Biribi.

Les pensées qui, dans l'état nerveux de la rêverie du soir s'en vont au loin vers le pays natal, cette misère, qui poursuit l'exilé jusque dans le sommeil, ajoutent des traits nouveaux à la physionomie, qui la complètent sans la fausser.

La même remarque peut s'appliquer à la strophe finale.

> On s'dit, quand on s'rappelle
> C'qu'on a subi,
> Vaut mieux aller à la Nouvelle
> Qu'à Biribi.

Le poète n'a changé que deux ou trois mots dans ces quatre vers, et voici comment on lit la strophe définitive :

> A Biribi on d'vient féroce.
> Quand on en r'vient,
> Si, par hasard, on fait un gosse
> On se souvient. .
> On aim'rait mieux, quand on s'rappelle
> C'qu'on a subi, —
> Voir son enfant à la Nouvelle
> Qu'à Biribi.

L'intensité de l'effet obtenue par la modification légère des derniers vers saute aux yeux.

L'homme qui, dans son désespoir sauvage, ne pense qu'à lui et à ses peines se transforme, grâce à la perspective d'une paternité de hasard : il devient membre de la société des misérables, qui lèguent leur honte à la génération prochaine et à l'avenir.

Si l'art fait ainsi son profit de la pente théâtrale où se laisse aller l'esprit du poète, comment condamner sa prédilection pour les effets vigoureux, même brutaux? C'est le cas de parler d'une purification des passions, pour les transposer dans l'art. Et j'aimerais à m'imaginer qu'il existe vraiment une éducation mutuelle du talent par le caractère et du caractère par le talent, et qu'un jour ce poète du peuple sortira du cadre restreint de ses chansons, — si je n'avais pas une grande défiance pour tout ce qui ressemble aux prédictions et aux prédications, genre larmoyant, dont je ne voudrais ternir, pour nulle chose au monde, les bons souvenirs que m'ont laissés mes entretiens avec Aristide Bruant.

POÈTE MODERNE

Le café François Ier au boulevard Saint-Michel, est le rendez-vous des poètes. Quand on n'y trouve pas Verlaine absorbé devant son absinthe ou son rhum à l'eau, on a au moins la chance d'y voir entrer Jean Moréas, fier comme le spadassin qu'il décrit dans ses vers :

> Sa main de noir gantée à la hanche campée,
> Avec sa toque à plume, avec sa longue épée,
> Il passe sous les hauts balcons indolemment.

La moustache retroussée, le monocle vissé à l'œil, il arrive avec sa figure sombre d'oiseau de proie, sachant que tout le monde le regarde, mais dédaigneux de s'en apercevoir.

Il commande au garçon un rhum à l'eau. « Il n'y a que Verlaine et moi qui prenions cette consommation ici, » explique-t-il, et, ôtant l'un de ses gants, il couve d'un œil admirateur sa main fine et blanche, qu'il étend devant lui sur le marbre de la petite table.

— « Moréas, » lui dit un des amis rassemblés autour de lui en souriant malicieusement, « vous n'avez pas encore vu le nouveau numéro du *Messager français?* Cazals y a fait votre caricature. »

On s'empresse de lui passer le journal illustré. A la première page, on voit Verlaine furieux, debout, qui d'un geste terrible foudroye Moréas. Celui-ci, tranquillement assis, lève la tête en écoutant les paroles de son aîné et se défend d'un mouvement à peine esquissé de la main gantée. Et c'est une allusion à la publication récente du volume de Verlaine, *Bonheur*, où le poète critique les essais des jeunes.

— « Très bien réussi, le dessin ! » dit Moréas, d'une main tenant le journal, de l'autre frisant sa moustache. « Seulement il me semble que la physionomie de Verlaine est exprimée par des lignes trop grossières, » et, passant le *Messager français* à son voisin, il ajoute : « De telles caricatures sont pour la postérité de précieuses indications de la date à laquelle l'influence de mes poésies a pénétré dans le public. D'ailleurs, me poser en adversaire de Verlaine, quelle folie! A présent, Verlaine fait un peu la grimace, mais tout bien compté, c'est le seul poète français de ces temps-ci jusqu'à moi. »

A ces mots il regarda son auditoire à travers son monocle rigide comme pour défier toute contradiction. Un des assistants, avec quelque hésitation, nomma Leconte de Lisle.

— « Leconte de Lisle! » dit Moréas, plein de courtoisie, « mais il n'a pas été mal, pas mal du tout, pour son temps. A présent, nous en avons fini avec lui. Non, parmi les anciens, avec la seule exception de Verlaine, il n'y a pas de poètes, et parmi les jeunes dont on loue les vers, — et pour ma part je ne leur envie pas ces louanges, — il n'y a pas de force véritable. Ce sont des poètes de salon. Ils produisent leurs vers à petit pas comptés : ils ne les tirent pas d'une source pleine et abondante. Celui qui veut être appelé du nom de poète doit disposer d'une provision inépuisable de mots et de formes ; il doit être si riche et si prodigue que chacun se dise : après avoir dissipé ce qui est une fortune pour les autres, il lui reste pourtant encore tout un trésor. »

Il prononça ces mots avec la mine d'un grand

seigneur, qui posséderait des richesses immenses. Ses paroles n'étaient pas exemptes d'une certaine vanité ; et pourtant le poète n'était pas ridicule.

Quelqu'un, dans le petit groupe, parla de Pindare et exalta son talent à conserver l'unité de ton, tout en chargeant son dessin d'arabesques et en le noyant dans une mer de termes grandiloquents.

— « C'est cela, » dit Moréas, dominant l'auditoire du haut de son monocle.

— « Vous semblez tout indiqué pour nous donner une adaptation de Pindare, » observa l'un des assistants. « Est-ce que vous n'avez jamais eu l'idée de traduire ses odes ? »

— « Je suis jaloux de Pindare, » dit Moréas en frisant des deux mains les bouts de ses moustaches. « Je ne lui pardonne que parce que c'est un Grec, un compatriote. Qu'il reste Grec ; est-ce qu'on ne m'a pas, moi ! Pour Platon, c'est autre chose ; depuis longtemps, c'est un de mes rêves de traduire son *Banquet* : le chef-d'œuvre de l'antiquité. »

— « En prose ? »

— « En vers ! » — et c'était dit avec la conviction que seule sa poésie manquait à l'œuvre de Platon, pour lui donner l'extrême sanction.

— « Le dialogue m'attire, » continua-t-il. « J'ai souvent eu l'idée d'écrire pour le théâtre, et même nous étions convenus, Verlaine et moi, de traduire ensemble quelques drames espagnols. Ce dessein n'a eu aucune suite parce que Verlaine a l'horreur du travail. Je crois que je le poursuivrai pour mon propre compte. Savez-vous bien qu'il y a une mine de sujets à peine entamée dans l'histoire de l'empire byzantin? Par exemple, que dites-vous de ceci ? L'intrigue de la pièce repose sur la jalousie de la femme d'un général à la cour de Constantinople pour l'impératrice régnante, qu'elle croit amoureuse de son mari. Elle en trouve la preuve directe. Non seulement l'impératrice veut obtenir le divorce du mari ; mais ensuite elle veut l'épouser elle-même, le faire proclamer empereur et raffermir la monarchie. La femme, qui aime son mari au delà de tout, voit une grande carrière ouverte aux talents qu'elle lui connaît ; et elle va chercher la mort, pour épargner au général, qui l'aime aussi profondément, la peine d'un choix troublant pour sa conscience. Telle est l'exposition du drame.

« Il ne doit avoir qu'un seul acte, et le nombre de personnages le plus restreint possible : le général, sa femme, l'impératrice ; les passions très compliquées, mais ne se révélant que par de simples traits typiques ; il faut encore que l'évolution des sentiments nous frappe par surprise, et que la solution de la crise soit extrêmement rapide et inattendue. Je crois que mon explication ne vaut pas grand'chose, » continua Moréas ; « il m'est impossible de la faire plus claire, et c'est bon signe, car j'ai observé que les gens qui savaient parfaitement exposer leurs projets manquaient ordinairement l'exécution de leur œuvre, tandis que les gens qui bredouillent en détaillant leur plan, si bien que l'on est convaincu de son insuffisance, réussissent en général dans la mise en œuvre. »

— « Mais, Moréas, » déclara un des littérateurs de la petite société, « votre exposition est tout à fait satisfaisante. C'est un thème comme on en trouve chez le poète anglais Browning. Et savez-vous bien qu'il y a une certaine analogie entre vous et quelques-uns des poètes de là-bas. Je ne veux pas dire spécialement Browning, mais surtout Rossetti. Le côté fantastique de vos légendes, la hauteur métaphysique de vos sonnets, le choix de vos mots... »

— « Je ne sais pas l'anglais, » interrompit Moréas d'un ton bref.

— « Et je le regrette d'autant plus, » continua-t-il après une pause presque imperceptible, avec la bonne humeur d'un grand seigneur qui fait l'aimable, « que j'en suis réduit à lire Shakespeare dans une traduction, Shakespeare, que je tiens pour le plus grand poète du monde.

« Ah! pour celui-là, on peut lui emprunter sans s'amoindrir. Je lui ai pris le nom de mon *Pèlerin passionné*. Mais non! ce titre-là n'appartenait pas au poète; c'était une étiquette commune que l'on employait pour désigner les recueils de poésies, tout comme d'autres titres en vogue dans ce temps-là : *le Calendrier pastoral, la Guirlande d'amour*, etc. Et je vous avouerai franchement que ç'a été une petite malice de ma part, qui m'a fait préférer le nom du *Pèlerin passionné* pour mes vers. Il semble étrange, et pourtant de son temps il a eu cours comme une simple pièce de monnaie. Les ignorants s'en étonnent, mais les initiés sont heureux de rencontrer une ancienne connaissance. »

Et Moréas prononça ce mot d'*ignorants* avec l'orgueil qui lui a inspiré le vers bien connu :

Je ne suis pas un ignorant dont les Muses ont ri.

Sur ces entrefaites le petit groupe d'amis se dispersa; Jean Moréas se leva avec les autres.

— « Vraiment, » me dit-il, « je ne me sens encore aucune envie d'aller me coucher; il est à peine minuit. Voulez-vous me tenir compagnie pendant quelques instants, au café de l'Université ? Nous y trouverons de l'animation, et du mouvement. »

La lumière crue du gaz se répandait sur le trottoir sombre par toutes les portes et les fenêtres du café, où la gaieté de la jeunesse se traduisait par une bruyante agitation. Des étudiants en goguette, des femmes aux bras, entraient et sortaient et c'était comme les vagues d'une mer houleuse. Avec un flegme imperturbable, Moréas, le chapeau haute-forme un peu de travers sur ses cheveux aile de corbeau, guida son compagnon à travers la foule remuante et au fond du salon nous trouva des places, qu'on lui céda avec un certain respect.

— « Voyez-vous, » dit-il, « notre tâche consistera à apporter un sang plus riche à la langue. Il faut que le verbe reparaisse dans toute sa splendeur ancienne ; après cela, tout est dit pour le poète puisqu'il ne connaît point d'autre sphère que le verbe seul. Et dans ce domaine-là je me sens supérieur à tous parce que je connais les richesses cachées de notre langue. Il se peut qu'on soit poète, même sans posséder le pouvoir d'évoquer tous les trésors du langage, mais alors il en reste toujours à notre art quelque chose d'étriqué et de rétréci. Un vrai poète comme Villon, qui a été condamné à créer de la poésie au milieu d'une période de torpeur et d'appauvrissement du langage, en garde, malgré ses dons, une légère sécheresse ; les vers, chez lui, ne coulent pas d'une source abondante. Son talent est borné par une certaine économie, qui ne va pas à son individualité. »

Pendant ce discours, le tapage des visiteurs du café devenait de plus en plus fort. Des jeunes gens se bousculaient près de l'entrée : d'autres chantaient à tue-tête ; les femmes qui n'avaient pas pu trouver de places s'étaient assises sur les genoux d'amis entreprenants ; une d'entre elles, la coiffure défaite, fut enlevée par quatre bras vigoureux et complaisants et portée devant une glace ; d'un bout à l'autre de la salle se croisaient les interpellations joyeuses, et sur tous ces tableaux folâtres le gaz versait ses rayons, heureux de prendre part à la gaieté universelle.

Moréas, lui, ne voyait que son art.

— « Et Racine ! Ah ! je ne serai jamais un détracteur de Racine. Quelle passion dans ses vers, n'est-ce pas ? » et il en récitait. — « Mais il ne savait pas soutenir dans sa vigueur le ton sur lequel il avait commencé. Prenez au contraire un poème du moyen âge, — du bon moyen âge, je veux dire, » — et de nouveau les vers, sonnants comme des coups de clairon cette fois, roulaient de ses lèvres.

— « Qu'en pensez-vous ? Cela n'est-il pas magnifique et sonore ? » dit-il, en s'excitant aux sonneries de paroles qu'il avait fait retentir dans la salle. « Je vous accorde qu'à la longue c'est un peu monotone et que la syntaxe est plus que naïve. Aussi ce ne sont là que nos matériaux, et c'est seulement à un certain point de vue que je regarde cette langue comme notre modèle. A nous de rendre à cette matière la vie moderne et complexe.

« Eh bien ! je crois qu'il est temps de rentrer. » Sur ces mots Moréas se leva. D'une démarche nonchalante il se dirigea vers la sortie à travers les flots toujours croissants des jeunes gens, le monocle inébranlable dans l'œil, le regard charmeur malgré son sérieux et sa fierté.

— « Hé, Moréas! » et une petite femme l'accosta. Souriant, il échangea quelques paroles avec elle pendant une seconde ou deux.

— « Hé ! Moréas! » lui clama une autre nymphe, et, rassemblant tout le bagage d'esprit dont elle disposait, elle ajouta d'une voix provocante : « Hé, Moréas ! Et tes vers ! »

Majestueux, mais plein de condescendance, comme s'il eût reçu un hommage involontaire, le poète poursuivit son chemin, — seul poète dans le monde civilisé qui, sans crainte du ridicule, ose parler de *sa Lyre* et de *sa Muse*.

CRITIQUES AMICALES

Après le dîner, confortablement assis dans le salon, nous parlions de Moréas.

— « Il y a des centaines d'anecdotes sur sa vanité, » dit le jeune d'E... et il en débita quelques-unes avec sa verve méridionale. « Je n'oserais affirmer que Moréas, comme on l'a raconté, faisait autrefois son entrée dans les cafés avec un cortège de cinquante disciples et acolytes; le nombre me paraît exagéré; mais je sais très bien qu'il y a eu une période dans mon existence où je le suivais, comme un page son seigneur. Je nous vois encore entrant au café : lui marchant, tout droit, superbe, sans regarder, sans saluer personne ; et moi derrière lui, comme son petit chien ; il se plantait debout devant une glace et s'y contemplait pendant de longues minutes comme en extase. Moi, imbécile, je restais en arrière, plongé dans une méditation profonde et ne pensant à rien, comme vous pouvez croire. Alors Moréas, frisant fièrement sa moustache, disait soudain de sa voix funèbre : « Je suis beau ! je suis beau ! » Puis il prenait sa place ordinaire et se faisait apporter un rhum à l'eau. »

B..., dont la conversation brillante est émaillée de traits anecdotiques, qu'il s'abstient consciencieusement d'introduire dans ses livres, qui traitent de morale abstraite, nous raconta ses souvenirs sur le banquet offert au poète pour fêter l'apparition du *Pèlerin passionné*.

— « Moréas, » dit B..., « est, en prenant le mot dans son sens généreux et élevé, un être tout à fait naïf et, pour cette raison même, il lui manque absolument le sens des situations, le tact des hommes et des choses. Lorsque nous organisâmes le dîner du 2 février pour saluer la publication de ses vers, notre but était de faire plaisir à notre camarade et de proclamer « sous l'œil des barbares » notre foi en l'art. Notre invitation trouva un accueil de beaucoup supérieur à ce que nous aurions jamais osé croire. La salle que nous avions choisie était assez petite ; les commandes pour le dîner étaient fort restreintes, parce que nous ne comptions que sur la présence d'un petit nombre d'amis. Mais voilà qu'arrivèrent les journalistes des grands boulevards, les dilettantes qui voulaient voir les symbolistes de près, en un mot des gens qui s'attendaient à être amusés par les excentricités sur lesquelles ils comptaient. Un moment, la chose risqua de tourner en une confusion inextricable : il n'y eut pas assez de places, et il n'y eut pas à dîner pour tant d'hôtes.

« Mais je ne sais quel courant d'humeur joviale traversa tout à coup la salle, qui fit prendre en bonne part tous ces petits incidents. Alors arrivèrent des dépêches de tous les pays du monde, — j'ignore qui avait imaginé cela, c'était un coup de génie, — des félicitations venant d'Espagne, d'Italie, de Grèce, même de Norwège, — cette dernière dépêche du pôle Nord confondit les sceptiques les plus endurcis, — et la bienveillance se transforma en enthousiasme. On ne comprit que la moitié du speech par lequel le président Stéphane Mallarmé ouvrit le banquet; quant à Moréas, on n'entendit rien de ce qu'il dit à cause de l'émotion qui étrangla sa voix; mais on applaudit avec fureur le toast porté par l'un des assistants qui, gravement, leva son verre et dit: « Je bois à ceux qui ne mangent pas. » C'était parfaitement ridicule, et cela a été un parfait succès. Moréas d'ailleurs n'en a pas eu une vision nette. »

« Il est artiste et rien qu'artiste, » continua

B... ; « jamais je n'ai vu un aussi complet désintéressement de tout ce qui n'est pas littérature (et littérature très particulière) ; jamais non plus je n'ai vu un tel sentiment de la sonorité des mots et de leurs harmonies. »

— « Est-ce que vraiment il n'a pas plus d'esprit que ses amis ne veulent bien lui en donner ? » demanda quelqu'un.

« De l'esprit ? » dit B..., « peut-être, car il a du trait, mais ce n'est pas un intellectuel au sens gœthien. »

— « Pourtant, » répondit l'autre qui ne voulait pas lâcher prise, « il sait très bien sentir et exprimer les nuances du talent et du caractère de ses confrères.

« Vous rappelez-vous le médaillon dédié à Paul Verlaine dans son dernier volume ? On peut hardiment, il me semble, le comparer aux meilleures épigrammes de l'antiquité et des Anglais, qui sont passés maîtres du genre, sans qu'il perde rien de sa propre valeur. Il aurait sa place marquée dans les recueils d'épigrammes par la légèreté de touche et la puissance du relief. Je veux parler de l'églogue à Paul Verlaine et des vers de la fin :

> Divin Tityre, âme légère comm'houppe
> De mimalloniques tymbons,
> Divin Tityre, âme légère comm'troupe
> De satyreaux ballant par bonds.

— « Je lui accorderai volontiers l'honneur de le

classer dans l'école d'Alexandrie : je suis fâché seulement pour lui qu'il soit né quelques dizaines de siècles plus tard. »

— « Mais non, » dit X... avec la voix aigre qu'il a quand il veut imposer son autorité, « il y a un autre côté du talent de Moréas, un autre trait de sa physionomie qui me frappe. C'est un moderne. Partout il est à la recherche de la source qui étanchera sa soif infinie de sensations ; la perversité naïve des chansons de Verlaine l'attire, mais il n'en croit pas moins aux terreurs des ballades des vieilles femmes écossaises ; il entre en ravissement à la contemplation des splendeurs du Paradis moyen âge et avec la même conviction il adore le monde antique ou suit l'extase de sa pensée lorsqu'elle pénètre dans l'empyrée métaphysique incolore où se meuvent les concepts purs. Dans son cerveau c'est une danse fantastique : les chevaliers y donnent la main aux néréides, les reines porte-couronnes d'or et de rubis sont enlacées par des formules abstraites à tête de sphinx ; des grisettes, des nains, des bandits, entrent dans la ronde : les statues mêmes de marbre blanc s'animent et descendent de leur piédestal. Dans chacune de ces formes de vie réelle ou idéale, il a retrouvé quelque chose de son individualité, et en les faisant revivre il n'a pu s'empêcher de leur en donner une part. Certes je ne prétendrai pas que ses vers expriment ce besoin moderne de ne pas rester en place, ce désir de l'infini, avec toute l'intensité qu'on pourrait demander à un poète de premier ordre; le large souffle lyrique lui manque; mais Moréas a ceci, et c'est bien quelque chose : il possède dans un état complet et très rare la collection des éléments hétérogènes auxquels nous nous délectons d'ordinaire et dans lesquels nous mirons notre esprit. Il me rappelle un chapitre d'un roman anglais, dont l'auteur, voulant décrire la vie intellectuelle contemporaine, a placé les événements au iie ou au iiie siècle de notre ère. Il y est parlé d'un jeune poète, épris des sons enfantins de la poésie populaire et en même temps artiste raffiné jusqu'à l'excès, entraîné par ses passions et guidé par la sagesse des anciens philosophes; en un mot, tous les contrastes se donnent carrière dans son esprit; et pourtant il se sent un et dans sa conscience de poète il saisit le lien intime qui relie les qualités disparates de son âme, comme un même terrain produit des fleurs de formes diverses. Quand je lis ce chapitre-là, Moréas se dresse devant moi. »

— « Admirables, ces littérateurs ! » dit R..., notre hôte, de son ton sarcastique, en s'étendant dans un *easy chair*. « Avec quelles délices je les entends, quand, pour notre plaisir, ils vont à la recherche de tout et d'autre chose. Parfois, à dire vrai, quand leur argumentation est de longue haleine, on éprouve quelques craintes de les voir s'égarer en route et nous avec eux, mais à la longue je les vois revenir régulièrement à leur point de départ, comme de bonnes bêtes qu'ils sont, qui retournent bravement à leur étable et à leur fumier. Si j'ai bien compris votre conclusion, Moréas, s'il n'est pas de l'école d'Alexandrie, n'en est pourtant pas bien éloigné. D'ailleurs, tout cela (vous me croirez), m'est parfaitement indifférent. Seulement, après dîner, j'aime assez entendre une discussion suivie, peut-être parce que moi-même je m'en sens absolument incapable. »

— « Mais il y a pourtant une distance énorme entre un Anglais du xixe siècle, un Romain du second et un disciple des Alexandrins, » reprit X..., qui était quelque peu piqué.

— « Peuh ! » dit R... en le taquinant parce qu'il avait pris plaisir à entendre le son de sa propre voix. « Ainsi vous voulez enlever à Moréas sa prétention d'appartenir à la noble lignée des Grecs, prétention qui du moins lui était garantie de par son Alexandrinisme. »

— « Vous avez tous raison, » dit S..., qui s'était tu jusqu'à présent et ses yeux étincelèrent du plaisir qu'il avait à nous apporter la solution au problème psychologique qui nous occupait.

— « Tous raison ! Mais c'est phénoménal », s'écria R... « Voilà la véritable république des lettres : tout le monde a raison. »

— « Oui, » dit S... « N'avez-vous pas remarqué que Moréas a reçu directement de la nature et des circonstances ce que nous autres nous n'acquérons que lentement, péniblement et toujours un peu à l'aventure : je veux dire la personnalité double, l'âme double, si vous voulez, qui seule nous permet de comprendre quelque chose à l'énigme du monde ? »

— « Deux âmes, » soupira R..., « mais je proteste ! Dans le temps j'ai dû faire de mon mieux pour oublier que j'en avais une seule. Continuez donc : rien n'est aussi calmant pour les nerfs qu'un conte de fées. »

— « Moréas, » poursuivit S..., « appartient par sa naissance à une race vigoureuse et naïve, créée pour goûter la beauté ; d'autre part, il s'est trouvé placé dès sa jeunesse et a achevé son éducation au milieu de notre civilisation un peu mûre. Il s'est assimilé les éléments étrangers de cette culture raffinée grâce à la faculté d'imitation qui est propre aux peuples jeunes. Néanmoins, la diversité fondamentale de sa nature n'est pas oblitérée. Quand il vante les immenses trésors de mots dont il possède la clef, l'idée qu'il se fait de son pouvoir linguistique ne vient guère, comme il le croit lui-même, de sa connaissance absolue du domaine du langage, mais de l'énergie avec laquelle cet étranger aux forces vierges sait manier la langue. Elle est une puissance hors de lui qu'il contraint à lui obéir. Et voilà ce qui fait ressembler son œuvre au but que nous poursuivons. Nous aussi, nous avons pour idéal d'objectiver la langue en dehors de nous, afin de pouvoir nous en servir à notre gré. »

— « Je commence à me réconcilier avec votre idée de l'âme double, » dit R..., qui pensait à ses affres d'écrivain. « Racontez-nous donc la fin de votre légende. »

— « Mais je ne pourrais que me répéter, en creusant plus avant l'idée que je vous ai proposée, » dit S.... « Il est facile de voir que la conduite de Moréas, avec son mélange de vanité maladroite et de finesse, s'explique par l'amalgame de deux natures, tout comme son effort continuel pour harmoniser deux mondes d'idées différents, le Moyen Age et la Renaissance, doit s'interpréter par les mêmes causes. Quant au côté sentimental de ses poésies, vous y entendrez très distinctement, en écoutant bien, la plainte d'un homme qui ne sait pas se retrouver dans le monde qui l'environne. Dans ses *Étrennes à Doulce* je trouve qu'il y a un poème très remarquable et très caractéristique, où il dit à sa façon la diversité des deux natures qui se partagent le fond de son âme. Il y parle, avec une fierté de palikare, de ses cheveux noirs, de son œil ardent, de la force de son esprit, du pouvoir de ses chants. Peut-être que les hommes, émerveillés de tant de dons, le croiront capable de lutter contre la fatalité. Mais une seule a vu clair dans son cœur :

> Mais toi, sororale, toi, sûre
> Amante au grand cœur dévoilé,
> Tu sus connaître la blessure
> D'où mon sang à flots a coulé.

— « Tout bien pesé, la poésie me semble en général encore préférable au poète, » dit R..., au moment où S..., ayant terminé sa harangue par la citation d'une strophe, attendait un compliment sur son excellente mémoire. « Souvent on ne peut éviter l'un sans se rendre coupable d'impolitesse, tandis que les vers, avec le chantonnement vague et berçant de leurs paroles insignifiantes, vous invitent d'eux-mêmes à une promenade au royaume des rêves. Mais dites donc, ô psychologue ! vous nous aviez promis de nous mettre tous d'accord, et j'avais compté que dans un mythe quelconque vous nous auriez prouvé qu'un Alexandrin, un Romain et une personne du xixe siècle sont le même homme : et voilà que vous avez rendu la confusion encore plus grande en introduisant ce nom incongru de palikare. »

— « L'homme qui a deux âmes a les âmes de tous les temps et de tous les peuples, » dit S..., avec toute la gravité que sa bonne humeur lui permettait.

A cet instant, on servit le thé, et quelques-uns en profitèrent pour se retirer.

POÉSIE ROMANE

Comme Moréas était présent, il me paraît superflu de nommer les deux ou trois autres personnes qui, quelques jours après cette soirée, assistèrent à un petit dîner entre hommes dans un restaurant de la rive gauche. Mais il est bon de noter que R... était des nôtres. Il avait été condamné à accepter cette invitation pour expier son manque de respect envers les poètes et la poésie.

Moréas chercha tout de suite l'élément où il vit et respire : l'art.

— « Vous savez la grande nouvelle ? » nous annonça-t-il. « Nous ne sommes plus symbolistes ; j'ai trouvé un autre nom pour notre école, et notre poésie sera de la poésie Romane. Symboliste, — c'est moi qui ai inventé et appliqué le terme, et qui l'ai défendu aussi dans une brochure qui n'est pas encore tout à fait oubliée. — Symboliste n'était pas mal pour commencer ; le mot exprimait assez bien la qualité de notre art et de tout art en général ; mais l'abus que nous en avons fait l'avait à la longue transformé : c'était devenu la dénomination d'une secte et il valait à coup sûr mieux que cela. Il ne faut pas trop mettre en évidence un seul des caractères de l'art, parce que la mode s'en empare. Tout le monde allait à la recherche des symboles, ce qui est le moyen unique de ne pas en rencontrer. Le poète est symboliste, mais il ne se le dit pas.

« Des symbolistes ! Ah! vraiment, tout comme on voit ici des mystiques sur les boulevards et dans la rue, de braves gens qui, toute la journée, plume à l'oreille, restent assis derrière un bureau de ministère ou d'épicerie. Je ne conçois guère un mystique qu'au sommet d'une colonne, nu, lavé par la pluie, brûlé par le soleil des tropiques, et mon imagination franchit difficilement la distance qu'il y a entre cet ascète et le rond-de-cuir qui s'arroge son titre. Non pas que je veuille dénier des tendances de mysticisme à l'individu en question ! En aucune façon ; mais qu'il montre de même son respect pour le nom de mystique en le laissant à ceux auxquels il convient.

« Je ne dirai pas autre chose du symboliste. Figurez-vous un homme pour qui l'univers visible ne soit qu'une suite d'images projetées par les sentiments de son âme, pour qui, d'autre part, le cœur avec ses passions prendra la forme d'un paysage changeant aux reflets divers de la lumière, — ne marchera-t-il pas à travers cette vie, auréolé d'une royauté plus noble que celle des hommes ? Et le premier venu qui, par hasard, aurait attrapé un symbole boiteux dans ses filets voudrait s'appliquer ce nom d'honneur ! »

Le geste qui accompagna les paroles de Moréas était significatif.

— « Au contraire, » poursuivit le poète, « le nom de poésie Romane dit clairement notre intention. Il suppose l'unité de l'art du Midi de l'Europe, qui a trouvé sa plus haute expression dans la littérature française. Unité non pas seulement des formes supérieures par où l'art s'est manifesté dans ces contrées différentes, mais aussi des époques diverses qu'il a traversées dans chaque pays. L'histoire nous montre que c'est tantôt ce genre-ci, tantôt ce genre-là qui a prédominé. Aujourd'hui, la culture est parvenue à un point assez élevé pour vous permettre de comprendre la marche entière du développement de l'art. Nous n'avons plus à choisir telle ou telle époque privilégiée; pour nous, l'édifice de l'art est formé de la réunion de toutes les formes : il n'y a plus de ligne de démarcation entre le Moyen âge et la Renaissance, tout aussi peu qu'entre la Grèce et Rome, entre la chanson populaire et la poésie d'art. Notez bien, je ne dis pas qu'il n'y ait point de différence entre ces groupes : ce serait nier la lumière du jour; mais je veux dire que la lutte qui a accompagné la transition de l'une de ces périodes à l'autre est effacée aujourd'hui, que leur hétérogénéité pour lors n'a d'autre valeur que n'en ont les différences individuelles dans notre société. Nous croyons à cette unité et nous mettons tous nos efforts à la réaliser. Combien immense ce champ qui s'ouvre alors devant notre énergie poétique et combien pauvre la figure que fait notre misérable Moi devant les symboles grandioses, que nous apporte l'immense empire de l'art, ininterrompu depuis les premiers siècles jusqu'à nous !

« Ce que j'ai fait auparavant n'était qu'un balbutiement. Je ne parle pas de mes premières œuvres en prose que moi-même je n'ai jamais prises au sérieux, mais de mes poésies, *les Syrtes, les Cantilènes*. Au point où je me trouve aujourd'hui, je ne les reconnais plus comme une expression véritable de mon talent ; tout cela est fragmentaire. Même la première partie de mon *Pèlerin passionné* ne me plaît plus : pour moi le livre ne commence qu'à la page où l'influence Romane se fait sentir nettement.

« N'est-ce pas qu'il y a du merveilleux, » reprit Moréas après une petite pause, « dans la façon dont j'ai cherché dès ma première enfance l'idéal qu'à présent je vois devant moi, quoiqu'il fût en contradiction avec tout ce qui m'environnait ?

« Oui, j'ai été toujours un rebelle. Il coule du sang de klephte dans mes veines. Je ne suis pas de vraie race grecque ; et je crois d'ailleurs qu'il n'en existe plus de représentants. Notre famille, illustre dans le pays, est originaire d'Épire ; elle s'appelle Papadiamantopoulos, nom démesurément, presque comiquement long, qui signifie simplement *diamant*, — *papa* indiquant qu'il y a eu un prêtre parmi nos aïeux, et *poulos* n'étant autre chose que le *ski* ou *vitch* des peuples slaves. Avant les persécutions des Turcs, nous avons émigré avec un grand nombre de familles de notre pays vers le commencement du siècle au Péloponèse, *Moréa*, comme nous disons ; de là le nom de Moréas que nous avons adopté à côté de l'autre. Mon aïeul, mon grand-oncle se sont illustrés dans la guerre pour l'indépendance; je ne vanterai point leurs exploits; il vous suffira de savoir que notre famille a engendré des héros. Mon père vivait à Athènes, à la cour du roi Othon, le prince bavarois que nous avons reçu des mains des grandes puissances. Et ici commence l'histoire de ma rébellion.

« Mes parents avaient conçu une haute idée de mon avenir et voulaient m'envoyer en Allemagne pour m'y faire donner une éducation soignée, — l'influence allemande, comme de juste, étant alors prédominante à la cour. Mais je m'y refusai absolument: j'avais appris en même temps le grec et le français et je ne séparais pas les deux langues; je voulais voir la France; enfant, déjà, j'avais la nostalgie de Paris. Ils crurent pouvoir forcer ma résistance en m'envoyant en Allemagne : j'en suis revenu jusqu'à deux fois. Enfin je me suis enfui à Marseille, de là à Paris. C'était le destin qui me montrait ma route; car j'étais trop jeune pour me rendre compte de mes actions. J'ai souffert horriblement, mais je ne me suis pas laissé abattre et j'ai tenu la tête haute. Ma famille me reprochait ma paresse, comme on l'appelait, et faisait miroiter devant mes yeux l'emploi supérieur que j'aurais pu obtenir à Athènes. Mais assez de cela. On est touché au vif quand les gens qu'on aime ne vous comprennent pas et vous blessent. Je n'ai jamais parlé de ceci à personne :

il m'était impossible d'en rien dire. Maintenant, après tant d'épreuves et tant de confusion, ma conviction en est sortie mûrie et épurée. Le temps de la jeunesse et de la folie est passé ; le temps est venu de se faire une conception grandiose de l'art et de la vie. Demandez à mes élèves si je ne leur prêche pas la morale par mes paroles et par mon exemple ? Mais ils sont chastes comme des demoiselles ! »

— « Et l'œuvre ? » demanda un des convives, qui portait plus grand intérêt au travail du poète qu'à la conduite des jeunes gens.

— « Jugez vous-même, » répondit Moréas ; « je vous dirai le dernier poème que j'ai fait. Il a pour titre *le Retour*. C'est un jeune héros qui revient de la guerre et cherche à gagner le cœur de sa bien-aimée. Diane ne fait pas encore ses ravages sanglants dans la forêt, ce qui signifie que la chasse n'est pas ouverte. Remarquez, je vous prie, la manière dont j'emploie le vers à quatorze syllabes. Les alexandrins ordinaires du commencement lui cèdent la place dans le corps du poème pour revenir de nouveau et se briser à la fin en vers plus brefs. Et c'est un mélange de séduction et de vigueur, d'orgueil et de tendresse. Mais écoutez :

LE RETOUR

Pétrée, chère tête,
Pareille au blond épi que la faucille guette ;

O Petréa, génisse indocile au servage,
Moins douce est la saveur de la pomme sauvage
Que ta bouche.

Contre des hommes belliqueux que la trompette enivre,
Mes bras tendirent l'arc d'aubier où la sagette vibre,
Mais ils sauront aussi s'illustrer d'une lutte
Plus bénigne, o Pétrée, et j'appris les secrets
Des pertuisés roseaux et de la curve flûte.

C'est temps nouveau quand de ses traits
Diane n'ensanglante les forêts ;
C'est quand Jouvence fait a Dioné service.
O gracieuse enfant que clairs et simples sont tes yeux !
Déjà l'astre de Bérénice
Guide vers l'Occident le Bouvier paresseux.

Pour que tu cèdes à mes pleurs,
Ma main a dévidé des fils de sept couleurs.
Chantant l'air redouté
J'ai répandu la cendre
Des herbes de bonté.
La voix du rossignol fait ton âme plus tendre
Et le favone agace, comblant mes vœux,
La couronne de pin qui mêle tes cheveux.

Il se passa, à la récitation de ce poème, ce qui arrive toujours quand on écoute des vers qui ne sont pas faits pour être goûtés immédiatement : çà et là on remarqua un trait et on l'apprécia à sa juste valeur, mais on ne put juger de la beauté totale du poème. Le rhythme animé et populaire d'un vers comme :

Mes bras tendirent l'arc d'aubier...

l'impression troublante de la mesure brisée de
l'avant-dernier vers :

> Et le favone agace, comblant mes vœux,

furent peut-être compris et goûtés, mais l'entrelacement savant des modes et des motifs, avec sa mobilité et son relief étonnants, n'apparut guère de primo abord.

Aussi fut-ce une observation banale que fit l'un des auditeurs pour marquer la jouissance que lui avait causée la déclamation du poète.

— « J'admire, Moréas, » dit-il, « la façon dont vous savez faire rendre à vos vers la sensation pénétrante et vibrante de la vie ; vraiment, c'est comme si l'on entendait toucher les cordes de l'arc quand vous dites :

> C'est temps nouveau, quand de ses traits
> Diane n'*ensanglante* les forêts.

« Cela rappelle les vers du *Pèlerin passionné* :

> Pour couronner ta tête, je voudrais
> Des fleurs que *personne ne nomma* jamais.

« Là on a plutôt une impression de tendresse douloureuse ; mais le principe de la vibration de la voix et des cordes est le même. C'est d'un effet très heureux. »

— « Je ne recherche pas péniblement ces effets, » répondit le poète. « Je les trouve où j'en ai besoin et au passage des vers où ils sont nécessaires. Mes poésies ne sont pas un produit de serre chaude ; elles sont faites en plein air. Je me les récite à moi-même pendant mes promenades et je ne les écris que lorsqu'elles sont complètement achevées dans ma tête. Un poète ne saurait travailler autrement ; il ne se laisse pas guider par les syllabes qu'il voit alignées devant lui sur le papier; mais il obéit à l'inspiration des images qu'il a contemplées et des sons qu'il a entendu résonner à ses oreilles. »

— « Le détour me semble un peu long, » dit R... assez sèchement, lorsqu'après le départ de Moréas nous parlâmes du poème que nous venions d'entendre. « Prendre la route de la Grèce et de Rome, traverser la forêt des symboles et de la poésie Romane, pour arriver à une chose aussi simple qu'un militaire qui se promène au bois avec sa bonne amie au bras, — voilà qui dépasse ma compréhension. Une seule ligne suffit, je crois, pour exprimer toutes les beautés de la situation. Des poèmes semblables me paraissent complètement inutiles. »

— « Mais on pourrait soutenir que l'art tout entier est inutile, comme vous dites ? C'est la façon de représenter le sujet qui vous déplaît; l'ôter tout entière, ce serait détruire l'art même. Que le mode de la représentation, le style, pour dire son vrai nom, soit barbare ou raffiné, qu'il soit raffiné et barbare en même temps, pourvu qu'il soit véritablement individuel, le but de l'art est atteint et sa représentation est devenue nécessaire. Or je reconnais à coup sûr cette sincérité dans la manière dont Moréas traite ses sujets. Je n'en voudrais d'autre preuve que l'air de parenté, — une étrange parenté, je vous l'accorde, — que je découvre entre ses poèmes et l'art contemporain. — J'entends dans sa poésie deux voix qui se cherchent et qui veulent se confondre, mais qui ne trouvent leur point de réunion que dans l'émotion de celui qui écoute leurs sons enchanteurs. »

— « Hum ! » dit R..., « ne croyez-vous pas que l'heure soit un peu tardive pour se livrer à des rêveries métaphysiques ? Moi, du moins, l'idée d'aller retrouver de vrais rêves dans un lit authentique me tente davantage. »

ALBUM D'ARTISTE

De la poésie, encore de la poésie !

Me voici occupé à feuilleter les *Cornes du Faune*, d'Ernest Raynaud. Depuis que Stéphane Mallarmé a chanté le premier réveil de la puberté dans *l'Après-midi d'un Faune*, le jeune sylvain aux pieds de bouc est devenu l'emblème de l'*autre* homme qui se dissimule sous l'habit compassé de la civilisation.

Dans le recueil de poésies d'Ernest Raynaud, le faune montre ses cornes.

Prenez garde, il frappe ! mais plutôt lui que nous.

Ce charmant petit livre est la confession fort curieuse d'une âme. Oui, l'âme de Paris y dit ses secrets; non l'âme la plus profonde, — car, comme l'enfer et le paradis, elle a ses étages, — mais bien la vie qui court sous l'épiderme, vie tissée de passions inapaisées et de souvenirs qui cherchent en vain à jaillir, une sorte d'âme inférieure, *anima sensitiva*, comme l'appelaient les Scolastiques au moyen âge. Et certes cette âme-ci est plutôt sensitive que sensuelle.

Elle s'est incarnée à Paris et ne connaît rien hors la ville. Des désirs vagues l'obsèdent parfois, qui lui font regretter la mer et la campagne, mais elle n'a jamais vu la mer que sur la scène, — une danseuse (jupe courte et maillot rose) jouait la néréide; — et les fleurs dont elle voudrait rafraîchir les ardeurs de fièvre qui la consument, elle ne les connaît que par les plantes maladives qui poussent dans des pots rangés sur la fenêtre; son monde, c'est le boulevard et les habituées plâtrées de ses cafés, c'est la rue banale des boutiquiers, et son air de niaiserie et d'affectation; c'est encore, le dimanche, le parc où l'officier astiqué enfile, aux pointes cirées de ses moustaches, les cœurs des admiratrices assises à l'ombre du feuillage clairsemé, et qui attendent un de ses regards.

Tout comme son âme de sensitive, le Faune est, lui aussi, de Paris. Il n'est pas sorti des grandes forêts, il a son *home* dans un des jardins de la capitale. Il est de la famille des statues de marbre, qui dans les temps de leur splendeur, cachées en un coin sombre du parc, ont épié du haut de leur piédestal les secrets des amoureux. Peut-être que maintenant encore, cassées et moisies par l'âge et l'humidité, ces statues, debout dans le vieux jardin, attendent une seconde génération, qui renouvellera à leurs pieds les plaisirs folâtres du bon vieux temps pervers.

Le soir arrive et, avec la fin de la journée et du travail journalier, une mélancolie âcre se répand comme un voile de tristesse sur la ville. La nuit va tomber; les vapeurs montent du sol et le jardin avec son faune solitaire, ses ruines artificielles, disparaît comme un fantôme au milieu de nuages légers.

Mais je laisse la parole aux vers parfaits du poète.

CRÉPUSCULE

A cette heure où le ciel qui va mourir se teinte
D'or léger, le vieux parc aux sièges vermoulus,
N'a d'émoi, dans le flux dolent et le reflux
Des choses, que le bruit d'une heure, au loin, qui tinte.

Au bord du lac exsangue, en des fleurs d'hyacinthe,
Un Temple grec, où l'amour de plâtre n'est plus,
S'attriste, lui dont la pure gloire est éteinte,
Que les temps aient été si vite révolus.

Tout près, sous un massif bas qui se décolore,
Un faune enfant tout délabré s'accoude encore,
Baissant la lèvre où fut sa flûte de roseaux.

> Et voyant que le jour tout à fait le délaisse,
> Le Temple, avec sa froide image dans les eaux,
> S'enfonce plus profondément dans sa tristesse.

L'image du passé se lève à l'horizon douloureux du soir et remplit l'âme d'un désir morbide pour des jouissances en allées. Un parfum troublant se dégage de toutes les choses mourantes dans la nuit et pousse l'âme à chercher des voluptés hors de sa portée et qui jamais ne pourront la rassasier. Les cornes du faune se dressent, elles percent avec un âpre plaisir la couche légère de convention sociale, qui cache le courant formidable de l'animalité bruissant dans les veines de l'humanité. *L'odor di femina* l'étourdit, le met hors de lui, — l'odeur de la femme et de cette chose mystérieuse qui du sexe mâle n'a que l'apparence.

Tout à coup, comme un accompagnement agaçant à cette *furia* de désirs qui cherchent à se surpasser l'un l'autre, la vie ordinaire se fait entendre dans sa plus désolante banalité :

> Comme c'est aujourd'hui le quatorze juillet,
> Et que l'on dansera pour sûr devant l'église,
> La fille de Monsieur Ballandard, Héloïse,
> A mis sa belle robe en velours violet,
>
> Son vis-à vis sera Monsieur Paul, s'il vous plaît,
> Le fils du quincaillier...

Pour de la prostitution, en voilà bien aussi, aux yeux de qui veut tenir compte du don de noblesse nerveuse que comprend ce seul mot : l'humanité.

Le pauvre faune ! Balancé entre des appétences opposées, entraîné, las, toujours inapaisé, le vide au cœur, dans sa fureur il se brise les cornes, — et puis, — il ne lui reste plus qu'à souhaiter le retour au milieu de la solitude des choses évanouies, quoique cet isolement lui soit devenu plus amer que la mort...

> Mon pauvre cœur n'est plus vivant que pour souffrir.
>
> Les soirs exquis n'ont plus d'oreillers pour mes rêves.
> La belle fleur que j'ai cueillie était trop brève,
> O quand, — simplement comme un qui s'endort, — mourir !

Ainsi les divers états d'âme, — de l'*anima sensitiva*, — de la jeunesse parisienne passent devant notre esprit, comme des tableaux de paysages, très purs de lignes, et frappants par leur ton et leur exécution : ils nous font connaître une contrée étrangère. Nous parcourons cet album d'artiste, en méditant sur ce qu'il nous laisse voir, jusqu'à ce que nous entendions de loin quelqu'un venir à nous. Ah ! depuis bien longtemps j'ai attendu le son de ces pas, qui se rapprochent enfin. Il vient, LE POÈTE, Paul Verlaine, et nous fermons le livre que nous étions occupés à feuilleter, *les Cornes du Faune*.

PRÉLUDE

Permettez-moi de commencer par un conte.

Il y avait une fois un faune, très jeune et un peu sauvage, mais si peu ! c'était plutôt un faune doux, timide et presque humain, quand il vint vivre parmi les hommes. Vite blessé par un mot dur, il revenait néanmoins parmi ses frères parce qu'il avait besoin d'être aimé et d'aimer à son tour. Ce besoin était si grand qu'il se sentait brûler les entrailles, comme par un feu véritable. Je dis les entrailles, car ce que nous nommons le cœur, chez les faunes est placé un peu plus bas. Les gens avec qui il vivait, gens gais et chantant presque toujours, s'amusaient de la gentillesse folâtre du petit faune. Et faune il l'était vraiment, quoique craintif de sa nature, plutôt mélancolique même, à cause du désir infini qui le consumait. Mais il était toujours prêt à faire d'étranges gambades.

Cependant un jour ses hôtes furent extrêmement surpris. On donnait, dans un immense jardin, l'un des banquets auxquels ils assistaient tous d'habitude, et ils demandèrent au faune une chanson. Il les étonna tous en modulant dans la perfection une mélodie d'ordre composite, triste d'abord, puis hardie et espiègle comme un page malin et se terminant par un finale tant soit peu grandiose. Les convives se regardèrent gaiement et se dirent : Encore trop de souvenirs des grands maîtres ! mais bien du talent ! et si jeune !

Pendant ce temps, le chanteur avait disparu : pour se dérober aux applaudissements ? Ah ! que non ! les allées du grand parc l'avaient attiré et soudain de loin on entendit les sons d'une flûte magique. C'était le faune qui jouait un air pour son propre plaisir, un air libre et original, mais d'un charme si pénétrant, qu'on ne pouvait se soustraire à l'enchantement. Et c'étaient des sons coquets et tendres, extatiques, malicieux et mourants et d'une langueur si ravie qu'on éprouvait aux oreilles le chatouillement d'un mystérieux attouchement.

Lorsqu'on revit le faune, il avait subi une métamorphose. Ce n'était plus un faune ; il était devenu semblable aux autres hommes : une jolie fille l'avait ensorcelé. Il avait pris les allures d'un amant très épris et presque d'un bon père de famille. Et il chantonnait des ariettes à la manière de Coppée.

Ensuite survinrent des malheurs graves pour tout le monde; le pays et la petite famille en furent accablés. Adieu la raison raisonnante et raisonnable! Le faune fit des siennes; il se prit à vagabonder, à gambader, à sauter par-dessus toutes les bornes du respect qu'on doit aux choses, aux hommes, et à soi-même. Et plus ses excès se multipliaient, plus il s'entêtait dans sa fierté de Titan escaladeur du ciel, jusqu'à ce qu'un beau jour la police vînt à s'en mêler et l'enserra derrière une grille forte.

Oui, on le mit sous les verrous, le pauvre faune ; on voulut lui rendre la raison en le condamnant à regarder du mauvais côté de hautes murailles blanches.

Peut-être qu'elles lui apportèrent plus que de la raison. Car cette ardeur infinie, qui le consumait, ne trouvant plus d'issue, s'amassait au fond de son âme et y bouleversait tous les sentiments, comme le soc lourd de la charrue laboure la terre dure pour préparer la croissance du bon grain. Oui, ce temps-là fut une préparation douloureuse pour la germination d'un grain étrange.

Quand la leçon eut assez duré, la porte s'ouvrit et le faune s'enfuit dans la solitude : nouvelle métamorphose, il se fit ermite. Et au fond de cette retraite la fleur de la foi s'épanouit dans son âme, une fleur splendide, à la corolle blanche, dentelée, au cœur d'un jaune ardent, d'où se dégageait un parfum troublant. Le faune resta plongé en extase devant ce spectacle ; un feu sacré courut dans ses veines et il sentit que tout son corps allait s'épanouir comme la fleur merveilleuse.

Des années passèrent ainsi. Un jour, un bruit lointain interrompit ses méditations. La rumeur de la grande ville avait frappé son oreille. Il hésita... et il partit.

Il espérait pouvoir garder la fleur intacte; il l'espérait, mais il ne le croyait guère. Cela dépendait des autres, des circonstances, des gens, — des autres en un mot. Il n'avait pas la force nécessaire pour la protéger, si on ne lui venait pas en aide du dehors. Je vous ai dit que c'était un faune; il se savait enfant de la nature, et malgré cela, il partit; il partit même à cause de cela, parce que c'était un faune.

Dans les rues de la méchante ville, il oublia de soigner la fleur splendide. Je crois même qu'elle fut un peu souillée et qu'elle se fana. Car, dans son extravagance, le faune, fou de liberté, ne croyait avoir retrouvé son indépendance que s'il se roulait dans la fange, et il tomba, et il tomba... ! Mais, ô miracle! les couleurs de la fleur étaient si étroitement unies à son âme intime que sa splendeur ne pouvait complètement se ternir. Quoi que fît le faune, la fleur de la foi vivait en lui. Et auprès de l'éclat qui émanait de ses couleurs, sa vie déréglée, — ah! combien de fois déjà vécue et revécue! — commençait à lui donner du dégoût. Puis ce dégoût l'attirait, il y trouvait même une nouvelle jouissance : il n'avait point appris le dédain; et ce que le monde tenait pour vil, au contraire avait pour lui un certain charme. Il était autre, puisque c'était un faune.

Cependant la fleur s'épanouissait et lui révélait sa bassesse. Il se sentait balancé par deux forces opposées. Et ce bercement à la longue ne lui causait point de déplaisir. C'était comme un jeu d'escarpolette, — hip, houp, houp, hip, — les excès sensuels qui blessaient profondément son âme lui apportaient ensuite la douce pénitence, — hip, houp, — et la sainte extase, l'entraînant dans ses ravissements jusqu'au sanctuaire du ciel, le conduisait après tout — il savait bien où — houp, hip !

Finalement, il résolut de rester tel qu'il était ; il ne se sentait pas l'énergie d'être autre. Et le faune, devenu vieux, mais toujours le même, devint un sage. Il voila sa figure sous le masque de Silène de Socrate, — encore une métamorphose ; il devint un qui savait et qui connaissait l'unité de la vie depuis sa souillure ultime jusqu'à l'extase suprême. Il brisa tout de bon avec les conventions d'un monde qui s'arroge le droit de diviser les gens en castes et de leur distribuer des propriétés exclusives. Ils étaient devenus deux, qui vivaient à part, — la société et le faune. Et si le monde se permettait d'avoir son opinion sur le faune, le faune, lui, se croyait justifié à juger le monde.

Ce conte n'a ni sens, ni morale, ni logique, et cependant on peut en tirer une vague sagesse, comme on pourrait en tirer de la vie de Paul Verlaine, qui, en somme, ressemble un peu à cette légende. Voilà pourquoi je la prends comme texte pour mes méditations de ce matin, avant de voir le poète. On cherche bien parfois conseil auprès d'une fable de La Fontaine, pour vaincre quelque difficulté de la vie réelle. Mais c'est une vie humaine qui est en cause maintenant : nous ne pouvons pas en rester à la fable.

Autant que j'en puis juger, Verlaine a une certaine prédilection pour deux mots : comme figure de style et comme image, il aime à employer tout ce qui se rapporte à l'*exil* et il s'appelle de préférence *un veuf*.

De quelle patrie le poète a-t-il été exilé ? De quel objet aimé est-il privé ?

Dans une nouvelle d'une beauté parfaite, *Louise Leclercq*, Verlaine nous a peint, à sa façon, la société bourgeoise de Paris. Au premier abord, tout paraît très banal : il nous décrit un magasin quelconque de nouveautés, les bonnes gens qui en dirigent les affaires, avec une honnêteté et une exactitude irréprochables, leur fille saine, belle et bonne, l'enfant chérie de la maison. Mais on s'aperçoit bientôt que dans ce cercle restreint circule un large courant de vie profonde. Et par l'ingénuité de sa conception cette simple nouvelle prend les proportions d'un récit épique. Chaque personnage vit et respire dans son atmosphère personnelle, indépendant des autres ; les sentiments et les actions correspondantes atteignent leur maturité complète ; ce qui est vieilli se détache de son milieu sans laisser de lacune. Tout contact de la vie générale et de l'individualité, tout choc des individus entre eux est supprimé. Quand Louise, la jeune fille, quitte sa famille pour suivre son amant, le poète écrit simplement :

« Elle avait quitté ses parents sans un mot d'adieu, rien, rien et rien ! Ce n'était ni une fuite ni un départ. C'était une destinée qui allait où elle devait aller. Tout sentiment autre que l'amour était aboli pour elle. Son action n'était pas de la révolte, même instinctive, mais bel et bien la vie qui passait, la tirant à sa suite. »

Cependant l'amour filial ne nous est point proposé comme une quantité négligeable dans ce monde-là. Seulement, il n'entre dans le cœur de la jeune femme qu'à son temps et sans être accompagné de repentirs superflus. Le sentiment du devoir nous apparaît comme un fruit, qui croît et mûrit d'après ses propres lois.

C'est là une conception toute païenne de la vie. La vie, suivant le poète, est bonne en soi ; elle aide chacun à son tour à conquérir sa place au soleil, et elle rejette comme une chose inutile le conflit des devoirs. A nous de lui laisser poursuivre sa route et de ne pas lui opposer une résistance folle. Alors l'existence marchera d'un pas sûr et rhythmique : elle sera complète en soi.

C'est de cette vie-là que le poète se sent exilé ; il peut la reconstruire, il peut essayer, grâce à son imagination, de modeler d'après cette conception ce qui l'environne : mais tout cela ne ressemble en rien au monde qu'il voit devant lui.

Et ce qu'il chérit dans cette patrie de son esprit et de ses vagues souvenirs préhistoriques, c'est qu'on y laisse libre jeu à la personnalité humaine, tandis que le cours général des choses y est fixé suivant une loi certaine.

Car le poète sent vivement le besoin d'une loi et même d'une loi sévère ; mais il ne veut pas se laisser forcer la main par elle, il veut l'accepter librement. Il est d'abord et avant tout un homme de l'âge d'or, un homme semblable à ceux dont parle Gœthe dans son *Élégie romaine :*

« Dans les temps héroïques, quand les dieux et les déesses aimaient encore aux cieux comme sur terre, le désir succédait au premier regard, et la jouissance au désir. »

Mais il est prêt à faire légitimer cet état de choses pour lui si naturel, à condition toutefois que la nature aura fait d'abord valoir ses droits. Il n'y a pas d'opposition pour lui entre la loi et la nature de l'homme ; l'une aide l'autre, mais la nature doit toujours aller devant.

Cette figure idéale de femme, qu'il nous a montrée dans Louise Leclercq, c'est pour le poète l'incarnation naïve de cette règle fixe de la vie, qu'il accepterait loyalement de tout cœur.

« Elle, c'est la bonne chrétienne, la mère par excellence, l'épouse aimante et la femme forte, en un mot l'unième sur mille. »

Verlaine ne l'a pas trouvée. Il est veuf.

Il ne comprend rien à notre société qui donne

droit de préséance aux lois, et qui ne connaît point d'autre liberté que celle acquise par l'observation de ces lois. D'après lui, c'est le monde renversé, et voilà pourquoi l'opinion du monde lui est indifférente ; il est à mille lieues d'elle, il la trompe et il la méprise.

Il y a eu dans son existence un moment où il crut découvrir pourtant une certaine harmonie entre la société et sa nature. C'était dans les premiers temps de son mariage. L'amour d'une vierge l'avait fait réfléchir sur sa vie. Jusque-là il avait vécu à l'aventure. Qui donc, tant qu'il est jeune, irait penser à des rapports avec la société et le monde ? Et s'il a eu des parents attentifs à son bien-être, s'il a été entouré de la sollicitude d'une mère, il n'a guère eu besoin de se prémunir contre les attaques dans cette bataille de la vie. Éprouve-t-on du chagrin, — et une nature comme celle de Verlaine, ouverte à toutes les impressions, vibrante à chaque attouchement, a dû dès son enfance beaucoup souffrir, — on les considère comme une injustice du sort, et c'est un motif à faire des vers : on n'est pas encore parvenu à la triste expérience qui vous apprend que la fatalité n'existe pas en dehors de nous et que notre caractère lui-même est notre destinée.

Cependant cette vie insouciante ne saurait durer. Un honnête homme, qui aime sincèrement, se pose d'instinct quelques questions au moment où il va entrer dans le mariage. Il ne peut s'empêcher d'avoir le sentiment de sa responsabilité, l'idée que le bonheur de sa vie désormais ne dépendra plus de lui seul. Et Verlaine, qui dans son extase croyait voir les sept cieux que lui ouvrait la petite main de la femme adorée, a certainement fait de son mieux et avec toute la probité possible pour se plier à ce que ce nouveau monde des amours légitimes exigeait de lui.

Alors, — pour la première fois peut-être, — lui est venue la conscience de sa diversité d'avec la société ordinaire et de son isolement spirituel. « C'est de là que date ma blessure, » dit-il de son mariage dans son autobiographie (en citant Baudelaire). Il espéra pendant quelque temps que la femme qui lui avait donné l'avant-goût du ciel puiserait dans son amour assez d'énergie pour le conduire sûrement à travers la vie. Mais cette conviction s'ébranla et soudain il eut le pressentiment d'un péril qui s'approchait.

A la veille de rompre irrévocablement avec la société, il écrivit les chansons qui se trouvent au commencement des *Romances sans paroles*. Ce ne sont pas les plus beaux vers qu'il ait faits, mais ils sont uniques dans son œuvre, uniques aussi peut-être dans la littérature française par le charme immédiat qu'ils exercent sur l'auditeur, sans qu'ils lui laissent le temps de s'en rendre pleinement compte. C'est le vrai Verlaine, et le poète entier qui parle dans ces créations exquises ; il ne pense qu'à lui et à ses sensations confuses; rien, mais rien absolument, ne vient se placer entre le poète et nous. C'est du Verlaine d'avant la chute.

Je le vois d'ici, à ce moment décisif de sa vie, comme s'il était devant moi, berçant sa rêverie voluptueusement triste au souvenir de la musique qu'il vient d'entendre. La petite femme, encore chérie un peu, vient de jouer quelques-uns de ses airs favoris; elle a quitté la chambre, mais le piano reste ouvert. Il semble que des ombres de sons voltigent dans l'appartement, et ces fantômes vagues se dessinent devant l'esprit du poète et prennent une voix, ah! bien silencieuse, mais plus pénétrante que la musique entendue. Et c'est comme si cette voix en allée, qui parle encore, était l'emblème du passé, qui est resté pour bercer dans ses bras son âme endolorie. Pourquoi ne saurait-il durer, ce passé irrévocable? Ah! mourir au balancement de ces sons évanouis en pâles visions, sur l'escarpolette des heures fugitives, berceuses ailées du repos éternel!

Mais voici qu'arrive déjà l'avenir; il le touche presque de la main, et le poète n'ose pas regarder devant lui :

> Il pleure dans mon cœur
> Comme il pleut sur la ville.
> Quelle est cette langueur
> Qui pénètre mon cœur?

> C'est bien la pire peine
> De ne savoir pourquoi,
> Sans amour et sans haine,
> Mon cœur a tant de peine.

Il m'est presque impossible de m'arracher à cette période de la vie du poète. Comment affirmer qu'il n'aurait pu y avoir un développement graduel et harmonieux de son talent et de son caractère ?

Mais les circonstances s'y opposaient, les fatales circonstances; elles brisèrent impitoyablement les liens qui l'attachaient à une vie régulière et le poussèrent de toutes leurs influences malignes dans une direction extrême. La guerre de 1870 et la Commune troublèrent définitivement le calme dans la petite famille du poète, et le forcèrent à se réfugier à l'étranger. Sa femme ne l'y suivit pas; elle avait séparé son sort du sien. Un jeune homme, d'un génie violent, qui touchait presqu'à la folie, — j'ai nommé Arthur Rimbaud, — avait pris dans le cœur du poète la place qui avait appartenu à l'épouse et à l'enfant. Et ces deux natures exagérées, Verlaine et Rimbaud, rivalisaient à qui surpasserait l'autre dans les excès d'une vie déréglée... La fin de cette liaison fut marquée dans l'existence du poète par une terrible déception et une humiliation profonde.

Il faut détourner son regard de ces misères inhérentes à l'humanité et qui s'attaquent toujours aux plus faibles, aux meilleurs peut-être d'entre nous...

Faible, Verlaine l'était, mais il avait aussi cette force de résistance qui paraît être donnée aux faibles ; il y avait en lui un principe indomptable de vie vivante et créatrice, et ce principe le sauva au milieu de la honte où il était plongé.

Il se réfugia dans la foi catholique : il déposa aux pieds du Sauveur toutes les passions qui le tourmentaient.

Son cœur agité et meurtri avait donc trouvé le repos qu'il cherchait ? Plus encore, l'idéal dont il avait porté jusque-là en lui l'image confuse, l'idéal d'une règle parfaite, se révélait à lui sous les traits de la Mère des croyants : une loi d'amour qui, dans sa grande harmonie, absorbe toutes les dissonances de l'individualité, pourvu qu'elle *veuille* se livrer à sa direction.

On dirait presque que, pour des natures sensuelles comme celle de Verlaine, l'Église catholique incarne le mieux l'idéal de la vie païenne, si elle n'avait un petit défaut : son manque de réalité.

Dans la solitude, où chacun se bâtit le monde à sa guise, Verlaine pouvait être bon catholique, mais même là, si, je ne me trompe, sous le sérieux de la piété véritable se mêlait déjà soit quelque emphase, soit un grain de gaminerie, qui ni l'une ni l'autre ne pouvaient passer tout à fait pour des ingénuités. Lorsqu'il revint à Paris, ce qu'il y avait d'artificiel se démasqua. Il lui était impossible de tenir à la longue son âme dans cet équilibre instable et comme il avait cherché son salut dans un renoncement absolu à tous les désirs, il lui fallut bien tomber et retomber parfois dans l'extrême opposé.

Et Verlaine, pauvre Saturnien, goûtant au fruit défendu, se débattant contre la tentation, mais toujours ressaisi malgré lui, donna au monde, se donna à lui-même, le spectacle des plus terrifiantes secousses morales.

Et ce fut une fureur de se perdre dans l'assouvissement de ses désirs brutaux, — oh ! l'orgueil et le triomphe d'oser être ainsi devant les regards des hommes ! — Et en même temps ce fut un effort profondément sincère, qui voulait être cru sincère, pour atteindre les hauteurs du renoncement au sein de la volonté divine.

Son caractère avait divorcé d'avec lui-même.

Est-ce que l'unité, cependant, n'existerait pas, grâce à la conscience même qu'il a du divorce de sa personnalité ?

« Mais elle y est, l'unité de pensée ! » proclame le poète dans un des rares passages où il parle de lui en prose, d'une manière directe ; « elle y est au titre humain, au titre catholique, ce qui est la même chose à nos yeux. »

L'*homme*, en ces lignes, prend le pas sur le catholique ; gardons-lui sa place.

Son dernier volume de vers, *Bonheur*, me

paraît être un essai pour réunir les éléments discordants de son caractère. Est-ce que je vois juste? Est-il possible que cette blessure se ferme, que cette existence répare le tissu rompu, grâce à la force de guérison et de renouveau que donne la véritable vie!

Mais d'où me vient cette sollicitude ? Et les vers seuls du poète ne me suffisent-ils pas ?

Comme si dans le poète on pouvait jamais oublier l'homme!

Être poète, c'est être une puissance, et cette puissance vient de l'âme. Tandis que l'artiste nous promène dans des décors de la vie, le poète se donne exclusivement lui-même et dans le cours de son existence il devient lui.

Mais quelle va être mon impression sur l'homme, sur Verlaine, quand je vais me trouver devant lui?

J'ai tâché de me préparer à cette entrevue en me le représentant d'abord comme guidé par l'instinct plutôt que par la raison ; ensuite, je me suis efforcé de compenser la faute commise en cherchant une intention rationnelle à ce que le poète a voulu faire sans pouvoir y parvenir jusqu'ici.

La réalité sera différente, à coup sûr, de l'image que je me suis faite, mais c'est seulement en corrigeant continuellement ses impressions que l'on se rapproche de quelque chose qui ressemble à la vérité.

INTERVIEW

L..., qui devait donner au *Figaro* un article sur Verlaine, me permit d'assister à son entretien avec le poète. Nous le trouvâmes au café François Ier, vers les dix heures du matin, au moment où les cafés ont encore leur air de prosaïque propreté. La lumière tamisée, qui filtrait dans la salle oblongue, éclairait faiblement la figure hâve du poète qui nous attendait, le regard fixé sur l'invisible.

Le visage était flétri et fatigué. Son long carrick lui donnait l'air d'un pauvre vieux chanteur des rues, exposé depuis des années au vent et à la pluie ; un chapeau mou usé couvrait son crâne chauve. Toute cette mise donnait l'impression d'une physionomie de bohême qui vit dans son rêve sans se soucier de ce qui se passe en dehors de lui. Seul, un foulard de soie jaune au cou éclatait comme une note gaie et troublante de gaieté dans la gamme grise de son extérieur morne.

Un vague sourire de bienvenue passa sur ses traits vieillis lorsqu'il nous vit arriver.

Oh l'étrange mobilité de cette physionomie ! Cinq minutes ne s'étaient pas écoulées qu'une variété étonnante de sentiments étaient déjà venus y marquer leur empreinte, tout en lui laissant son ton dominant de tristesse vague ; tel l'effet sombre d'un paysage mis en relief par des ombres de nuages qui fuyent sous la pluie et le vent. Tantôt le front du poète se renflait, les narines palpitaient et le malin satyre apparaissait, avec des yeux tirés aux coins, qui appellent la jouissance. Tantôt ses sourcils se fronçaient, le regard indiquait la colère, la main frappait la table, la voix avait des éclats de tonnerre — pour se changer en un rire franc qui se modérait tout à coup et passait, par une transition subtile, au sourire timide d'un enfant qui craint la punition. Car il y avait un côté enfantin dans ce visage de vieux pécheur, et ses gestes nerveux étaient ceux d'un gamin qui ne se sent pas à son aise et tire ses habits. Puis c'était un tantinet d'affectation qui perçait dans ses manières, ou une teinte légère de blague, qui se figeait dans l'expression d'ennui d'un homme qui ne se soucie plus de rien au monde. Et cette dureté des traits se fondait dans les brouillards d'une mine distraite qui regarde l'espace sans rien voir.

La façon dont Verlaine accueillit les nouveaux venus fut d'une parfaite bonhomie : c'était la bienveillance affectueuse avec laquelle on caresse un chien étranger.

Il n'y avait, à coup sûr, rien d'apprêté ni de conventionnel dans cet homme, soit dans ses paroles, soit dans ses manières. Il se laissait aller. Je ne sais pourquoi le premier sentiment que cet accueil fit naître en moi fut un mouvement de répulsion, ou plutôt une sorte de déception. N'en est-il pas presque toujours ainsi qua d on arrive pour la première fois devant un chef-d'œuvre célèbre ? On est vexé qu'il n'ait pas quitté pour nous sa mise négligée de tous les jours, et qu'il ne nous reçoive pas avec un franc sourire de bienvenue. Or, le chef-d'œuvre est à sa place, au musée, depuis des siècles déjà, et à la longue il est devenu assez indifférent aux hommages ; peut-être même qu'il est lassé de toutes ces admirations passagères.

— « Je suis gai, » dit Verlaine, « comme vous voyez, et je peux rire de bon cœur. Pourquoi *le Figaro* a-t-il dit récemment que j'avais la mine renfrognée ? Dans mon enfance, oui, j'étais sombre et ne me mêlais guère aux jeux de mes camarades ; Albert Millaud a dû probablement se rappeler ses souvenirs du collège où nous avons été ensemble. Mais maintenant tout cela a changé. Qu'y a-t-il de meilleur au monde que la gaieté ? »

Ceci était dit avec une intonation de voix si indécise qu'il semblait tenir aussi peu à son grief contre le journal qu'à sa réputation de gaieté.

L'interviewer profita d'une petite lacune dans la conversation pour sortir son carnet.

« Vous m'excuserez, n'est-ce pas ? » dit L... « J'ai noté quelques points sur mes tablettes. Dans vos vers, il est souvent question de loups. Ce sont probablement des souvenirs d'enfance de la Lorraine ? »

— « Non, » dit Verlaine d'un ton très bref (sa jeunesse ne semblait pas être un sujet qu'il aimât à aborder). « Si je ne me trompe, je n'ai vu des loups que bien plus tard, pendant mes voyages dans les Ardennes, un ou deux loups tout au plus. Pour des loups, ce qu'on peut appeler des loups, j'en ai vu de toute espèce et en grand nombre durant toute ma vie. »

Il n'y avait aucune amertume dans ces paroles : il semblait plutôt qu'il excusât la façon d'agir des loups.

— « Et les circonstances au milieu desquelles vous avez été élevé ? »

— « Excellentes. » Le poète tira ces mots d'une distance infinie. « Mes parents avaient quelque fortune ; elle n'a pas duré longtemps entre mes mains. Peuh ! »

— « Et de quoi avez-vous donc vécu, alors ? »

— « J'ai donné des leçons. »

— « Qu'est-ce que vous avez enseigné ? »

— « Après la Commune j'ai donné des leçons de dessin en Angleterre. Plus tard, j'ai enseigné toute sorte de choses dans un pensionnat tenu par des prêtres. »

— « Et votre femme, où était-elle pendant ce temps ? »

— « Elle s'est remariée ; je n'ai plus rien à faire avec elle. Mon seul désir est de revoir mon fils. »

— « Il ne peut pas être indiscret de vous faire une question à propos d'une chose sur laquelle vous vous êtes prononcé vous-même dans vos poèmes, sans la moindre réticence. Votre condamnation... »

Verlaine tambourinait très doucement de la main sur le marbre de la petite table.

Soudain, à la demande proposée, le poète leva la tête ; un éclair passa dans ses yeux ; mais ce ne fut qu'un instant : son visage reprit presque aussitôt son impassibilité, et l'on sentait que derrière cette expression vague des traits il cachait la blessure de son âme toujours saignante.

— « Ah ! l'histoire fatale ; nous nous étions querellés..., j'étais furieux et..., — alors il alla chercher du secours ; — laissé seul, je bus verre sur verre, je me soûlai jusqu'à en devenir fou de rage. Lorsqu'il revint, hors de moi, je le menaçai de nouveau... — Des gens vagues s'emparèrent de moi..., » Pendant le récit de ses malheurs, les doigts du poète allaient et venaient, dessinant des gestes en l'air, nerveusement, pour suppléer aux lacunes.

« Le château où l'on m'enferma fut un véritable asile, après toutes les souffrances des anciens temps.

« Le directeur vit bien que j'avais agi par folie, et me traita d'une façon convenable. Il me prêtait des livres, un Racine, un Shakespeare ; j'ai pu y travailler et même refaire mon éducation, qui avait été un peu négligée par ma propre faute. »

Voulant réparer l'indiscrétion de sa dernière

question, en montrant son respect pour le grand talent de l'artiste, L... continua :

— « Je crois que le fait est unique dans l'histoire littéraire. On n'a jamais vu un poète, comme vous, arrivé à un certain point de sa carrière, se poser un programme de travail, le communiquer au public, puis l'exécuter fidèlement. N'est-ce pas ? Vous avez dit : désormais mon œuvre se divisera en deux parties ; je publierai une suite de poésies qui glorifieront la foi et tout ce qu'il y a de meilleur dans l'homme, et en même temps, parallèlement à cette série de poèmes, j'en donnerai une autre qui peindra dans toute leur vérité les excès des passions humaines. Vous avez réalisé ce que vous vous êtes proposé en écrivant *Amour*, puis *Parallèlement*, qui donne la face opposée ; enfin vous venez de publier *Bonheur*, où, en rétablissant l'équilibre rompu par *Parallèlement*, vous avez de nouveau cherché à donner une saine et bonne théorie de la vie. Une persévérance de programme aussi caractérisée témoigne d'une grande énergie morale. »

— « C'est de la sincérité, pas autre chose, » dit Verlaine ; et il parut chasser de la main un brouillard qui flotterait devant ses yeux. « J'ai eu vraiment la foi, pendant les années passées loin de Paris, après mon malheur ; je me sentais pur, j'étais chaste ; j'avais le bonheur et la santé. Nulle mauvaise pensée ne me venait. Mon esprit était calme et c'était une sensation presque physique. Il me semblait que je portais sans cesse du linge propre et neuf. Je m'étais attaché à un de mes élèves, il me remplaçait mon fils ; j'étais pour lui un père et un frère aîné. Pourquoi tout cela n'a-t-il pas duré ? Il paraît que la fatalité ne l'a pas voulu ; tout a tourné contre moi ; ce que j'aimais me fut enlevé par la mort, ce qui me retenait à la vertu s'est rompu comme un lien qui casse. » — Cette allusion à la mort de sa mère et de son jeune ami fut faite rapidement ; tel quelqu'un qui se hâte de passer sur une surface fragile qu'il entend craquer sous ses pas. — « Ensuite il y eut des débats mesquins, soulevés je ne sais par qui, à propos d'intérêts qui me touchaient. Il me fallut venir à Paris pour trouver de quoi vivre, et, arrivé là, j'ai fait le plongeon. Ç'a été la grande dégringolade ! »

Ces derniers mots furent prononcés d'un ton très doux, légèrement ironique ; pas un grain de mélancolie dans l'inflexion de la voix ; c'était le satyre plutôt qui apparaissait aux coins de la bouche et au retroussis des lèvres ; et en même temps on ne pouvait se défaire de l'impression que des ombres de souvenirs, mais des ombres seulement, glissaient sur les traits flétris du visage impassible.

L... ouvrit de nouveau son carnet.

— « Il y a encore une question que je voudrais bien vous faire, » dit-il. « Vous avez renouvelé le vers français, n'est-ce pas ? en variant la dimension des vers, en déplaçant leur césure, en remplaçant parfois la rime par la simple assonance.

Qu'est-ce que vous pensez maintenant de toutes ces réformes? Est-ce que vous leur donnez une grande valeur? »

— « Ah! je ne l'ai pas fait exprès, — et souvent oui, je l'ai fait exprès, » dit Verlaine en se reprenant avec l'ingénuité d'un grand artiste qui livre ses secrets. « J'ai voulu faire comme dans les livrets d'opéras, où des vers longs alternent avec des vers brefs, suivant que la musique et la déclamation l'exigent. Je dois aussi beaucoup à l'exemple de Mme Desbordes-Valmore; sa poésie, un peu naïve sous le rapport de la forme, je l'avoue, a eu une grande influence sur mes façons de penser et d'exprimer mes sentiments dans ma seconde période. Car j'attache très peu d'importance à tous ces petits artifices de style et de versification. C'est bon pour les commençants. Eh! je ne veux pas dire que, à présent encore, je ne les emploie pas de temps en temps, mais au fond ce ne sont que de petites « canailleries ». Comme je l'ai dit dans *Bonheur*, et comme je le répète à qui veut l'entendre : il n'y a rien au-dessus du bon vers français classique, qui est bien plus expressif et bien plus souple qu'on ne le croit d'ordinaire. Je suis pour la tradition saine et virile, moi. » — Le poète s'était tout à fait tiré de sa torpeur; il frappa le marbre fortement pour donner de l'accent à ses paroles.

— « *Bonheur* n'est pas un livre facile à lire : c'est un livre dur, mais on sent que la vie a passé par là. Il n'y a pas une page de ce livre qui n'ait été vécue. C'est là que je termine la confession que j'avais à faire au monde; j'ai soulagé mon cœur et je me sens libre, à présent, d'agir à ma guise. Je vais entreprendre une œuvre nouvelle. Que sera-ce? Du théâtre? Ce n'est pas impossible. Ah! si je pouvais compter sur quelques années de bonne santé! Mais je suis malade, et puis j'ai mes passions qui ne m'abandonnent pas. »

Puis il ajouta : « Je vous demande pardon, mais permettez-moi de prendre congé de vous pour aujourd'hui. Au revoir. »

Et le poète s'en alla, traînant sa jambe malade, en homme brisé par la vie.

— « J'ai mon article, je le vois complet devant moi, » dit L... en prenant mon bras pour quitter le café. « Savez-vous, je n'ai pas osé faire toutes les questions qui me brûlaient les lèvres. Il y a des vers énormes dans ces poésies de Verlaine, qu'avec toute mon expérience de boulevardier je n'arrive pas à comprendre. Il y a là des abîmes de perversité, dont j'aurais été bien curieux de l'entendre parler. Par exemple, que dites-vous de ce vers... Mais non, ne creusons pas ces choses-là en plein midi, — il est vrai que le soir ce serait encore plus dangereux, n'est-ce pas? Laissons-les donc simplement de côté. »

Voir un poète se soumettre aux tortures de l'interview, l'entendre avouer ses secrets intimes, comme des affaires de tous les jours : voilà une espèce d'humiliation, même pour celui qui ne fait qu'assister au spectacle, parce que tous, quelque petits que nous soyons, nous avons part à cette humanité torturée pour le plus grand plaisir du public. Et pourtant je sentais confusément que sous cette humiliation de l'homme il se cachait quelque chose de très grand qui passait les bornes de mon esprit. Oh ! l'humble résignation du poète ! Témoin de cette scène, avais-je éprouvé quelque déception ? Oui ; et, cependant, j'eus plutôt le sentiment d'être porté par un pouvoir mystérieux.

« BONHEUR »

Je vais relire *Bonheur*, ce livre dur, comme dit le poète. Je sais maintenant que c'est le dernier mot de sa sagesse et qu'on y trouve la clef de sa personnalité.

Il me semble voir au seuil du livre ce même mot où se résumait mon impression de l'entretien auquel j'avais assisté : *Résignation*.

L'ordre de la nature inspire de la confiance au poète.

Laissez la faire, la nature, et elle fera bien.

> Or la nature est simple...
> Elle procède avec douceur, calme et lenteur.

Ne demandons pas trop à la vie ! Qui sommes-nous donc pour poser des conditions ? Nous n'arrivons à notre valeur qu'en nous soumettant au grand tout. N'attachons pas trop d'importance à nos vues particulières, à nos haines, à nos amours. Déposons le fardeau de nos griefs, laissons-les là, et livrons-nous aux flots de la mer du Renoncement suprême.

Toutefois, il ne faut pas oublier les symboles, qui nous consolent parmi les épreuves de la voie douloureuse que nous suivons sur terre : le symbole de l'incarnation de Dieu, le symbole de la Cène, par lequel nous participons à son corps divin. Ce ne sont pas les symboles seuls qui nous maintiennent dans la bonne route, mais aussi toutes les pensées pieuses qu'ils suggèrent en nous. En sanctifiant notre corps, ils assujettissent les passions de la chair à notre volonté. Oui, ils font de notre chair l'armure par laquelle nous nous défendons contre les coups du Malin ; peut-être que nous sentons encore les blessures, même à travers cette cuirasse, mais nous ne craignons plus les attaques ; et nous marchons d'un pied sûr, pleins d'une respectueuse piété, sur la route que nous avons choisie de notre plein gré.

Avant tout, soyons simples dans nos actions et dans nos pensées ; qu'il n'y ait en nous que pardon et amour.

Et, porté par ce courant, le fleuve des vers de Verlaine se perd au sein de l'éternité.

On se tromperait fort, en croyant n'avoir affaire là qu'à des lieux communs de morale facile, et qui coulent mollement des lèvres d'un prédicateur populaire. C'est la confession d'une âme que nous entendons, et tout ceci a pour le poète un sens tout à fait personnel. Ce livre de la résignation a été pour lui, qui l'a vécu, un livre dur à faire ; sa vie a passé par ces feuillets intimes, et il en est resté quelque chose à leurs marges. Que le fleuve est calme dans sa marche majestueuse! Mais regardez de plus près : voyez les tourbillons de ses flots, ses gouffres à peine entraînés dans le mouvement général, ses courants profonds en sens inverse! Ce livre a une vie individuelle, comme tout ce qui est vivant.

Les paroles de pardon ne sortent pas naturellement du cœur du poète ; loin de là, elles lui sont arrachées par une force qui le contraint et qui le fait souffrir :

> Le pardon des offenses
> Comme un déchirement.

Il aimerait bien à se venger, quand il pense à ce que son existence aurait pu être, si, à l'heure du péril, une main amie s'était tendue vers lui pour le sauver, quand il se souvient que celle dont la place était à ses côtés l'a persécuté, l'a trahi, l'a poussé du pied dans l'abîme. Sûrement le temps de la vengeance arrivera ; et cet espoir seul le soutient encore. Mais il préfère renoncer à cet appui des heures mauvaises, il se dépouille de sa haine et de sa fierté :

> L'abandon des vengeances,
> Comme un délaissement.

Alors seulement il flotte en plein courant sur les eaux de la pitié et du sacrifice :

> Boire la bonne honte,
> Être toujours plus doux.

Jusqu'à ce qu'un nouvel écueil lui barre sa route et que le poète s'agite et résiste pour, à la fin, courber la tête en reconnaissant dans la main même qui lui envoie des épreuves le pouvoir divin qui veut son salut. Puis encore...

Car ce « bonheur-ci » est troublant et il finit par nous inquiéter, nous les spectateurs qui aurions voulu en être témoins. Soudain vient la rafale qui met à nu les profondeurs de l'âme et qui fait déborder les flots tumultueux des passions. On croirait que la tempête s'est emparée de ce cœur et souffle des quatre coins : puis tout à coup le calme complet ; encore quelque léger frisson peut-être à la surface ; mais ce sont des vagues qui ne sont pas encore rentrées dans l'ordre, et c'est fini.

Partout de ces contrastes dans ce livre. Voici quel avenir il ouvre à un jeune ami :

Soyons tout l'un à l'autre enfin ! et l'un pour l'autre
En dépit des jaloux, et de nos vains soupçons
A nous et cette fois, pour de bon, renonçons
Au vil respect humain où la foule se vautre,

Afin qu'enfin ce Jésus-Christ qui nous créa
Nous fasse grâce et fasse grâce au monde immonde ;
. . . .
« Qu'ils entrent dans ma joie, et goûtent mes louanges ;
. . . .
« Et voilà pourquoi les anges et les archanges

« S'écarteront de devant Moi pour avoir admis,
« Purifiés de tous péchés inévitables
« Et des traverses quelquefois épouvantables,
« Ce couple infiniment bénissable d'Amis. »

Ainsi dans l'extase d'avoir découvert enfin le compagnon qui prend part à son âme, il dispose d'avance des places d'honneur au Paradis, et elles semblent à peine leur suffire.

Tournons le feuillet, et à propos du même jeune homme nous lisons :

Rompons !...
... Amitiés d'ennuis et de débats...
O pour l'affection toute simple et si douce
Où l'âme se blottit comme en un nid de mousse !
Et fi donc de la sale « âme parisienne » !

On dirait presque que, dans l'œuvre de Verlaine, les poèmes qui vont le plus loin en perversité, sont encore rassurants en comparaison de l'équilibre d'âme que *Bonheur* préconise. On sait que là l'extrême limite est atteinte; et voici qu'au milieu de la tranquillité on craint un bouleversement. Un livre très dur, ce *Bonheur!* Dans sa naïveté apparente, il est bourré d'énigmes et de trahisons, comme les abîmes de la mer, comme le cœur d'un enfant.

Et dans tout cela, au milieu de cette confusion, je ne sais quelle impression résignée; elle est dans ce livre, le visage troublé, les yeux hagards, à vrai dire, mais elle y est, la Résignation!

UN DIEU EN EXIL

Sur l'asphalte du trottoir, Verlaine marchait péniblement et la lumière diffuse du soir éclairait en haut relief sa figure douloureuse. Au milieu du boulevard désert, on le reconnaissait de loin. Les yeux à demi fermés, la jambe traînante, tâtonnant du bâton, qu'il tenait d'une main tremblante, comme un aveugle à la recherche de son chemin, il ressemblait à un vaincu de la vie, qui poursuit sa route solitaire, dédaigné du monde et le dédaignant à son tour. Soudain, il s'arrêta; d'une main il fit son geste coutumier de saisir ses vêtements, de l'autre il dessina vaguement avec sa canne un demi-cercle sur le trottoir. Ses yeux s'ouvrirent; sa bouche prononça quelques paroles inarticulées, et c'était comme s'il préparait une allocution à un auditoire invisible.

— « Cher maître, voulez-vous dîner avec nous ? Nous serons dans un endroit tranquille avec Marcel Schwob et Cazals, et nous pourrons causer tout à notre aise. »

— « C'est convenu ; mais je me sens assez mal disposé aujourd'hui, » répondit Verlaine en sortant de son rêve : « J'ai eu des chagrins ce matin.

« Gueuse inepte, lâche bourreau.
Horrible, horrible, horrible femme !

« Tristes querelles ! J'ai cherché à me distraire :

« Ah, si je bois c'est pour me soûler, non pour boire [1] !

« Oui, sans doute, j'irai avec vous. Nous tâcherons d'être bons amis, et de nous amuser. Car, hors l'amitié, il n'y a point d'amusement. »

Le regard qui accompagnait ces paroles était affectueux, mais les paroles elles-mêmes sonnaient un peu creux comme un vieux souvenir vaguement rappelé pour le besoin de la cause.

— « Vous savez que je suis hanté ces jours-ci par une image terrible. Je ne peux pas m'empêcher de penser aux personnages du roman de Huysmans, *Là-bas*. La messe noire, la souillure de l'hostie, et puis le chanoine Docre, qui dit la messe de

---

[1]. Ici je me permets d'abréger l'entretien. Le poète a trop de tact et de savoir-vivre pour citer ses propres vers au cours de sa conversation.

Satan pour les fidèles du Diable ! Quel homme, ce chanoine Docre ! »

Verlaine ne faisait que répéter ce mot; évidemment l'étrange sonorité du nom l'attirait. « Le chanoine Docre ! » Il s'arrêtait pour jouir plus à son aise de toutes les images que cette combinaison de sons évoquait. Et la scène nocturne de la messe diabolique avec sa liturgie sacrilège se déroulait devant son imagination. Le poète s'amusait comme un enfant qui regarde des estampes pleines d'horreurs. « Le chanoine Docre ! » et il frappait le pavé du bâton pour exprimer sa joie.

Tout à coup, le visage changea d'expression ; les traits sur lesquels une lueur de volupté avait glissé l'instant d'auparavant devinrent rigides ; la main, qui venait de caresser sa moustache, se dressa en un geste sévère.

— « La messe ! Penser que durant les siècles passés le même culte a été célébré, toujours invariable, et qu'il se maintiendra sans changement jusqu'au dernier jour ! Tout passe ; seule, cette parole restera, comme elle a été instituée dès le commencement. De toutes les parties du monde cette voix s'élève, partout la même, avec son sens inexhaustible, que tous les siècles à venir sont incapables d'approfondir. Ceci restera ; ceci est inébranlable. Les paroles de la messe sont gravées sur un airain que l'éternité même ne saurait entamer. »

Nous étions arrivés près du Panthéon ; de rares

passants troublaient l'aspect inanimé de la rue et nous ne perdions rien des paroles que le poète murmurait, comme une litanie récitée pour se confirmer dans de bonnes pensées.

Mais, secouant la tête, il poursuivit d'un autre ton, en reprenant le fil de ses idées premières :

— « La messe noire ! Mais la vraie messe de Satan est la messe dite par un prêtre qui n'y croit point. Le chanoine Docre prouve précisément sa croyance à la vertu de la messe par la peine qu'il prend pour rendre les paroles de l'office sacrilèges. Le chanoine Docre ! »

Et le jeu subtil de l'imagination du poète lui suggérait de changer de rôle avec le serviteur de Satan.

— « Il n'existe pas de péché que je n'aie commis, » dit-il fièrement, et sa tête se releva. « Tous les péchés capitaux, je les ai commis en pensée et en action ! Un véritable damné. Seulement, » et un vague sourire illumina ses traits qui ne pouvaient garder longtemps leur expression tragique, « seulement je ne crois guère qu'on puisse m'accuser de simonie. » Il jouait avec cette nouvelle idée. « Cela aurait été gentil, n'est-ce pas ? si j'étais devenu prêtre et si j'étais monté de degré en degré jusqu'à être archevêque de Paris, grâce à la simonie, s'entend, point pour mes vertus, naturellement. Ah ! je n'aurais pas eu de repos que tous les quartiers de la ville n'eussent leurs évêques ; Paris vaut bien cela ! La bonne idée, hein ? et les beaux noms !

Évêque de Grenelle, évêque de la Villette, évêque de Batignolles, évêque du quartier Latin ! Quelle drôle de Table Ronde et comme elle serait animée ! Vous verrez, cela se fera. »

Et le poète riait encore, en entrant dans la petite salle isolée du restaurant, où quelques-uns de ses amis s'étaient rassemblés. Mais ses pensées s'en retournèrent bientôt à la célébration de la messe.

— « Tout est sublime dans cette liturgie, » dit-il ; « pas le moindre acte qui n'ait sa raison mystique. Le prêtre lève la coupe des deux mains et par ce geste il veut réunir tous les hommes pour les faire participer à l'acte sacré : il n'exclut personne. Le protestant ne fait usage que de la main droite pour porter la coupe à ses lèvres, comme s'il voulait dire : Allez-vous en, pécheurs, vous n'avez rien à faire ici. Au contraire, le prêtre de Satan prend la coupe de la main gauche ; il ne remplit son ministère que pour les pécheurs, le chanoine Docre ! »

Mais Verlaine, cette fois-ci, ne donna pas dans la diversion, que ce nom semblait généralement provoquer chez lui.

— « Comme je hais tout ce qui est janséniste, ou protestant, mesquin, en un mot ! Vouloir rapetisser la nature humaine, m'enlever, à moi, la suprême jouissance de la communion ! de la communion par laquelle je participe au corps de Dieu ! Quiconque croit que ma foi n'est pas sincère ne connaît pas l'extase de recueillir dans son corps la chair même du Seigneur. Pour moi, c'est un bonheur qui m'étourdit : c'est une émotion physique. Je sais trop bien que j'en suis indigne : il y a plus d'un an que je n'ose plus aller recevoir l'hostie. La dernière fois que j'ai communié, je me suis senti un instant pur et lavé de tous mes péchés, et le soir même... Non, non, j'en suis indigne. »

Un sourire voluptueux illumina la tristesse du visage ; mais Verlaine, d'un mouvement de la tête, rejeta la tentation et de nouveau les traits reprirent leur expression sérieuse et vague.

— « Si Jésus avait été un homme, il ne pourrait rien pour moi. Comment me le représenter ainsi ? Comme un Boulanger en mieux ? Mais de quelle valeur ce fait-là serait-il pour moi ? Pour me sauver de ma misère, j'ai besoin d'un Dieu, non d'une personne qui un jour a vécu sur la terre, et dont la vie peut se reconstruire à l'aide de documents vieux ou nouveaux. Ah ! niais, qui croyez que la figure de Jésus est renfermée dans le cadre de quelques méchants petits livres ! Croyez-vous donc que le christianisme est sorti des Évangiles ? Que c'est Jean, ce brave homme tourmenté par ses curieuses visions dans l'île de Patmos, qui a essayé de le lancer, ou Mathieu, cet honnête employé de douane ? Non, non, ce sont les pauvres femmelettes du peuple qui ont gardé fidèlement les souvenirs de la Passion et de la Croix; c'est Néron, faiseur de martyrs, qui a sauvé la foi au Christ et qui en a fait une chose de douleur et de sang. Car pour moi Jésus est le crucifié; il est mon Dieu parce qu'il a souffert, parce qu'il souffre. Je le vois devant mes yeux, couvert d'horribles blessures, suant l'angoisse suprême comme les petites femmes de Judée l'ont vu dans leurs jours.

« Agenouillons-nous donc et croyons avec ces pauvres d'esprit. Le peuple est simple et vrai. Là se trouve le sens commun.

« Il y a des gens qui rêvent révolutions et horreurs parce que le peuple de plus en plus devient le maître. Bêtise que celle-là. Aussitôt que le peuple sera en état de dire son opinion vraie, il se montrera véritable conservateur. Il y a dans le peuple une grande force conservatrice et régénératrice, qui rattache le passé à l'avenir. Les gens vraiment sont portés pour la tradition. Nous assistons déjà au commencement d'une nouvelle période, qui tiendra les traditions en honneur. N'est-ce pas intéressant de remarquer que nous avons pour président de la république un Carnot, l'héritier d'un nom célèbre au temps de la grande révolution? Après Napoléon Ier vient Napoléon III et le grand Carnot engendre l'honnête ingénieur qui nous gouverne. Dans la vie, il n'y a rien d'autre que transmission, qu'hérédité, que tradition. C'est pourquoi, moi aussi je suis pour la tradition. »

Sur ces mots, la tête inclinée du poète se redressa : les yeux regardèrent fièrement à l'entour, les veines du front s'emplirent. L'artiste, qui condamnait la poésie à la mode de nos temps et sa recherche de modèles étranges et étrangers, s'était réveillé en Verlaine, et l'homme qui ne voulait pas être une chose morte du passé pour la génération nouvelle parla en lui d'une voix haute et claire ; le philosophe, qui ne voulait pas qu'on négligeât ses leçons, entra en colère, et c'était le Jupiter tonnant comme Cazals l'avait dessiné quelques jours avant, dardant son regard terrible sur Moréas. Seulement c'était un dieu fulgurant, sur le visage duquel on lisait que, bon homme au fond, l'instant d'après il se chaufferait les mains à la chaleur qui se dégagerait de ses propres foudres.

— « Je soutiens, » dit-il, « que Racine est le premier poète du monde. Quel génie comique dans ses *Plaideurs* ! Vous pouvez être assuré qu'il s'était nourri de la moëlle de Villon, de Rabelais et même d'Aristophane, si vous y tenez. Parlez donc d'un développement littéraire, qui, à travers le moyen-âge, va rejoindre le monde antique ! Allez voir d'abord chez Racine ! Est-ce que ses tragédies bibliques ne comptent donc pas ? L'esprit chrétien et l'art antique n'y sont-ils pas fondus ? Et quel grand souffle passionné, même dans Esther ! La petite Juive, perdue parmi les détours de l'immense palais, dans l'auguste présence du Roi des Rois, inaccessible au commun des mortels,

« Dans un palais, soie et or, dans Ecbatane...

« Comme c'est délicieux !

« Ah ! j'en suis triste jusqu'aux larmes ! Cet homme unique n'a disposé que d'un nombre restreint d'expressions. Il est un peu maigre, Racine, pour l'oreille qui demande des sons pleins et fournis. S'il avait eu notre provision et notre choix de mots, que n'aurait-il pas fait ?

« Shakespeare ! Pourquoi me lancer toujours ce nom ! Il a du talent, certainement ; qui dirait le contraire ? Mais ce *Shake-pear*, ce secoueur de poires, n'a pas attrapé le fruit d'or, le fruit unique qui l'aurait marqué pour être le premier génie du monde. Auprès de Racine, c'est un pédant, un janséniste ! »

— « Mais cher maître... ! »

— « Je n'exagère rien, » reprit Verlaine avec véhémence. « Je ne veux rien dire de mal de son *Othello*, ni, pour ma part, de son *Henri VIII* ; mais le nommer en même temps que Racine, lui, le cuistre, le sale gredin ! Je dis m... ! »

Et Verlaine fièrement passa les mains sur ses moustaches et sa barbe, comme s'il provoquait un ennemi invisible ; puis un sourire ironique très doux tira les coins de sa bouche et de ses yeux, et ce sourire, par une transition imperceptible, se figea dans l'abstraction morne de son visage douloureux.

—« Cher maître, » lui dit Cazals pour l'amener à

un autre sujet de conversation, « vous devriez nous lire de vos vers pour notre dessert. Et il lui tendit le livre de Jules Tellier, *Nos Poètes*, qui contient quelques fragments de l'œuvre de Verlaine.

Le poète feuilleta le volume sans mot dire.

Puis il se mit à lire la prière, tirée de *Sagesse*, dans laquelle il offre son corps et sa vie au Seigneur.

> O mon Dieu! vous m'avez blessé d'amour
> Et la blessure est encore vibrante,
> O mon Dieu! vous m'avez blessé d'amour.
>
> O mon Dieu! votre crainte m'a frappé
> Et la brûlure est encore là qui tonne,
> O mon Dieu! votre crainte m'a frappé...
>
> Noyez mon âme aux flots de votre vin,
> Fondez ma vie au pain de votre table,
> Noyez mon âme aux flots de votre vin.
>
> Voici mon sang que je n'ai pas versé,
> Voici ma chair indigne de souffrance,
> Voici mon sang que je n'ai pas versé.
>
> Voici mon front qui n'a pu que rougir,
> Pour l'escabeau de vos pieds adorables,
> Voici mon front qui n'a pu que rougir.
>
> Voici mes mains qui n'ont pas travaillé,
> Pour les charbons ardents et l'encens rare,
> Voici mes mains qui n'ont pas travaillé.

Nous écoutions dans un profond silence les paroles du poète. Le geste de sa main exsangue suivait doucement la mesure lente du rhythme, mais qui vibrait d'une passion extatique, et le regard immobile restait fixé sur la page ouverte :

> Voici mon cœur qui n'a battu qu'en vain,
> Pour palpiter aux ronces du calvaire,
> Voici mon cœur qui n'a battu qu'en vain.
>
> Voici mes pieds, frivoles voyageurs,
> Pour accourir au cri de votre grâce,
> Voici mes pieds, frivoles voyageurs,
>
> Dieu de terreur et Dieu de sainteté,
> Hélas ! ce noir abîme de mon crime,
> Dieu de terreur et Dieu de sainteté,
>
> Vous, Dieu de paix, de joie et de bonheur,
> Toutes mes peurs, toutes mes ignorances,
> Vous, Dieu de paix, de joie et de bonheur,
>
> Vous connaissez tout cela, tout cela,
> Et que je suis plus pauvre que personne.

Le ton de la voix baissait, baissait. La petite salle du restaurant, bien banale et toute nue, avec sa boiserie de chêne peint, comprimait les sons des paroles qu'on aurait voulu s'imaginer chantées en prière sous les voûtes d'une cathédrale. Et pourtant..., oh ! le sentiment mélancolique épars dans l'atmosphère de la chambre, auréolant la simple table du restaurant, couverte des restes du repas, avec une lueur attendrissante, tandis que le poète assis disait sa confession de pauvre âme en peine.

> Vous connaissez tout cela, tout cela,
> Et que je suis plus pauvre que personne,
> Vous connaissez tout cela, tout cela.
> Mais ce que j'ai, mon Dieu, je vous le donne.

Tout à coup une voix aigre cria : « Hé ! Verlaine, qu'est-ce que tu fais, là-bas ? Attends un peu, je vais apporter ma chaise et mon verre pour me mettre avec vous. » Un petit homme, haut en couleur, les yeux étincelants, entra dans la chambre en titubant légèrement, et quoique les autres convives ne le connussent guère, il se trouva à son aise en un instant, faisant mille questions, égrenant tout un chapelet d'anecdotes et se montrant bon camarade, quoique fâcheux.

Verlaine répondait aux épanchements de cœur du nouvel arrivé par une sorte de gaieté factice ; bientôt cependant il se tut et pour de bon. Son esprit était ailleurs ; il tomba dans une rêverie confuse, et ses pensées s'enveloppèrent de brouillards épais. Son voisin seul l'entendit murmurer : « Quand on mène une chienne de vie comme la mienne, il faut avoir des amis partout et des amis bien étranges, ne fût-ce que pour couvrir ses derrières. » Et ce mot, avec sa perspective infinie de misère, ne fut que la transition à ces dernières paroles : « Si j'avais assez d'argent pour pouvoir vivre, je ne sortirais plus de mon fauteuil, mais je rêvasserais tout le temps, les jambes étendues devant le feu. Travailler, causer avec les gens, je déteste ça... — M...! — Mais je suis pauvre, voyez-vous ! »

La voix du poète se perdit dans cette plainte :

> Et que je suis plus pauvre que personne.
> Vous connaissez tout cela, tout cela.

TRISTESSE

Cette nuit, après avoir pris congé de Verlaine, j'ai eu des idées noires. Je me suis promené sur les quais de la Seine ; le ciel était sombre, la rafale me cinglait le visage ; de temps en temps on ne voyait rien devant soi, mais c'était là le moindre de mes soucis. J'étais poursuivi par le titre que Henri Heine a donné à un de ses livres : *les Dieux en exil*, un nom étrange, hautement significatif.

Nous savons tous que les dieux, lors de la ruine du paganisme, se réfugièrent sous terre pour y habiter avec les gnomes et les démons. On dit aussi que dans cette société ils prirent quelques traits de caractère à leurs nouveaux camarades.

Figurez-vous qu'Apollon, le dieu de la lumière et de la poésie, — car lui aussi a dû subir cette humiliation, — revoit par une grâce spéciale, après des siècles d'absence, la splendeur du ciel olympien. Est-ce que le dieu, boiteux depuis sa chute, montera, comme avant, sur le char du soleil ? Est-ce qu'il prendra les rênes avec la fierté vigoureuse des jeunes années ? Fera-t-il chanter les cordes de sa lyre comme jadis, ou hésitera-t-il à éveiller des sons qu'il a désappris peut-être ?

Est-ce que parfois même il n'éprouvera pas le désir de retourner vers les marais qui croupissent sous terre, ce pauvre dieu flétri et défait, qui se sent un peu confus devant le rayonnement insolent de l'éther immaculé...?

Ah! je ne cherche pas à m'abuser sur mon émotion, en imaginant des figures de rhétorique; je suis triste ; je ne puis pas ne pas penser à cette parole si humble qui m'a serré le cœur : « Je suis pauvre, voyez-vous! » Et il y a encore autre chose qui m'oppresse sans que je puisse donner un nom précis à ma peine. Pauvreté est vertu, mais non pour celui qui n'aurait pas dû l'être, et qui ne sait pas être pauvre. Alors, tout comme la servitude, d'après les anciens, elle ôte la moitié de l'âme, et laisse l'autre moitié en butte aux moqueries des indifférents. L'existence d'un grand poète, — non d'un poète, car il n'y a pas de degrés, — ne devrait pas être ouverte aux regards de tout le monde ; il y a je ne sais quoi de sacré en elle, le principe même de l'individualité humaine, qui est chose ineffable.

Et voilà que je me surprends à chercher sous toutes les paroles qui sont sorties de sa bouche un sens strictement personnel. Je me demande : pourquoi cette querelle cherchée à Shakespeare? Est-ce qu'il sent l'affinité de leurs deux natures et se méprise-t-il en lui ? Pourquoi cette prédilection pour *Othello?* Parce qu'il est jaloux, jaloux comme un enfant, qui veut à toute force qu'on lui fasse raison et que cette scène de jalousie l'attire? Jusqu'à sa mise négligée avec cette petite recherche d'une couleur voyante, excite ma curiosité. Je cherche à la mettre en rapport avec le mot : « Il faut garder ses derrières. » Est-ce que cette mise n'est pas une sorte de livrée, qui le protège en le rendant connu de tous, une sauvegarde, qui lui assure sa liberté d'aller et de venir, dans des endroits qui ne sont pas sans périls pour les autres?

Ces questions et leurs solutions indiquent d'elles-mêmes le sentiment pénible qu'excite en moi tout ce qui se rattache à l'existence du poète.

Tout homme isolé, — et un véritable artiste ne marche jamais en bande, — a besoin de protection et instinctivement il se crée un organe de défense personnelle. L'un s'enveloppe de mystères, l'autre d'orgueil, un troisième d'insolence. Leur excentricité est l'arme par laquelle ils tiennent la foule à distance. Le rugissement du lion, — « le lion marche seul dans le désert, » — me semble une sorte de blague par laquelle il soutient le renom de son indépendance.

Verlaine, lui, n'a d'autre arme défensive que sa pauvreté, sa misère, sa blessure profonde.

Il est là, devant l'entrée de la cathédrale de l'humanité, sur une des marches de l'escalier, et il excite la pitié curieuse des passants par la bénédiction qu'il prononce en montrant sa hideuse plaie saignante.

Je ne puis pas passer comme les autres devant lui; pas maintenant. Il m'est impossible de m'arracher à ce spectacle. Il me gâte le monde, il me gâte l'humanité, il me gâte l'art. Cette blessure terrible, je la vois dans mon propre cœur, je la sens chez les autres. Mais pourquoi le poète a-t-il pris plaisir à déchirer jusqu'au cœur de l'art ?

• • • • • • • • • • • • • •

Est-il une puissance aux cieux ou sur terre qui puisse renouer la trame brisée, réparer les ruines, cicatriser la déchirure?

La Compassion?

Une voix très douce et lointaine, timide un peu, mais fière aussi un peu, répond : la Résignation.

DEUXIÈME PARTIE

LA GÉNÉRATION D'HIER

— « Venez donc fumer une cigarette : il y a trop longtemps que j'en ai envie ! » dit Léon Cahun en me faisant passer du salon où les convives s'étaient réunis après dîner, dans son cabinet de travail. Deux Tatares armés de pied en cap, — Tatares en effigie toutefois, — y montaient la garde. Des yatagans, des sabres recourbés et de vieux fusils formaient des trophées contre la muraille ; un sheikh de l'Arabie Pétrée, aux traits énergiques, saillissant du cadre de sa photographie avec toute la vigueur de ses yeux sombres, dardait un regard sévère.

Léon Cahun s'assit, les jambes croisées sous lui, à la façon orientale, et roula une cigarette. Maintenant que les traits de son visage étaient en repos, il y avait peut-être quelque ressemblance entre sa physionomie et le portrait arabe, pendu au mur au-dessus de sa tête. Mais ce repos ne durait jamais plus que l'espace d'une seconde, le temps de rouler un peu de tabac grenu dans une feuille de papier.

— « Je suis sûr que cela vous intéressera d'apprendre, » dit-il en allumant sa cigarette, « que cet appartement a été habité autrefois par Jules Sandeau. »

— « Sont-ce donc là deux Mongols qui lui sont restés dans son bagage littéraire et qu'il n'a su placer dans aucun de ses romans ? »

— « Pardon ; ce sont deux gredins que j'ai recrutés moi-même en Asie Mineure. Sandeau n'a rien laissé ici, sauf les quatre murs et la vue. Mais elle est admirable, la vue qu'on a ici. Regardez ! »

Et cet homme, qui n'aurait su rester en place un seul instant, s'était élancé vers la grande fenêtre, qu'il ouvrit d'un seul mouvement.

— « Quel air frais, n'est-ce pas ? Voyez donc toutes ces lumières sur la Seine et le long des quais ! Quelle admirable idée a eue l'État de me loger ici dans l'Institut de France, à l'endroit le plus beau et le plus animé de Paris... ! »

— « Et où l'esprit de Sandeau vous excite à vous mesurer avec lui en écrivant des romans, témoin *Hassan le Janissaire*[1] ! »

— « Oh ! Jules n'a rien à y voir, à *Hassan*, je vous le certifie. L'avez-vous lu, mon *Janissaire* ? »

— « Hélas ! jusqu'ici je n'ai pu trouver le loisir nécessaire, mais je compte m'y mettre à la première matinée que j'aurai de libre. »

— « Peuh ! vous avez autre chose à faire ; je

---

[1]. Léon Cahun, *Hassan le Janissaire*, 1516. Bibliothèque de romans historiques. Armand Colin et Cⁱᵉ, éditeurs.

ne voulais pas vous demander de lire mon roman, mais vous prévenir seulement qu'il y a dans ce livre des choses dont je ne suis pas entièrement satisfait.

« D'abord il y a une question très difficile de l'histoire de la tactique que je n'ai pu résoudre complètement. Tout ce qui a rapport à la tactique de l'armée turque dans *Hassan* est emprunté à un livre qui est postérieur de 25 ans aux aventures que j'ai attribuées à mon janissaire. A vrai dire, il n'existe pas de raison pour nous faire supposer que dans cet espace de temps il y ait eu un changement significatif dans l'art de faire la guerre ; mais on ne saurait atteindre à la sûreté complète.

« Ensuite... Il ne faut pas penser que tous ces détails importent peu : quand on a vécu avec son héros, comme je l'ai fait, on ne peut souffrir l'idée qu'il y aura peut-être par ci par là quelques inexactitudes. J'ai étudié moi-même jusque dans ses moindres particularités la route de marche que suit dans mon livre l'armée du Sultan à travers l'Asie Mineure et la Syrie. Chaque hameau, chaque détour du chemin est là, devant mes yeux; j'ai logé dans les maisons que Hassan a habitées et j'ai causé avec les soldats du padishah, des identiques sujets, qui formaient sans doute la matière des conversations dans le régiment de Hassan. Les formes de l'existence et la façon de vivre ne changent guère en Orient.

« C'est plus fort que moi : partout où je vois des

gens, je suis poussé à aller nouer conversation. Connaître les hommes, c'est là ma curiosité, mais comprenez-moi bien, des hommes vivants; la psychologie, la morale et toutes ces abstractions ne sont ni de mon goût, ni de mon métier. J'aime causer avec les gens, pour lire leurs pensées, je veux savoir leur condition et leur race. Ce n'est pas pour rien que je suis ethnologue, quoique je ne croie guère aux caractères spéciaux d'une race, considérée simplement en tant que race. La race, voilà encore une abstraction. Non, chez l'homme il y a des facultés d'adaptation et d'imitation, des influences religieuses et sociales qui, avec la race, règlent et déterminent les variations dans sa façon de vivre, dans sa stature et dans sa physionomie. Il ne faut jamais, pour indiquer la nature d'un peuple, parler exclusivement de la race; il faut toujours y ajouter la date exacte et les circonstances environnantes. Il est encore plus facile de faire cette observation en Orient, où la vie elle-même généralise et produit des types, que dans une ville moderne, où les différences d'individu à individu servent à introduire de la confusion dans nos théories. Ceci est pour moi une vérité incontestable : sous la race, sous la religion, sous la société politique et à certains égards indépendant de ces facteurs de l'humanité, il y a l'homme.

« Ah! être à même de les saisir à leur origine, ces forces vives de l'humanité, simples comme ce que nous voyons tous les jours, mais les seules réelles qui existent, » dit Léon Cahun qui semblait de son regard perçant vouloir sonder les profondeurs de mon âme.

Une fois entré dans le cercle où se mouvaient les pensées et la personnalité de cette nature originale, on s'apercevait très vite qu'on avait affaire à un homme dont le cerveau, sous le coup d'une tension continuelle, émettait vers tous les côtés des idées et des hypothèses. Il y avait encore chez lui un apport incessant de vie intérieure, qui recueillait les impressions du dehors, les classait et se les appropriait. Son esprit était un instrument en même temps très sensible et très solide, ne s'arrêtant à rien, sans perdre pour cela son équilibre, et l'homme lui-même, nerveux à l'excès et impressionnable, mais se redressant toujours comme un ressort, était un exemple frappant d'une nature ardente, recherchant les aventures de toute sorte, mais retenue et menée par la discipline de l'éducation ou de la tradition.

— « Vous comprenez, » poursuivit-il, « que ce Janissaire, pour moi, appartient déjà au passé. Je m'occupe maintenant d'un tout autre genre d'hommes, qui au point de vue où je me place ont un intérêt encore plus grand pour mes études sur l'humanité. Vous avez certainement entendu parler des invasions mongoles en Europe au XIIIme siècle, et vous savez que leurs khans ont fondé l'empire le plus grand qui ait jamais existé, depuis les frontières occidentales de la Russie jusqu'à la mer Pacifique, et du Pôle Nord jusqu'à la mer des Indes. Eh bien! nous n'avons jamais rien appris sur ces hordes que par leurs ennemis ou par des étrangers, qui avaient voyagé dans les contrées soumises à leur puissance. Je veux faire connaître ces Mongols à l'aide des sources mongoles elles-mêmes. Et alors vous verrez quelque chose d'un très haut intérêt. Pourquoi ces bandes de guerriers se battaient-ils? Pour leur patrie? Mais c'était un mélange de toutes les nations. Pour la foi? Mais toutes les religions étaient tolérées; et je pourrais citer des exemples fort curieux, pour vous montrer que, même pour les chrétiens, le christianisme ne venait qu'au second rang auprès de l'honneur d'appartenir à l'armée mongole. Pour le butin alors? Mais pour le véritable soldat le pillage est toujours une exception et la discipline sévère est la règle. Non, le seul lien qui les unissait, c'était l'attachement du militaire à son drapeau et à son régiment, la camaraderie, le besoin de marcher ensemble, que sais-je? ce sentiment si simple qui fait du soldat un soldat, et qui est le véritable motif de tous les mouvements des masses.

« Je puis en parler, moi qui ai l'esprit militaire : oui, j'ai le caractère du véritable troupier, c'est un héritage de famille. Aussitôt qu'on a bien voulu nous prendre comme soldats, nous avons fait la guerre. Mon aïeul a combattu à la bataille de Valmy, et à peine Napoléon III fut-il tombé, que je m'engageai comme volontaire. Vous comprenez, — j'étais républicain-ultrà, — cela aurait été un peu fort d'aller se battre au profit de Badinguet. Après sa chute, j'ai fait de mon mieux. On m'a nommé officier et mes hommes m'adoraient. A la proclamation de la Commune, ils me pressèrent de me mettre à leur tête ; je crus qu'il était plus sage de n'en rien faire ; je n'avais pas grande confiance en moi-même ; ils m'auraient persuadé et entraîné ; je me serais laissé aller, et qui sait ce qu'en aurait été la fin ? Ma nature est trop impressionnable.

« J'ai choisi le parti le plus prudent, naturellement, mais je vous avouerai qu'il m'a beaucoup coûté de quitter mes hommes. La vie en commun exerce une influence très prononcée sur l'esprit. Croiriez-vous qu'après la campagne je me sentais le cerveau envahi d'une douce bêtise ? Il m'a fallu plus d'un an et demi pour me soustraire à la contagion. Cependant j'y ai gagné quelque chose : j'ai compris ce que c'était qu'un soldat ; non pas seulement l'aventurier, mais le soldat, l'homme qui marche parce que les autres se mettent en marche.

« Et ce fut la base de mes études sur l'esprit militaire pendant le cours des siècles. J'ai commencé par les Phéniciens. Sachez, en effet, qu'il y a aussi un marin en moi. Quels délicieux voyages j'ai faits dans la Méditerranée et la mer Polaire ! Et de quels étranges personnages n'y ai-je pas fait connaissance ! J'ai des amis tant parmi les capitaines de vaisseaux que parmi les matelots. L'un d'eux qui commandait un paquebot de la Méditerranée, un Marseillais, était bien l'homme le plus sans-gêne que j'aie jamais vu. Il jouait avec les éléments; le vent et les flots semblaient lui obéir. Cœur d'or, mais caractère extrêmement difficile ! Personne, ni de ses supérieurs, ni de ses inférieurs, n'a jamais osé lui résister. Quand les passagers l'ennuyaient il avait une façon fort originale de les renvoyer dormir dans leurs cabines. Il leur affirmait qu'il comptait sur vingt-quatre heures au moins de temps favorable, mais c'était avec une mine si soucieuse qu'il paraissait craindre une tempête violente. Et en continuant à leur assurer que ce ne serait rien, il leur faisait une peur atroce ; ils se sentaient pris du mal de mer et s'éclipsaient l'un après l'autre. Rien n'était plus drôle pour ceux qui étaient dans le secret que cette subite débandade devant un danger imaginaire suggéré par une malicieuse antithèse. Et quel plaisir c'était de causer longtemps sur le pont solitaire après une exécution ainsi terminée suivant toutes les règles de la politesse française ! Ces récits de vieux loups de mer ont éveillé en moi le désir de raconter les aventures des Phéniciens et les expéditions presque oubliées de nos anciens voyageurs normands. Puis, viendront vos Gueux de mer; mais je ne pourrai pas y penser avant d'avoir achevé l'étude de mes Mongols.

Il me reste encore bien des choses à faire, avant de pouvoir me mettre à ce livre-là. Je vais prendre un soldat qui a fait partie de l'expédition contre la Hongrie, en 1241, et je ne connais pas encore de vue la contrée qu'il doit traverser. Je sais seulement qu'aujourd'hui la physionomie du pays est entièrement différente de celle qu'il présentait au XIII° siècle. Par conséquent, avant de faire mon voyage en Hongrie, — et je compte bien y aller, — il me faut avoir terminé toutes mes études préparatoires d'après les textes, afin de pouvoir me figurer exactement ce qu'était la contrée du temps de mon héros.

J'éprouve un très grand plaisir à penser d'avance à ce voyage; je me sentirai de nouveau soldat, comme en 1870, quand j'étais au milieu de mes hommes, — je puis bien dire de mes camarades — car nous nous adorions. On a raconté bien des choses sur l'esprit des troupes d'alors et sur les sentiments des gens de la Commune. Mais le jour viendra, — il est déjà venu, je crois, — où on jugera plus équitablement les personnes qui furent mêlées à ce mouvement. Il y avait là, comme dans chaque révolution, quelques criminels et quelques fous qui se mettaient en avant, avec une majorité de niais derrière eux; mais il y avait là aussi la minorité des bons et des modérés, qui à la longue fait entendre sa voix et domine les autres. Malheureusement, son pouvoir de résistance était amoindri par la misère du siège. Vous ne pouvez guère vous imaginer jusqu'à quel point l'exhaustion nerveuse était arrivée : un seul verre de vin suffisait pour faire perdre la tête à mes hommes. Ainsi il n'y a point de raison d'être surpris que, sous la Commune, il se soit commis des violences à jamais inexcusables ; peut-être y a-t-il plutôt lieu de s'étonner qu'il n'y en ait pas eu un plus grand nombre. Et voici ce que je voudrais encore vous dire : pendant la Commune la propriété a été respectée bien davantage que durant les premiers jours de l'entrée des troupes versaillaises. Alors, c'était la cruauté insolente qui triomphait. Mais ne vous y trompez pas : ce n'était pas l'armée régulière qui agissait ainsi : c'étaient les hommes de recrue, les nouveaux arrivés des quatre coins de la France, qui jetaient leur gourme en tuant les misérables et en détruisant les maisons. Les vieux militaires se mordaient les lèvres d'assister à ces scènes de soldatesque ivre de sang, des scènes que rien ne rendait, après tout, nécessaires. Il y a beaucoup plus de véritable humanité dans un vieux soldat qu'on ne le croit d'ordinaire. Mais les jeunes, ça perd la tête ; à peine se trouvent-ils en présence de ce qu'ils ne voient pas tous les jours qu'ils croient ne pouvoir combattre l'extraordinaire qu'en exagérant leurs forces jusqu'à la plus sauvage brutalité. Un vrai soldat garde sa présence d'esprit partout. »

— « Et voilà pourquoi cet âge est sans pitié, » dit Léon Cahun en souriant de son enthousiasme pour l'état militaire. « Mais j'entends de la musique au salon. Si vous m'en croyez, nous n'allons pas rester ici à perdre notre temps en philosophant de choses et d'autres. Toutefois, attendez un instant; je tiens à vous donner d'abord un exemplaire de *Hassan*, un exemplaire authentique; car le pudique éditeur m'a rayé un mot que Hassan et Molière ont employé dans leur temps sans y rien voir de mal, mais qui, dans les pensionnats de jeunes filles, semble-t-il, n'est pas d'un usage journalier. Et Hassan n'aurait pas été un vrai janissaire s'il n'avait parfois exhalé son mépris pour son ennemi en le traitant de « cocu ». Aussi, je vais rétablir pour vous le texte original. »

Et de son écriture large et simple, Léon Cahun réintégra le terme exilé sur la page immaculée, toute fière maintenant d'avoir perdu sa virginité.

« HASSAN »

Hassan le Janissaire n'est pas un livre troublant. Il a été écrit par un savant qui, — et c'est une exception rare, — a le sens commun. Vraiment, un érudit qui entend l'art de penser simplement n'est pas chose qu'on rencontre tous les jours. La plupart des gens restent confus, quand on leur montre de l'extraordinaire, mais le sage sait trouver le point de vue, parce que, même en présence de l'étrange et du merveilleux, il se borne à ce qu'il sait, où il est passé maître.

Les aventures de Hassan se déroulent dans une période de la plus grande importance ; c'est l'histoire d'un soldat qui prend part à l'expédition contre les Mamelouks, par laquelle le sultan allait prendre possession de l'Égypte. Et c'est un moment décisif de l'histoire du monde. L'équilibre politique se déplace en faveur du pouvoir des Osmanlis ; leur empire est raffermi, et la suprématie sur les pays de la Méditerranée semble devoir leur donner à brève échéance la domination de l'Asie, de l'Afrique et de l'Europe en même temps.

Hassan ne s'aperçoit guère de toutes ces éventualités qui rendent probable dans un avenir rapproché la solution du grand problème du pouvoir universel. Il est poussé par des puissances qui ne s'occupent que du banal terre à terre. Un officier chargé de recruter des soldats pour les armées du Sultan l'enlève à la maison paternelle, et il part avec lui ; son régiment reçoit l'ordre de s'embarquer et il s'embarque avec les autres ; il tombe à bout de forces sur le champ de bataille, après avoir distribué des coups à droite et à gauche, et il apprend de ses camarades que la victoire est de leur côté. Entre temps, toute sorte d'aventures particulières ; et il s'y conduit avec plus ou moins de bonheur et d'adresse. En un mot, les idées qui gouvernent le monde de son temps passent inaperçues de lui; il n'a pas trop de tout son esprit pour se tirer sain et sauf des nombreuses bagarres où il est mêlé.

Cependant par là même il nous donne l'explication de l'histoire extraordinaire de l'empire ottoman. N'a-t-on pas dit que c'était le sous-officier allemand qui a remporté la victoire de 1870 ? Et n'est il pas certain que cette victoire me serait rendue bien plus claire, si je pouvais me figurer exactement comment un soldat prussien était discipliné lui-même et savait discipliner ses subordonnés, que si l'on me faisait connaître une foule de données géographiques, stratégiques et diplomatiques dont la connexité passerait ma compréhension ?

C'est cette explication-là que me donne Hassan pour le temps où il vivait, parce que des hommes comme lui étaient les instruments au moyen desquels se poursuivait l'extension du pouvoir des Osmanlis. Il fait partie d'un tout qui s'appuie sur lui là où il a sa place. La manière dont ce tout fonctionne est une abstraction que nous ne pourrons jamais nous représenter d'une manière adéquate et satisfaisante. Il faut se contenter d'un à peu près. L'existence de Hassan nous fait approcher de la connexion des événements par en-dessous, si l'on me permet cette expression vulgaire. Il ne voit que ce qui lui arrive, et il ne voit pas loin : et cependant il nous donne l'impression très vive d'être attaché à une grande communauté d'intérêts et de sentiments indépendants de lui en apparence, mais reposant sur lui en réalité.

Le charme du livre consiste en ce que le récit va droit à son but. Hassan ne fait pas de phrases. Il aime avec passion tous les détails du service militaire; mais comment lui en faire un reproche puisqu'il ne nous ennuie jamais, en parlant de son métier ? La vie l'amuse et il ne regarde pas en arrière. Le sort le secoue parfois d'une façon terrible; la discipline est extrêmement sévère, les coups de bâton ne manquent pas; une seule fois même la punition est presque trop forte pour être supportée. Mais en revanche l'existence a de bons moments; il y a d'excellents camarades au régiment et les amis peuvent compter les uns sur les autres jusqu'à la mort ; puis les yeux des femmes qui regardent les militaires sont bien doux et les capitaines sont indulgents pour les petites escapades ; même les officiers supérieurs sont moins bourrus qu'on ne le croirait à leur extérieur. Et la discipline même a son bon côté. Hassan, qui n'est que trop enclin à se laisser entraîner par la première sottise qui lui passe par la tête, en sait quelque chose. Une fois même une enjôleuse lui a persuadé de charger son âme du plus grand crime qu'on puisse s'imaginer ici-bas: la désertion. Heureusement que la vie nous procure l'occasion de réparer les fautes commises, même les plus graves. L'essentiel, partout et toujours, c'est d'avoir le cœur bien placé. Et puis il y a quelque chose qui peut nous consoler au milieu des risques extrêmes de l'existence : personne n'échappe à sa destinée.

A la lecture de ce livre, il m'est bien venu parfois le soupçon que Hassan donnait un peu dans l'exagération romanesque en contant ses amours avec la belle Vénitienne, qui l'entraînera un jour vers sa perte. Mais d'autre part l'existence du soldat n'est pas complète sans quelques aventures où la fantaisie joue un plus grand rôle que la vérité, et cette légère pointe de fanfaronnade est compensée par une foule de petits traits, qui montrent que, dans ces souvenirs d'un janissaire nous avons affaire à un homme véritable et véridique. Avec quelle finesse Hassan se dépeint dans une remarque passagère au moment où il s'est réfugié, en compagnie de sa chère Vénitienne, la belle Lorenza, dans la maison d'une amie qui l'aime, elle aussi ! En musulman qu'il est, il ne voit pas d'inconvénient à avoir deux femmes à la fois ; mais comme il veut faire pénitence pour les péchés qu'il a commis, il prononce le vœu de ne point toucher à son hôtesse, Nazmi, la Musulmane, avant que le Kadi n'ait légitimé leur union. « Pour Lorenza, » poursuit-il, « je ne pus en venir à une résolution définitive. » Je le crois bien : Lorenza, c'est le péché, c'est-à-dire ce dont on ne peut pas s'abstenir. Nazmi, c'est la vertu, que l'on chérit et que l'on respecte.

Nazmi est la figure la plus aimable et la plus vivante du livre, quoiqu'elle reste à l'arrière-plan, ce qui d'ailleurs est la place de la femme; dulgente sans faiblesse, gaie sans extravagance, pleine de bon sens sans pruderie, une vraie femme de soldat. Elle sait diriger son entourage, sans qu'on s'aperçoive que c'est elle qui tient les rênes. Je pense qu'elle a ses idées à elle sur le caractère et l'intelligence de Hassan, mais jamais un doute ne lui viendra sur la bonté de son cœur. Et le sort traite Hassan un peu à la manière de sa Nazmi, mais plus brusquement. Par moments il lâche la bride et Hassan se sent libre comme un poulain folâtre; puis il la resserre vivement et Hassan comprend qu'il lui faut recueillir toutes ses forces pour ne pas rester en arrière. Et il s'amuse toujours en marchant sur la grande ou la petite route que le destin lui ouvre.

Je regrette vraiment que l'âme de Hassan soit allée, depuis si longtemps, rejoindre celle de ses aïeux. Comme j'aurais aimé lui rendre visite dans sa maison d'Alep, où il s'est retiré avec sa Nazmi, après avoir quitté le service ! Je le vois là, devant mes yeux, assis sur le divan, les jambes croisées sous lui, un trophée de poignards et d'arquebuses suspendu au-dessus de sa tête, l'armure complète des janissaires appuyée contre le mur. Au fond, peut-être qu'il ne saurait m'apprendre sur les problèmes de la vie rien que d'autres ne pussent m'enseigner aussi bien. Mais c'est la simplicité et la façon presque antique dont il me communiquerait sa sagesse........ Un ancien soldat n'est pas cruel. Il peut secouer un peu brusquement la vie et tout ce qui touche à l'existence ; mais il ne la mettra pas en pièces : il ne la déchirera pas : il ne l'oserait jamais.

LA GÉNÉRATION D'AUJOURD'HUI

Je voulus savoir quelle était l'opinion de Jules Renard sur *Hassan le Janissaire*.

— « Un beau livre ! » dit Renard. « Comme l'auteur s'est donné de la peine pour nous intéresser à ce qu'il avait à nous raconter ! Il y en a, là, des choses ! Du Turc, de la tactique, de l'archéologie ! »

Moralement, Jules Renard demeure aux antipodes. Sa renommée littéraire est établie sur la publication d'un petit volume qui a paru chez Lemerre, et de ce volume même ce ne sont que les vingt premières pages qui ont attiré l'attention.

Il est l'ennemi déclaré de tout ce qui n'est pas réel. Il n'arrive guère sur notre bonne vieille maman de terre le plus simple accident que les commères, — et les compères aussi, hélas ! — du voisinage ne se prennent à bavarder sur son importance; elles ressuscitent des histoires anciennes et se hasardent à faire des prédictions sur les suites probables de l'affaire. Toutefois, la plus méchante de ces commères habite dans notre propre cœur, et à toute occasion elle cherche à donner de l'air à ses griefs, ses sentimentalités et autre littérature. En attendant, le pauvre fait, dans son enveloppe de phrases sans signification précise, mène une vie latente, comme le papillon dans son cocon.

La littérature nous représente vivement cette particularité de la gent bavarde de ne pouvoir laisser tranquille un événement qui se passe en dehors ou au dedans de nous; et elle est devenue l'art d'ensevelir une seule expérience de l'auteur dans un tombeau fragile de trois cent cinquante pages. Chacun a fait cette observation à son tour; chacun, avec toute l'éloquence dont il pouvait disposer, à prêché aux autres : « *soyez vous-même; que votre œuvre ne nous fasse voir ni du mysticisme moyen-âge, ni de la poésie à la Byron, ni du pessimisme à la Flaubert, mais votre personnalité seule, qui est bien à vous : ce que vous avez vu et senti vous-même sous le coup de votre émotion; et surtout soyez bref; nous savons mieux que vous les ornements de votre récit et son cadre.* » Et cependant on a continué à élaborer des volumes de trois cent cinquante pages. Agissez d'après mes paroles.

Jules Renard a eu l'originalité de suivre le précepte qu'on lui criait de toutes parts, et comme la fortune aime à venir en aide aux ingénus, il a obtenu dès le commencement de sa carrière sa place à lui dans le monde des lettres, ce qui ne veut pas dire peu de chose.

Qu'est-ce donc qui lui a frayé la route ?

Renard a raconté l'histoire d'un petit garçon aux cheveux roux. Poil-de-Carotte, un soir, a reçu l'ordre de fermer le poulailler, et il a eu peur dans l'obscurité ; il lui est arrivé un petit malheur au lit, et il a dû en porter la peine ; son frère l'a blessé et c'est lui qui a subi la punition ; il ronfle et on le réveille brusquement ; il veut se rendre agréable à ses parents ; et c'est le contraire qui est le résultat de ses efforts.

L'histoire de César vous intéresse davantage ? Je le pense, si vous croyez utile de vous enthousiasmer pour des idées qui sont au-dessus de votre compréhension, ou plutôt, dont vous ne saurez contrôler l'exactitude. Pour moi, au contraire, ces expériences comptent seules qui m'ont mis à même de découvrir ce que je vaux en réalité. Notez bien, je ne nie point qu'on ne puisse évoquer dans mon imagination des sensations délicieuses et de belles images, en me donnant le contact vague et momentané d'idées qui traversent ma conscience comme les aérolithes sillonnent notre système planétaire : mais je maintiens que tout cela n'a guère de rapport sérieux avec la véritable nature de mon caractère. Je creuse plus profondément. Qui donc jugerait de la valeur d'un terrain sans avoir pénétré jusqu'à l'argile rouge et dure du sous-sol ? La terre fine et friable qui le recouvre peut produire des plantes charmantes, mais elle n'est pas le terrain ; du moins elle ne l'est point aux yeux du paysan et du connaisseur.

C'est ainsi que je crois entendre raisonner l'auteur de *Sourires Pincés*.

Toutefois sa manière de traiter un sujet n'est pas aussi simple qu'elle le paraît au premier coup d'œil. Arrêtons-nous un instant à une de ces scènes d'enfance de son livre et prenons par exemple celle où l'auteur raconte comment un soir son petit héros, Poil-de-Carotte, reçoit l'ordre d'aller fermer le poulailler.

Le soir est venu et la petite famille est rassemblée autour de la lampe. Tout à coup, la mère se souvient qu'on a oublié les poules ; les deux aînés, sous quelque prétexte futile, ne bougent pas, parce qu'ils ont peur ; c'est affaire au plus jeune, qui passe pour un vaurien. Poil-de-Carotte s'aventure au milieu des ténèbres, plein de frayeur, et voit des monstres sans nom le menacer dans l'obscurité. Quand il retourne à la lumière, après avoir accompli sa tâche, il se sent héros, et croit fermement que les autres l'admireront pour sa vaillance. Quelle est la désillusion qui l'attend, lorsqu'il cherche l'expression de cette admiration sur leurs visages ! Les deux aînés continuent leur travail sans lever les yeux et la mère dit de sa voix sèche : « Poil-de-Carotte, tu iras les fermer tous les soirs. »

L'incident, pour petit qu'il soit, est devenu tout un drame. Poil-de-Carotte a éprouvé un choc dans sa conscience de gamin. D'abord humilié comme le plus petit qui semble créé pour faire les besognes désagréables, il prend joliment sa revanche en se donnant la sensation exquise d'une fierté de héros triomphateur des ombres de la nuit. Mais le sens qu'il attribue à cette petite comédie héroïque a été faussé par l'attitude que le monde, je veux dire sa famille, a prise envers lui : tous l'ont poussé vers l'obscurité et le danger, lorsqu'il a eu peur; personne ne l'a remarqué, lorsqu'il a donné la preuve suprême de son courage.

Et cet accompagnement en sens inverse, enflant la voix quand on se sent déprimé, baissant le ton et jouant à la nonchalance, quand on est exalté par l'accomplissement de son devoir, indique bien le chassez-croisez perpétuel que font l'individu et son entourage. C'est l'expérience la plus pénible et la plus commune de l'existence et c'est l'expérience fondamentale de la personnalité pendant sa période de croissance.

Les récits suivants ajoutent des traits nouveaux à la physionomie morale du petit garçon. Poil-de-Carotte entrera en conflit avec le précepte : tu ne seras pas cruel, tu ne mentiras pas; le pauvre martyr de sa propre bonne volonté sera poussé même à violer la première règle de l'humanité :

tu aimeras tes parents. Et le sermon que le monde, se fondant sur ces grandes lois morales, ne manquera pas de lui faire aura toujours pour base une fausse opinion sur ce qui se passe au fond de son cœur. Le cœur de Poil-de-Carotte ne répond guère à l'événement tel que les autres l'ont vu.

C'est ainsi que le petit garçon marche à la découverte de lui-même et de ce qui est en dehors de lui. Cependant l'auteur se restreint aux faits seuls de son récit; avec un pouvoir rare sur son talent il sait faire tenir le récit, — et naturellement, sans l'ombre d'intention, — dans les bornes d'une conscience d'enfant. Par l'énergie simple et l'intégrité de son langage il empoigne le lecteur et le contraint à comprendre ce que Poil-de-Carotte ne distingue encore que vaguement. On voit la figure du père bienveillant, mais un peu nonchalant pour les choses du ménage; on sent l'esprit de domination et le cœur exclusif plutôt que dur de la mère. Or Poil-de-Carotte voit seulement le détail des actes qui le touchent, tandis que ses sentiments ne sont que le reflet direct de ces actes sur sa conscience d'enfant.

Renard atteint, grâce à l'incroyable pureté de son dessin, l'effet que tout grand artiste se propose: éveiller une émotion intense par les moyens les plus simples; son style, je ne dirai pas son stylet, découpe avec une sûreté étonnante le contour des choses, sans rien faire crier ni craquer. Rarement ce talent succinct montre qu'il n'est pas encore parvenu à sa pleine maturité soit par un peu de sécheresse, soit par une certaine recherche de l'esprit à force de vouloir être bref.

Ce sont là les excès de ses qualités, mais le genre de talent de Renard ne comporte point d'excès. Il va droit comme la flèche; tout ce qui la fait dévier lui fait manquer son but. Il n'est pas question ici de se laisser aller à l'aventure. Tout concourt à tenir l'action du récit sur la ligne stricte qui doit nous conduire où l'auteur veut nous mener. Il n'y a pas à marchander avec lui; il nous donnera ce qui est nécessaire, rien de plus, rien de moins. Et par contre-coup nous nous figurons le conteur, comme fait à l'image de son travail, négligeant tout ce qui n'est pas de son domaine exactement limité, ayant réduit son individualité à l'expression la plus simple et la plus personnelle.

A ce propos j'entends un dialogue de deux adversaires, qui discutent dans quelque compartiment de mon cerveau.

— « N'est-ce pas ôter le charme de l'art et de la vie que de lui enlever le terrain libre et vague par lequel l'homme entre en communion avec ses semblables? Les plus nobles sentiments sont éclos au contact du monde extérieur, dès que l'homme a appris à sortir de lui-même. »

— « Mon expérience est tout autre, » dit Poil-de-Carotte; quand j'ai voulu me rapprocher des autres, mon contact avec le monde, comme vous l'appelez, n'a produit que des malentendus, pour ne pas employer de gros mots. »

— « Mais alors c'est l'égoïsme pur que vous prêchez ? Quelle cruauté envers la vie ! »

— « ? »

Ce point d'interrogation, qui, selon l'intention de l'interlocuteur, veut dire tout simplement qu'il se soucie fort peu du nom qu'on voudra donner à ses sentiments, — je le maintiens dans ma pensée, mais j'y attache un sens différent. Il signifie que j'hésite vraiment à me prononcer pour l'un des deux adversaires jusqu'à ce qu'une œuvre nouvelle, définitive, celle-là, me permette de me ranger du côté de l'artiste qui, en créant des types éternels, résout les problèmes que les autres hommes posent.

OU ALLONS-NOUS ?

Jules Renard, bien qu'à l'entrée de sa carrière d'auteur, a laissé loin derrière lui les souvenirs de sa vie libre d'étudiant. Il demeure sur la rive droite, même moralement. Il reçoit ses amis avec le même empressement dont ceux-ci usent de son hospitalité cordiale. Il ne diffère pas d'aspect des gens comme vous ou un autre et en dehors de ses autres bonnes qualités il a l'avantage d'être encore jeune.

— « Non ! » me dit Jules Renard, « quand j'écris je veille uniquement à ce que mes phrases se tiennent bien. Je ne me soucie nullement de ce que les autres ont fait dans leur temps. Je n'appartiens à aucune école ; à ce que je sais du moins, je n'ai appris le métier de personne. —Flaubert ? — Je l'admire profondément; Flaubert a une façon honnête et nette de dire les choses qui me va droit au cœur; seulement son langage est trop rhythmique à mon avis, et il a une manière de lier ses phrases, comme s'il en voulait faire des strophes, qui me déplaît, parce que je crois que si on veut écrire de la prose il ne faut faire absolument que de la prose. La moindre apparence de chantonnement y sonne faux. La forme doit revêtir le sens, sans le moindre pli ; à petite pensée, petite phrase. Mais ce sont là les principes de l'art.

« Puis le reste va de soi. Je ne saurais faire un plan d'avance ; je l'ai fait quelquefois, mais sans le moindre succès. Ou bien pendant le travail je l'oubliais complètement, ou bien, en m'y tenant je faisais fausse route. J'écris ce que je sens en écrivant. Cela ne réussit presque jamais au premier abord ; je passe des journées à ma table de travail sans avancer d'une ligne ; enfin, après cette période d'incubation, vient un moment où ma nouvelle s'achève en un clin d'œil. »

— « Avez-vous quelque idée sur la route que vous suivrez dorénavant? Chacun a son rêve, qu'il veut réaliser. »

— « Je vous assure que non, » dit Renard avec le ton fort accentué d'une conviction profonde. « J'ignore où j'aboutirai et je n'y pense jamais. Seulement je suis convaincu d'être sur la bonne voie, et cela me suffit. Je me sens comme un voyageur dans une contrée étrangère ; il sait qu'il suit la direction qui le mènera où il doit aller, mais chaque détail du chemin est pour lui une nouveauté et une découverte, tout comme la halte où il arrivera au bout de sa journée. — Mais pourquoi restons-nous debout ? »

La voix de Renard, très fière tandis qu'il m'assurait qu'il se savait sur le bon chemin, reprit le ton habituel de la conversation. L'aimable hôte, donnant le bon exemple, se laissa tomber dans un fauteuil tout à son aise, et, poursuivant le sujet entamé, il le traita de sa façon ordinaire, où un grain d'ironie se mêlait à une certaine expression nonchalante de supériorité intellectuelle.

— « Je suis très reconnaissant aux gens de chercher une théorie philosophique sous l'histoire de Poil-de-Carotte. Cela montre qu'ils s'occupent de mon livre et cela ne peut qu'être agréable à un auteur. Peut-être même s'y mêle-t-il un peu d'envie ; car je ne m'en sens point capable, moi qui n'ai eu d'autre idée en tête, quand j'écrivais Poil-de-Carotte, qu'à bien rendre la figure de Poil-de-Carotte. Pour moi un récit doit s'expliquer lui-même. Une interprétation en dehors ou à côté du livre est une chose qui me confond. Maurice

Barrès me disait ces jours-ci qu'il était en train d'écrire un commentaire sur sa propre œuvre. J'ai risqué la timide observation qu'il pouvait employer plus utilement son temps, puisque son commentaire n'expliquerait rien qui ne fût déjà clair auparavant. Il me regarda avec quelque étonnement; mais comme je lui affirmais qu'en tout cas ces pages seraient intéressantes, puisqu'elles venaient de lui, nous nous sommes séparés bons amis.

« Ce besoin de chercher anguille sous roche dans nos livres indique pourtant qu'on nous lit. Mais qui donc nous achète? — je parle de nos livres, naturellement. — C'est là ce qui excite ma curiosité. Faiblesse dont j'ai honte vraiment, mais j'avoue de bon cœur que j'aimerais, un jour, voir le succès de mon livre réalisé devant moi sous forme d'un homme en chair et en os qui emporterait mes *Sourires Pincés* sous son bras après avoir dûment versé ses trois francs sur le comptoir du libraire. J'ai cru rencontrer dernièrement un spécimen de cette espèce à peu près disparue. C'était près du Panthéon. Un monsieur très bien, ma foi, fouillait dans un étalage de bouquins. Parmi tous ces livres, il choisit le fruit de mes veilles et de mes rêves. De loin ce choix attira mon regard. Quel auteur ne reconnaîtrait son livre entre mille, même à une lieue? Je restais là, à le guetter; oui, j'étais tombé assez bas pour attendre l'issue. Cet homme a mis ma patience à une forte épreuve. Il faut bien que le bouquin l'ait intéressé, puisqu'il continuait à lire, et tâchait même, le misérable ! de voir ce qu'il y avait entre les pages. Il lisait avec une telle ardeur que je croyais fermement voir arriver le miracle : cet homme-là avait le désir d'emporter mon livre. Et je le guettais toujours. Enfin il le déposa parmi les autres volumes qui attendaient leurs acheteurs, et s'en alla, le traître ! Et mon désir restait inassouvi : encore un qui le sera toujours. Car jusqu'ici je ne crois pas à l'existence de gens qui achètent des livres, mes livres.

« Cependant on vous demande de continuer à en faire. On pousse même l'exigence jusqu'à vous imposer une certaine contrainte. Poil-de-Carotte ! C'est toujours Poil-de-Carotte. Je suis sûr qu'on ne sera nullement satisfait, si dans mon prochain recueil ce gamin ne montre pas sa tête aux poils roux ; et si je l'y fais figurer je puis prédire en toute sûreté qu'on me dira : ce n'est pas là l'original des *Sourires Pincés*. Voilà une perspective plaisante pour un auteur : quoi qu'il fasse ou écrive, il sait que ce sera une déception pour le monde et pour lui. Faites donc des plans, quand la mauvaise réussite est certaine, mais surtout occupez-vous donc du problème qu'agitent en ce moment tant de têtes vides, pour déterminer la forme future du roman. Eh ! mon roman n'aura pas de succès, c'est la seule chose que contienne ma provision d'idées sur ce point.

Pour le reste, adressez-vous à mon voisin ou à mon voisin d'en face ou à un autre : ils vous donneront leur théorie sur la littérature de demain. Moi, je ne tiens pas de théories dans ma boutique. »
Et sous tous ces sarcasmes, moqueurs à la bonne façon plutôt qu'amers, j'entendais résonner ces fières paroles : je ne sais qu'une chose : je suis dans la bonne voie.

UNE IMPRESSION

J'avoue qu'au premier instant je me sentis assez dépaysé en entrant dans la salle où étaient exposés les tableaux de Claude Monet. J'y étais venu sur une invitation générale du peintre, que je pouvais considérer un peu comme une invitation personnelle: et mon premier mouvement fut de m'en aller, aussitôt arrivé. Ces couleurs voyantes, ces lignes zigzagantes, bleues, jaunes, vertes, rouges et brunes, qui dansaient une sarabande folle sur les toiles firent violence à mes yeux habitués aux grisailles de la peinture nationale.

La salle était encore vide. J'eus donc le temps de réfléchir et de choisir à mon aise une place qui me permît de bien voir. Il y avait là quinze tableaux représentant tous la même meule prise à des heures différentes du jour et aux différentes saisons de l'année. L'artiste, après avoir peint des paysages normands et l'agitation des grandes capitales, avait voué une année de sa vie à observer l'existence d'une meule au milieu des reflets changeants de la lumière : il avait choisi une chose très simple, tout près de sa maison, et qu'à chaque instant il avait sous la main.

Un de ces tableaux montrait la meule en pleine gloire. Un soleil d'après-midi y brûlait la paille de ses rayons pourpre et or et les brindilles allumées flamboyaient d'un éclat éblouissant. L'atmosphère chaude vibrait visiblement et baignait les objets dans une transparence de vapeur bleuâtre.

Vraiment ce tableau triomphait de tous les doutes qu'on aurait pu opposer à l'art du maître et l'œil du spectateur était forcé irrésistiblement à recréer au moyen de ce bariolage de couleurs la vision du peintre.

Cette toile m'apprit à voir les autres ; elle les éveillait à la vie et à la vérité. Après avoir hésité d'abord à jeter les yeux autour de moi, je sentais maintenant une jouissance rare à parcourir la série des tableaux exposés et la gamme des couleurs qu'ils me montraient, depuis le pourpre écarlate de l'été jusqu'à la froideur grise du pourpre mourant d'une soirée d'hiver.

A cet instant, Claude Monet entra dans la salle ; je lui donnai mon impression pour ce qu'elle valait.

— « Vous avez raison, » dit-il avec la belle franchise d'un grand artiste qui sait apprécier la sincérité des paroles qu'on lui adresse. « Voici ce que je me suis proposé : avant tout j'ai voulu être vrai et exact. Un paysage, pour moi, n'existe point en tant que paysage, puisque l'aspect en change à chaque moment ; mais il vit par ses alentours, par l'air et la lumière, qui varient continuellement. Avez-vous remarqué ces deux portraits de femmes au-dessus de mes meules ?

« C'est la même jeune femme, mais peinte au milieu d'une atmosphère différente ; j'aurais pu faire quinze portraits d'elle, tout comme de la meule. Pour moi, ce ne sont que les alentours qui donnent la véritable valeur aux sujets.

« Quand on veut être très exact on éprouve de grandes déceptions en travaillant. Il faut savoir saisir le moment du paysage à l'instant juste, car ce moment-là ne reviendra jamais et on se demande toujours si l'impression qu'on a reçue a été la vraie.

« Et le résultat ? Voyez ce tableau-là, au milieu des autres, qui dès le premier abord a attiré votre attention, celui-là seul est parfaitement réussi, — peut-être parce que le paysage alors donnait tout ce qu'il était capable de donner. Et les autres ? — il y en a quelques-uns vraiment qui ne sont pas mal ; mais ils n'acquièrent toute leur valeur que par la comparaison et la succession de la série entière. »

saisons de l'année. L'artiste, après avoir peint des paysages normands et l'agitation des grandes capitales, avait voué une année de sa vie à observer l'existence d'une meule au milieu des reflets changeants de la lumière : il avait choisi une chose très simple, tout près de sa maison, et qu'à chaque instant il avait sous la main.

Un de ces tableaux montrait la meule en pleine gloire. Un soleil d'après-midi y brûlait la paille de ses rayons pourpre et or et les brindilles allumées flamboyaient d'un éclat éblouissant. L'atmosphère chaude vibrait visiblement et baignait les objets dans une transparence de vapeur bleuâtre.

Vraiment ce tableau triomphait de tous les doutes qu'on aurait pu opposer à l'art du maître et l'œil du spectateur était forcé irrésistiblement à recréer au moyen de ce bariolage de couleurs la vision du peintre.

Cette toile m'apprit à voir les autres ; elle les éveillait à la vie et à la vérité. Après avoir hésité d'abord à jeter les yeux autour de moi, je sentais maintenant une jouissance rare à parcourir la série des tableaux exposés et la gamme des couleurs qu'ils me montraient, depuis le pourpre écarlate de l'été jusqu'à la froideur grise du pourpre mourant d'une soirée d'hiver.

A cet instant, Claude Monet entra dans la salle ; je lui donnai mon impression pour ce qu'elle valait.

— « Vous avez raison, » dit-il avec la belle franchise d'un grand artiste qui sait apprécier la sincérité des paroles qu'on lui adresse. « Voici ce que je me suis proposé : avant tout j'ai voulu être vrai et exact. Un paysage, pour moi, n'existe point en tant que paysage, puisque l'aspect en change à chaque moment ; mais il vit par ses alentours, par l'air et la lumière, qui varient continuellement. Avez-vous remarqué ces deux portraits de femmes au-dessus de mes meules?

« C'est la même jeune femme, mais peinte au milieu d'une atmosphère différente; j'aurais pu faire quinze portraits d'elle, tout comme de la meule. Pour moi, ce ne sont que les alentours qui donnent la véritable valeur aux sujets.

« Quand on veut être très exact on éprouve de grandes déceptions en travaillant. Il faut savoir saisir le moment du paysage à l'instant juste, car ce moment-là ne reviendra jamais et on se demande toujours si l'impression qu'on a reçue a été la vraie.

« Et le résultat? Voyez ce tableau-là, au milieu des autres, qui dès le premier abord a attiré votre attention, celui-là seul est parfaitement réussi, — peut-être parce que le paysage alors donnait tout ce qu'il était capable de donner. Et les autres? — il y en a quelques-uns vraiment qui ne sont pas mal; mais ils n'acquièrent toute leur valeur que par la comparaison et la succession de la série entière. »

Pour qui voudrait chercher l'analogie entre la littérature et la peinture d'une époque, il y aurait peut-être à dire quelque chose sur la tendance, commune aux deux arts, d'observer et d'exprimer le fait dans son propre milieu aussi fidèlement que possible : analyse exacte qui ne prend sa pleine signification qu'en se rattachant à des impressions du même genre. Et cette analyse-là ne vaut que par la synthèse que l'artiste nous fait faire à nous-mêmes.

Idée fertile, si je ne me trompe, et que je tâcherai de vérifier.

INTERMEZZO

J'aurais aimé à la discuter avec Marcel Schwob ; c'est l'ami de Renard, auquel celui-ci faisait allusion, lorsqu'il en appelait aux amateurs de théories littéraires. Malheureusement je le trouve en proie à deux jeunes poètes, dont le premier volume de vers vient de paraître, et ils ont absorbé toute la conversation.

— « Il faut exalter ses sentiments, » disait l'un.

— « Il faut donner une consécration symbolique à ses impressions, » disait l'autre.

— « Pour mes rendez-vous, je choisis toujours une église, » reprenait le premier ; « l'encens, les cierges, l'autel, la voûte majestueuse, rehaussent de leur éclat sombre ma sensualité. »

— « Quand je pense à la femme aimée, » soupirait le second, « je vois monter à l'horizon de mes pensées l'image d'un lys, qui déploie sa corolle immaculée au milieu du silence sacré d'un lac perdu dans la solitude des forêts immenses. »

Déjà, un doux sommeil commençait à me presser les paupières, et il était bercé par l'alternance idyllique de ces chants enfantins, lorsque le nom de Stéphane Mallarmé, prononcé par un des interlocuteurs, me réveilla tout à coup et pour de bon.

A mon grand regret j'avais manqué l'occasion de faire la connaissance personnelle de l'artiste si célébré par les poètes, si négligé par le public, qu'il tient à distance par la manière dont il leur présente ses idées, d'un bloc, nimbées d'une clarté complexe, tel un cristal taillé à angles rentrants. Il demande un effort trop grand à l'intelligence moyenne de notre temps. Même on pourrait se demander si jamais quelqu'un voudra se donner la peine de goûter son œuvre. Le temps nous l'apprendra; pour l'heure présente, c'est un détail à négliger. Ce qui me frappait surtout, c'est qu'étant venu pour échanger des idées sur l'influence de l'état social sur la littérature j'entendais sans cesse prononcer le nom de l'homme qui place l'art comme une chose absolue, en dehors et au-dessus de toutes les variations que la succession des siècles peut apporter. C'est ainsi que Saül, fils de Kis, sortait de la maison paternelle pour aller à la recherche du bétail perdu, et qu'il trouvait un royaume. Seulement, les royautés de ce temps-ci me semblent encore moins solides qu'elles ne l'étaient dans ce passé vénérable.

— « Mallarmé, » disait-on, « est avant tout un charmant homme et un charmeur. Il sait communiquer aux autres l'inspiration de générosité qui préside à ses paroles, et à ses actes. Toute idée étroite se tait devant lui. On prétend même que, grâce au charme irrésistible de sa personnalité, il a su persuader à l'éditeur Léon Vanier de lui donner pour *l'Après-midi d'un Faune* une somme suffisante pour acheter un équipage. Figurez-vous un cheval et une voiture pour un simple poème lyrique ! C'est incroyable ! Aussi ajoute-t-on pour rendre vraisemblable ce récit miraculeux qu'il ne s'agirait au fond que d'une charrette à âne pour M¹¹ᵉ Mallarmé ; mais, même réduite à ces dimensions plus modestes, la chose confine au fabuleux. Pourtant il n'y a plus là rien d'incompréhensible dès que l'on entend causer le poète. Oh ! le causeur puissant et entraînant ! Quelle mine inépuisable d'anecdotes ! Le hasard ou la moindre allusion excite sa verve étincelante et elle se répand en une profusion de saillies ingénieuses et humoristiques. »

— « Oui, oui, » dit B... entre ses dents, » — il venait de rejoindre notre petit groupe et était ce soir-là d'humeur à démolir tout ce qu'il rencontrait sur son chemin. « Mallarmé a en effet les saillies les plus ingénieuses : il soigne son langage, et serait capable de préparer un accident pour le plaisir seul d'en émailler sa conversation. »

L'autre ne se laissa pas déconcerter.

— « L'esprit de Mallarmé se montre surtout quand le poète est pris à l'imprévu. Le directeur d'un grand journal, qui avait assisté à une de ses improvisations, — si je me rappelle bien, c'était à propos d'un vase à fleurs, — tout ému de ce qu'il venait d'entendre, pria le poète d'en faire une chronique pour son journal et lui promit monts et merveilles. Mallarmé ne put refuser et, quoiqu'il ait horreur d'écrire pour les journaux, il rédigea l'article désiré. Mais, réfléchissant à ce qu'il avait dit et mettant sur le papier ses souvenirs, il composa un essai entièrement différent. Quand il l'apporta à la rédaction, le directeur n'y reconnut plus rien de ce qu'il avait admiré et l'article ne fut pas reçu. »

— « Quelle singulière manie de vouloir éclairer tout ce qui vous passe par la tête à la lumière de trente-six chandelles quand une pauvre petite flamme aurait suffi pour nous le faire voir, » dit B...

Mais l'autre continua, comme s'il n'eût pas remarqué l'interruption :

— « Écrire, pour Mallarmé, c'est pontifier. Quand, debout devant l'autel de l'art, il adresse la parole à ses fidèles, il n'emploie pas le langage de tous les jours. Il a rendu au verbe son pouvoir antique d'évoquer la vision des choses et la réalité des sentiments. Et comme la prière est en même temps un cri de l'âme et la réponse entendue au fond du cœur, ses poésies ne contiennent pas l'expression d'un désir qu'elles n'apaisent aussitôt. Seulement il faut être initié pour savoir les lire, ces poèmes ; mais combien peu ont pénétré jusqu'à leur centre mystique d'où une haute volupté rayonne sur les adeptes ! »

— « Pauvres profanes que nous sommes, pour qui ces plaisirs divins et autres divertissements littéraires resteront lettre close ! » dit B...

— « Dites croyants, si vous ne voulez pas du mot d'initiés, » dit l'autre de plus en plus animé. « Mallarmé, lui, aime à employer l'image de la messe, quand il veut nous donner une idée du chef-d'œuvre parfait, qui sera le couronnement de l'art, comme le sacrifice de la messe est l'expression la plus haute du culte chrétien. Ce chef-d'œuvre-là ne peut être qu'unique et suffira seul aux communiants, car il résumera toutes les créations poétiques existantes et leur donnera l'achèvement final et suprême. Avec des gestes solennels, liturgiques, il sera récité à des jours déterminés de l'année et ainsi sera satisfait le besoin qu'éprouve l'humanité de participer à l'infini par le seul moyen du verbe pur.

— « Tout ce qui promet des miracles en dehors de l'Église me semble tenir du charlatanisme, » dit B... d'un ton dédaigneux.

— « Moi, » répondit sèchement le philosophe de la petite réunion, « je tiens Mallarmé pour un de ces talents stériles, qui cherchent une compensation à leur manque de faculté créatrice en construisant des théories pleines d'esprit. Et plus ces projets semblent beaux, moins on a de chance de les voir exécuter. »

— « Mais vous oubliez entièrement, » dit celui qui avait parlé le premier, « que le Maître a consacré toute sa vie à préparer le poème parfait. Quiconque a passé le seuil de son cabinet de travail a pu y voir ces cartons remplis de papiers, dont je ne me suis jamais approché sans éprouver une émotion intense. »

— « Mais qui donc a jamais vu ce que contiennent ces papiers-là ? » demanda B... sur un ton taquin.

— « Dites plutôt : qui serait assez présomptueux d'y jeter les yeux ! » observa l'autre.

— « Je sais positivement, » dit le philosophe, « que ces cartons ne contiennent »...

Au moment où il allait nous révéler le secret des cartons du poète, de nouveaux arrivés se joignirent à notre petit cercle ; le bruit qu'ils firent en remuant les chaises interrompit l'entretien commencé et la conversation générale ne se renoua plus. Ainsi l'énigme, dont j'avais été sur le point d'entendre la solution, devait rester mystérieuse pour moi, et ce soir-là je quittai mes hôtes sous l'impression, que je retrouve à chaque lecture du poème de Schiller, *la Statue voilée de Saïs* : je sens qu'on me cache une chose que j'ai le droit de savoir.

EFFORTS ET TENDANCES

Le jugement que portait Richepin sur l'œuvre de ses confrères était imprégné d'une bonhomie que certes l'on n'aurait pas cherchée chez le poète de la *Chanson des Gueux* et des *Blasphèmes*

Et l'entretien dans son cabinet de travail, ouvert des deux côtés au soleil, était une véritable récréation de l'esprit, fatigué par les récriminations haineuses de la bataille littéraire qui ailleurs allait son train de sarcasmes en dénigrements et de dénigrements en injures personnelles.

Jules Renard mit la conversation sur *le Cadet*, de Richepin. Ce roman, comme l'on sait, est l'histoire d'un génie raté, qui se venge de l'injustice du sort en prenant d'abord l'honneur, puis la vie à son frère aîné, dont il n'a reçu que des bienfaits ; il meurt à son tour, abhorré des hommes, en fauve solitaire. Récit saisissant, qui n'a qu'un seul défaut, c'est qu'il y a manque d'unité dans le ton général de l'ouvrage : parce que la passion du Cadet pour la terre, — et c'est une influence de la *Terre* de Zola, — y apporte un élément lyrique qui aurait pu aussi bien rester hors de la trame du récit et de l'action des personnages. D'ailleurs, le drame vous empoigne par la vérité psychologique de ses situations.

— « On en parle rarement, » dit Renard, « et il me semble pourtant que c'est le plus fort de vos livres. »

— « Le livre est dur, » dit Richepin, et il se carra dans son fauteuil comme pour s'aider à surmonter intérieurement cette dureté dont il s'accusait. « Il a été dur à faire, et il est resté dur à lire. On n'a plus le temps de s'occuper d'un livre pareil. Nous ne lisons plus, parce que nous ne pouvons pas tout lire. Je fais de mon mieux : mais voyez où j'en suis resté dans le roman de Huysmans, *Là-Bas*, un livre pourtant qui mérite bien d'être étudié. Combien de choses neuves il nous apporte et quelle application immense au sujet que l'auteur s'est proposé ! *Le Cadet* aussi m'a coûté une peine infinie ; c'est un livre tout en dedans, qui a mis du temps à sortir. Mais qui donc, je vous le demande, peut y prendre goût ?

« On s'attend à autre chose de ma part. Ils veulent que je reste poète. On me pardonne un roman comme Miarka, parce que le récit est poétique, comme ils disent, et qu'il faut bien passer quelque chose à la fantaisie d'un poète. Pour le reste, non.

« Dès qu'on a percé, les Parisiens mettent une étiquette à votre nom, et ils ne souffrent pas que l'on s'écarte du rôle pour lequel ils vous ont désigné. A présent, comme je frappe à trois portes à la fois, ils m'en tiennent deux fermées.

« Et ils ont raison peut-être, » poursuivit-il de sa voix douce. « Ça console toujours les autres de pouvoir se dire : Poète, oui, nous l'admettons, mais il n'a eu que des échecs au théâtre ou dans le roman quand il a essayé de rivaliser avec Zola et Daudet. Être poète, ça suffit bien, je pense.

« Il y a des hommes de grand talent, qui ne peuvent pas se faire à l'idée que leurs œuvres soient relativement impopulaires; Rosny, par exemple. Celui-là n'a jamais pu comprendre pourquoi ses romans n'ont pas eu autant d'éditions que ceux d'Ohnet. Il a écrit expressément son roman à clef *le Termite,* parce qu'il croyait qu'en y introduisant des personnes vivantes il donnerait de l'actualité à ses livres et le peu de succès que *le Termite* a obtenu auprès du public ordinaire lui a causé une grande déception. »

— « C'est la façon embarrassée dont Rosny exprime sa pensée, qui lui barre la route du vrai succès, » dit Renard. « Il ne sait pas dire simplement et précisément ce qu'il veut. Pour moi, il il y a une ligne très prononcée, qui sépare les esprits nets de ceux qui tâtonnent et qui ne sauront jamais trouver qu'un équivalent à peu près suffisant à leur pensée. Quiconque est né en-deçà de cette ligne ne parviendra jamais, quoi qu'il fasse, à vaincre la difficulté inhérente à son talent.

Il est vraiment regrettable qu'à notre époque le nombre des auteurs qui sont nés du mauvais côté aille toujours en croissant. »

— « Il ne faut pas exagérer le cas de Rosny, » dit Richepin. « Il a fait certainement un progrès énorme, surtout dans ce sens-là, avec son dernier roman, *Daniel Valgraive*, et le livre me plaît de plus en plus.

« Il s'y trouve encore bien des passages qui, au premier abord, ne me semblent pas clairs. Mais en revanche j'y ai remarqué des choses, qui sont vraiment d'un artiste, et d'un grand artiste. Non, je crois que l'obscurité des phrases que l'on reproche à Rosny vient d'une tout autre cause. Rosny continue encore à s'instruire ; il apprend toujours ; la science l'attire et il recueille partout de nouveaux matériaux. De là vient qu'une moitié de ses notions est mal digérée, tandis que l'autre moitié a pris sa forme définitive et mûrie. Il pense qu'on peut aller toujours en avant ; pour moi, au contraire, passé la trentaine, l'homme a sa provision d'idées complète ; il doit savoir marcher sur ses propres pieds et ne pas s'empêtrer aux lisières des manuels scientifiques, qu'on renouvelle tous les jours. C'est là le véritable moyen de faire entrer la confusion dans le cerveau le mieux équilibré.

« Y a-t-il donc encore tant de choses à apprendre ? Mais tout est déjà dit et trouvé, — je parle naturellement pour nous, littérateurs et romanciers.

L'évolution entière de la prose de notre siècle est renfermée dans ce grand modèle de style, que Chateaubriant nous a laissé en ses *Mémoires d'outre-tombe*. Plus je relis ce livre, et plus je vois que tout est là. Tous les raffinements dans le choix des mots et dans la construction des phrases y sont déjà appliqués en tant que le génie de la langue les admet. Le procédé que nous croyons avoir inventé, de figurer par une image vivante une action abstraite et de caractériser un mouvement général, nous le rencontrons déjà chez Chateaubriand et mis en œuvre par un maître du métier. Nous n'avons qu'à le suivre et à nous inspirer de lui. »

Cette dernière observation ne me satisfait qu'à demi. Non pas que je doute de sa justesse, mais mon esprit se refuse à admettre toutes les conséquences qui en découlent, d'après l'opinion de Richepin. Aussi, je ne vois pas ces choses-là du même œil que l'artiste qui sent le besoin d'une base solide pour y construire l'édifice parfait de son œuvre et qui, pour atteindre le sommet auquel il aspire, doit forcément circonscrire le champ de son travail. L'art, tel que le critique le considère, n'est pas exclusivement la propriété de l'artiste individuel : c'est l'œuvre d'ensemble d'une période où tous concourent pour leur part, et il me paraît être l'expérience qu'entreprend la société entière pour humaniser la vie.

Alors la marche en avant et les tentatives diverses deviennent d'un intérêt prépondérant : et l'art absolu, quelle que puisse être sa signification pour l'artiste et pour celui qui cherche des jouissances immédiates, ne vient qu'après. L'artiste ne peut négliger complètement ce principe de progrès sous peine de ne produire que de l'art mort. Aussi le véritable artiste, quelle que soit la doctrine qu'il soutienne, ne court guère le risque de se momifier : son esprit est toujours en tension, il guette les impressions de toutes parts, et, s'il se cloître dans sa tour d'ivoire, il prend bien soin d'ériger un observatoire tout en haut.

Richepin lui-même en est la meilleure preuve. Qu'est-ce donc que *le Cadet*, ce livre dur, — notez bien que c'est le même terme qu'employait Verlaine pour caractériser *Bonheur*, — ce livre dur qui n'avait pas donné à son auteur de plaisir pendant l'exécution, ni après qu'il l'avait terminé ?

Par sa conception, ce roman sort du cadre où se limite d'ordinaire le récit des romans. L'évolution des événements est absolument transposée de l'extérieur à l'intérieur de l'âme même du personnage principal. Il vit sa vie à lui; les choses du dehors n'ont point de prise sur son cœur, si ce n'est qu'elles y éveillent des sentiments opposés à ceux que l'on attendrait.

Tous les événements extérieurs qui le touchent ont un retentissement faux; si l'on est aimable pour lui, il en conçoit de l'humiliation; si une femme lui donne son amour, il se livre à cette passion, mais avec l'arrière-pensée d'assouvir sa haine contre son bienfaiteur; tout ce qui lui arrive se transforme et se dénature, et c'est une fatalité à rebours qui le dirige en sens contraire de ce que les événements semblaient vouloir.

Le Cadet est un esprit aigri, ce qui ne veut pas dire qu'il soit méchant; peut-être même qu'au fond les bonnes inclinations l'emportent sur les mauvaises; mais ces bons mouvements, les premiers, sont souvent les plus dangereux, parce qu'ils lui montrent que, quoi qu'il fasse, il ne sera jamais d'accord avec son entourage. En un mot, Richepin nous a montré dans ce roman l'isolement de plus en plus marqué d'une âme humaine au milieu de son monde.

Le Cadet, — et c'est ici que nous remarquons l'influence des idées ambiantes sur l'esprit de l'artiste, — présente quelque analogie dans le sujet avec *Daniel Valgraive*, de Rosny. Rosny est fait d'autre matière et bâti d'autre façon que Richepin. Il peut sembler maladroit, pédant, grotesque et exagéré, mais il est poussé par une force qui jaillit du fond de sa personnalité.

Le mouvement est sa devise; et il marche en avant, à travers dictionnaires et encyclopédies, pour saisir le secret de la vie tel qu'il se dévoile aussi bien dans l'existence individuelle que dans le groupement des masses. Dans un de ses premiers livres, *le Bilatéral*, il a donné ce qu'il y avait de meilleur en lui. La langue en est trouble; mais à chaque instant, hors de l'arrière-fond obscur du livre, se dégagent des scènes d'une telle puissance et d'une telle intimité de sentiments, que l'esprit qui anime le tout se révèle à notre conscience à travers la confusion des mots.

Le Bilatéral est le centre de l'œuvre entière de Rosny; c'est de là que rayonnent ses autres livres où il essaye de comprendre l'existence en l'envisageant bilatéralement, des deux côtés.

Daniel Valgraive, comme *le Cadet*, est l'histoire d'un solitaire; c'est la confession d'un raté de la vie.

L'existence n'a pas voulu de lui; grâce à sa constitution maladive, il a été condamné à mourir de bonne heure et il le sait. Le monde autour de lui s'agite, intrigue, se fait des méchancetés et des mamours; lui, il souffre. Il observe avec la sensibilité propre aux malades ce qui se passe dans son entourage, et il est forcé de se tenir en dehors de tout, parce qu'il n'a point le droit d'exister. Ses nerfs exaspèrent chaque sensation jusqu'à la souffrance, et sa mort prochaine, dont le secret reste enfermé dans son cœur, lui interdit de se plaindre.

La fatalité semblerait l'obliger à prendre sa revanche, en le vouant à un égoïsme féroce, tout comme elle paraissait devoir amener le Cadet à la franchise et à la bonhomie. Mais ici comme là, les circonstances poussent le caractère dans une direction opposée à leur courant. Daniel Valgraive apprend à vaincre sa sensibilité ; il oublie ses griefs et finit par se convaincre que ce qui est voué à la mort ne compte guère, si on le compare à la vie. Tout plein de ces pensées, il arrange ses affaires de façon que ceux qu'il aime trouvent la route aplanie devant eux, et, longtemps avant que la mort vienne le saisir, il dénoue d'une main délicate les liens qui le rattachent à sa famille et à ses amis.

Il ne le fait point d'un cœur léger et les circonstances ne lui viennent nullement en aide. Il est loin d'être un ange, et jusqu'à la fin les passions mauvaises l'obsèdent ; mais dans ses moments les plus noirs une voix intime lui crie que malgré ses fureurs secrètes la bonté en lui aura gain de cause sur l'égoïsme, parce que bonté cela veut dire droiture et vérité. C'est un bilatéral. Quand la balance semble pencher du côté de l'étroitesse de cœur, il met en contrepoids les idées qui le rattachent à tout ce qui est impersonnel et éternel, et l'équilibre est rétabli.

Non pas que cet équilibre rappelé de toute force dans son âme lui rende la belle harmonie perdue dans ses relations avec le monde : non, trois fois non. Tout ce qu'il entreprend pour se mettre sur le pied de justice avec son entourage le repousse de plus en plus vers sa solitude morale ; il se sent séparé de sa famille, de son amour, de son amitié, par un pouvoir malin, d'autant plus réel qu'il a fait les derniers sacrifices pour l'apaiser. Il n'y a pas de raison, dirions-nous, pour qu'un faible rayon de bonheur ne vînt se glisser au chevet du lit de mort de Daniel Valgraive, et pourtant c'est seulement dans cet instant suprême qu'il s'aperçoit de toute l'étendue de son malheur et de son isolement : pauvre victime de son mauvais sort !

La conclusion du livre est cruelle, mais elle ne blesse pas les fibres du cœur : elle les irrite plutôt en nous faisant éprouver ce fouettement du sang que l'on ressent quand on est porté soudainement sur une grande hauteur.

Et l'impression totale du livre est plus complète et plus simple à la fois que celle du *Cadet* de Richepin. Tout en étant plus vague et moins bien encadré, le roman de Rosny nous touche plus directement. Enveloppés dans leur brouillard, les personnages semblent reculer à une grande distance de ma vue, et pourtant ils sont près de mon cœur.

Évidemment le rôle que remplit le livre n'est pas le même aux yeux des deux auteurs. Pour Richepin le livre n'est fini que lorsqu'il est complet en soi, achevé et orné dans tous ses détails, tandis que Rosny, plein de son sujet et convaincu de l'intérêt qu'il nous inspire, se fie à nous pour suppléer aux lacunes de son récit. Il compte sur nous comme ses collaborateurs.

Et l'émotion que nous ressentons à la lecture de son roman provient pour une grande part de ce qu'il nous a suggéré d'y ajouter nous-mêmes.

Le livre, comme l'auteur, a pour devise *le mouvement*, et il force notre esprit à se mettre en marche.

Vers quel but ? Est-ce que l'auteur le sait lui-même ? Comme sa préface nous l'assure, la direction de son esprit se montrera plus clairement dans un livre prochain qu'il prépare. Avertissement superflu peut-être. Nous croyons volontiers qu'il ne s'arrêtera pas au milieu de sa route ; et nous sommes prêts à le suivre.

CONCORDANCE

Ce rôle du livre d'à présent, si différent de la place qu'il occupait dans l'appréciation d'une génération antérieure, je veux tâcher de le formuler aussi clairement que possible en mon esprit. Pour cela j'utiliserai ce phénomène assez fréquent, que deux auteurs d'âge et de caractère différents s'attaquent en même temps au même sujet.

Tout comme il y a des idées en l'air, il semble que dans l'atmosphère intellectuelle d'une société soient répandus des germes de situations morales analogues, qui, fécondés par les esprits en quête de matières artistiques, se modifient suivant les personnalités où ils sont tombés.

Catulle Mendès, — car c'est lui et Barrès que

je prendrai pour sujets de cette méditation littéraire, — a choisi l'héroïne de son dernier roman, *la Femme-enfant*, dans le monde pervers où l'on s'ennuie à force de trop vouloir s'amuser. Dès son enfance, la jeune fille a été souillée par les attentats monstrueux d'un vieux débauché réfugié en province pour ses mœurs infâmes. Quand plus tard elle arrive à Paris, entrée dans l'armée du plaisir, elle ne recule devant aucune besogne. Cela lui coûte si peu : le sens moral est complètement éteint chez elle ; mais cela ne lui fait aucun plaisir ; elle ne fait que réciter (et c'est une métaphore qu'on excusera ici) un rôle appris par cœur. Elle est restée enfant, non pas quant aux sens, mais par tout ce qui regarde l'esprit. Sa croissance morale et intellectuelle, humaine en un mot, a été retardée ; et à cette disproportion sa conduite emprunte un caractère d'étrangeté qui allume les désirs et exacerbe la volupté.

Sur son chemin elle rencontre l'amour vrai d'un artiste. Cependant l'amant ne peut la sauver de sa misère morale : la passion, pour généreuse qu'elle soit, c'est l'adversaire pour elle. Mais une main amie lui vient en aide, la main d'une femme, qui a été la providence de l'artiste et qui veut être aussi la sienne. L'amie, ou plutôt la mère, sait rendre la vie aux sentiments amortis dans son cœur par le malheur. Grâce à un miracle de dévouement exquis, elle rétablit le développement arrêté de son âme, et de cette fille sans pudeur renaît une femme pure, enlevée et comme consacrée par la mort à l'instant où la passion destructrice allait venir se mêler encore à sa destinée.

La même fatalité a présidé à l'existence de l'héroïne de Maurice Barrès, Petite-Secousse du *Jardin de Bérénice*. Si l'on ne regarde que les grandes lignes de son histoire, on est frappé de l'analogie des circonstances au milieu desquelles ces deux personnes ont passé leur vie. Et pourtant il est difficile de se figurer une divergence plus complète de la forme qu'une même idée générale a revêtue chez ces deux auteurs.

Maurice Barrès donne la parole non pas à l'amant de la jeune fille, mais à l'ami, au confident, j'allais dire au confesseur de Petite-Secousse. Tout ce qui est passion a été relégué à l'arrière-plan Ainsi le récit, dès l'abord, descend de son piédestal d'anecdote piquante, sort du cercle exclusif réservé aux faits divers, et entre de plein-pied dans la vie courante.

L'ami du *Jardin de Bérénice* ne s'intéresse à cette existence insouciante et pervertie de petite femme-fille, ni par amour de la vertu, — il en est peu question dans le livre, — ni par amour du vice, mais simplement pour l'amour de l'humanité suivant l'évangile de Molière et des honnêtes gens. Il subit le charme qui se répand autour d'elle et il cherche à entrer avec elle en communion de sentiments. Il n'a pas, tant s'en faut, l'idée de tâcher de la comprendre ou d'influencer sa conduite, — comprend-on jamais quelqu'un, ou a-t-on de l'influence sur lui ? — mais il veut qu'elle lui donne une conception nouvelle de la vie, et tandis qu'il lui prête sa sympathie, elle lui suggère en retour une compréhension plus élargie de l'existence humaine. Donc, ce qu'il nous raconte d'elle est moins un récit qu'une série d'impressions qui, tout en se complétant, montrent un but éloigné encore.

Au contraire, Catulle Mendès se met au point de vue de l'amant, et ce que son livre y gagne en fini est compensé par la perte de l'intérêt direct qu'il aurait éveillé en vous et en moi. L'histoire que l'on nous montre est devenue une affaire entre l'amant et sa maîtresse ; la présence d'un tiers, comme vous ou moi, est superflue et, de plus, indiscrète.

Cependant l'artiste qu'est avant tout Catulle Mendès ne s'est pas contenté de cette mise en scène ; il a fait un pas de plus, il a voulu intensifier l'impression d'étrangeté que nous cause son récit, en donnant à l'amant des aventures aussi extraordinaires qu'à sa femme-enfant. Lui aussi a joué de malheur dès son enfance. L'infamie de son père, traître à tous ses devoirs, pèse sur sa jeunesse ; son nom est maudit, et le ressort de sa vie est brisé. Ainsi ces deux existences de honte qui se rejoignent portent coup double à notre sentiment d'horreur.

Tout ceci nous est raconté de façon de maître ;

des pauses savantes coupent le récit quand il menace de nous emporter trop loin, des scènes d'idylle relèvent par leur contraste la brutalité des tableaux de demi-monde et un style merveilleux, enveloppant sans mollesse, suit l'évolution des événements jusque dans leurs derniers replis, sans rien perdre de sa limpidité sereine. Et ce serait une œuvre parfaite si la forme en eût été complètement individualisée, et si elle ne trahissait parfois, par des rappels aux autres romans du maître, le savoir-faire du métier.

Mais en tout état de cause, combien la marche alerte du récit diffère du train-train que vont les choses dans le *Jardin de Bérénice !* A chaque instant le fil de l'histoire y semble perdu, le dessin des personnages y est lâché et les idées n'y sortent que lentement du brouillard qui les enveloppe à leur naissance.

Et pourtant, quel charme exquis quand, dès sa première page, le livre vient à nous tout palpitant de vie, se dérobant juste au moment où nous croyons le saisir, puis se livrant quand nous n'y pensons guère ; se moquant de notre crédulité et nous flattant de ses caresses l'instant d'après ; jouant à cache-cache, ou parlant de haut, et une autre fois nous révélant tous ses secrets, ou sollicitant humblement notre sympathie. L'action peut-être n'existe pas dans le livre : mais au premier abord il y a de l'action entre le livre et moi.

Je ne saurais mieux caractériser la manière

différente des deux auteurs qu'en disant que Catulle Mendès traite son sujet comme si c'était une histoire du passé, tandis que Barrès me raconte des choses qui sont en train d'évoluer et qui m'intéressent directement.

Catulle Mendès est un artiste supérieur, qui sait donner à ses créations une forme transparente et absolue. Mais qu'est-ce que Barrès? La définition de son talent m'échappe encore. Sûrement ce n'est pas un artiste pur-sang. Il lui manque le don de faire marcher ses personnages et de raconter simplement leurs faits et gestes. Ses premières nouvelles, qu'il a publiées dans les *Taches d'encre*, sont mal venues, puisqu'elles ne savent point dire, même confusément, tout ce qu'il a voulu y mettre ; quant à ses derniers romans il s'y trouve des parties qui semblent incomplètes parce que l'auteur aurait arraché à son manuscrit une dizaine de pages, qu'il lui aurait déplu de montrer au public.

Moraliste donc? Mais il ne l'est pas du tout, même au sens de Labruyère. Il a la touche trop légère; sa sensibilité ne lui permet d'appuyer nulle part; mobile comme l'onde, il n'a ni le fonds de pessimisme satisfait, ni même celui de scepticisme solide, dont chaque moraliste doit avoir fait provision avant de pouvoir penser à exercer son métier.

Mais enfin qu'est-ce que Barrès?

Que si je ne me suis point fait une idée de

l'homme, qui plus qu'un autre représente la pensée intime de sa génération, tout ce que j'entreprends pour me figurer les tendances de l'esprit contemporain ne sera qu'un tâtonnement dans le vide.

Un entretien avec Barrès fixera-t-il mes idées flottantes? J'en doute. Mais en tout cas l'intonation de la voix, les manières de l'homme, la pensée surprise en négligé pourront me donner quelques indications.

Je vais demander à Jules Renard de me conduire chez lui.

UN PHILOSOPHE

— « Non, c'est une autre raison qui me fait agir, » répondit Barrès à Jules Renard, qui essayait de lui démontrer que c'était besogne inutile d'écrire le commentaire d'un livre qu'on avait publié. « Si je veux expliquer la route que mon esprit a suivie, route dont *Sous l'œil des Barbares* et *Un Homme libre* sont les étapes tandis que le *Jardin de Bérénice* en représente la station finale, ce n'est point par amour-propre d'auteur qui veut forcément occuper le public de lui, mais pour venir en aide à la génération qui nous suit et qui a le droit de savoir notre pensée entière. Je veux indiquer la direction générale à laquelle a obéi l'évolution de mes idées ; sans quoi on s'attache trop aux détails ou à quelques expressions plus ou moins singulières. Et c'est la vue d'ensemble qui importe avant tout. »

Telles furent les premières paroles que j'entendis prononcer à Barrès après les politesses banales de l'introduction et elles me frappèrent non seulement par leur sérieux, mais aussi par le contraste avec l'air jeune et le ton de voix très jeune de l'homme qui parlait. Il était là, assis nonchalamment devant sa table de travail, jouant avec sa cigarette, sa figure un peu maladive d'adolescent illuminée par un sourire d'enfant gâté et volontaire, dominée par deux beaux yeux tendres, qui vous imploraient et vous captivaient. Le premier sentiment qu'on éprouvait pour lui était un mouvement de sympathie ; puis venait la conviction qu'on avait devant soi une puissance intellectuelle d'une souplesse et d'une agilité remarquables et comme acquises par une gymnastique perpétuelle de l'esprit, mais une puissance qui se faisait respecter, désireuse, impatiente même de se faire respecter. Un tout composé de simplicité et de vigueur avec une petite, mais très petite pointe de fatuité.

— « C'est naturellement un défaut de l'écrivain, s'il a besoin d'expliquer après coup ce qu'il a voulu faire, » dit Barrès en continuant. « On n'a pas été maître absolu de sa pensée et de toutes les conséquences qui en découlent, au moment d'écrire, et on en a manqué le point saillant. Voilà pourquoi j'admire tant les gens qui ont la faculté d'exprimer complètement leur idée avec toutes ses circonstances et toutes ses nuances. Daudet surtout me paraît avoir ce génie-là.

« Peut-être aussi ce que j'ai voulu dire est-il plus compliqué qu'un récit de romancier, mais, tout bien pesé, puisque je ne suis pas clair, je reste en défaut.

« L'obscurité est toujours signe de faiblesse. On ne le comprend guère, quand on est jeune et qu'on cherche la formule de l'univers. On essaye d'exprimer ses idées à force de symboles, qui rendent peut-être un certain état moral momentané, mais qui ne peuvent servir à exprimer une conception nette de la vie. Il faut être mieux préparé pour cela, et c'est l'outillage qui nous fait défaut.

« Pour moi j'ai toujours fait de mon mieux pour donner à chaque phrase le degré de clarté qu'elle comportait, et je crois bien y avoir réussi. Quant à poursuivre exactement la ligne logique de ma pensée par la liaison des phrases, voilà où j'ai failli. La raison en est très claire pour moi. Aussitôt que je me mets à rédiger ma pensée, elle fait une évolution dans un sens ou dans l'autre et tout ce qui sur le papier se trouve fixé dans sa forme définitive pousse l'esprit vers une direction qui n'était pas dans l'intention originale. Ainsi, à chaque instant il y a un tournant dans le raisonnement et la conclusion ne correspond plus au début. Celui qui a pris la peine de suivre l'idée à travers cette transformation successive ne se récriera pas contre ce manque de logique, mais les autres jetteront le livre ; et de notre côté nous n'avons pas le droit de leur demander un effort sérieux qui consisterait à suivre notre pensée dans tous ses détours.

« Un livre qui n'est pas clair est condamné d'avance, car pour obtenir du succès, il faut qu'on puisse formuler le contenu du livre en peu de mots. Il ne faut pas que le journaliste, qui en écrira la critique, hésite un seul instant sur la position qu'il prendra à son égard, et surtout il ne doit pas douter que le livre surpasse sa faculté de compréhension : si tel est le cas, le livre est perdu.

« Une chose encore peut sauver un ouvrage : c'est s'il présente quelque trait saillant qu'on puisse détacher, mettre en lumière, ou quelque fait personnel, supposé ou véritable, auquel on puisse s'attaquer. Cela explique, comme vous savez, la vogue des poésies de Byron, dans leur temps. Lorsqu'il posait devant le public un de ses pirates solitaires dans un accès de mélancolie, comme il vous en arrive dans tous les métiers honnêtes, chaque lecteur faisait l'entendu. On était assuré dans son for intérieur de bien comprendre la cause de ce chagrin ; on reconnaissait *dans le personnage le noble lord lui-même*, et on savait de source certaine que Byron était voué au désespoir depuis qu'il avait tué sa maîtresse ou violé sa sœur, — les versions différaient, mais cela n'ôtait rien à la conviction du public. Et voilà des motifs puissants qui vous mettent un livre dans la main.

« Il ne devrait pas être question de ces commérages à propos de l'œuvre d'un artiste; aussi lord Byron aurait percé sans cela ; pour lui, ce fut quelque chose d'accidentel que je cite seulement pour souligner ma pensée. L'artiste s'empare du succès et de la gloire, grâce à la vigueur de son talent et du plaisir intellectuel qu'il vient apporter. Mais, hélas ! moi, je ne suis pas artiste; je n'ai pas même ce sens exclusif de l'art, qui est la première condition d'existence pour un artiste. Je ne dirai pas non plus que je suis philosophe : c'est un titre trop haut que je ne veux nullement réclamer; ce que j'avoue seulement c'est une grande prédilection pour la philosophie.

« Rien ne me charme davantage que de vagabonder dans l'espace libre des concepts. Croyez qu'il n'existe pas de passe-temps plus délicieux que de bâtir des systèmes en l'air. On se lance dans les nuages métaphysiques et on se grise à la contemplation des idées pures. Oui, c'est une espèce d'enivrement intellectuel. On ne comprend plus parfaitement ce que l'on pense ou ce que l'on voit ; mais qu'est ce que cela fait? Plus les idées sont vagues et plus nous nous sentons libres au milieu de l'atmosphère immense que nous respirons avec une volupté quasi-divine. Et voilà un exercice digne de l'esprit. C'est comme l'extase religieuse. Tout le reste en comparaison de ces jouissances du paradis des philosophes garde un arrière-goût terrestre de besogne servile et de curiosité malsaine.

« Je n'ai pas su résister toujours à certain penchant qui me portait à m'occuper du côté passager et anecdotique de la vie de tous les jours, mais j'ai aussi eu toujours la conviction qu'il ne m'était pas loisible de me livrer à cette inclination. En publiant *Huit jours chez M. Renan*, j'ai péché, j'en conviens, et je ne le ferai plus, quoique...

« Ah ! j'ai encore dans mes cartons une petite collection de portraits que je me suis amusé à croquer, et de temps en temps il me vient la tentation de les donner au public, mais je n'en ferai rien.

« Si je voulais pourtant ! Je pourrais écrire l'histoire anecdotique du mouvement littéraire de ces dernières années et j'aurais à relever des mots épiques. En a-t-on dit des paroles, splendides de niaiserie convaincue ! Je me souviens d'un mot prononcé par un des coryphées de l'école symboliste, et qui pourrait servir de devise à l'histoire d'un parti.

« C'était dans les premiers temps de l'enthousiasme excité par les idées nouvelles d'art. Charles Morice, Vignier et quelques autres étaient convenus de s'assembler régulièrement une fois par mois pour traiter des intérêts de la jeune école symboliste. A l'ouverture de notre première réunion il y eut nécessairement quelque froid dans l'assemblée. Personne ne savait qui en prendrait la direction, ni par quoi commencer. Tout à coup, j'entends une voix qui dit : « Messieurs, le seul homme de notre siècle qui, par la concentration de sa pensée rappelle Pascal, je veux dire Théodore de Banville... » A ces mots, je ne pus retenir un sourire, très discret je vous l'assure, mais enfin il y avait de quoi. Sur ce Hennequin, qui se tenait aux côtés de l'orateur et qui me regardait tout le temps, parce qu'il craignait quelque opposition de ma part, me lança un coup d'œil furieux et interrompant le discours de son voisin il dit solennellement : « Messieurs, si nous ne nous prenons pas au sérieux, il vaut mieux ne pas continuer. » « Rester sérieux, oui, voilà bien l'attitude assez pénible en somme que nous avons gardée pendant quelques années à l'encontre du public et de nous-mêmes. »

Et Barrès répéta encore une fois le mot caractéristique : « Messieurs, si nous ne nous prenons pas au sérieux, » comme s'il voulait en faire goûter à ses auditeurs toute la délicieuse sottise. Pour lui, évidemment, l'anecdote avait déjà perdu sa saveur humoristique, si elle l'avait jamais eue à ses yeux, car il la racontait avec une nuance de mépris pour la duperie nécessaire et éternelle qui est au fond de toutes les relations humaines.

Et sans cesse sur son visage revenait cette petite moue dédaigneuse, pour être corrigée aussitôt par le sourire charmeur d'une grâce adolescente dont il soulignait les petites malices qui se glissaient dans la conversation. Habitude qui était devenue une seconde nature, sans être tout à fait naturelle pour cela.

L'entretien quitta bientôt le terrain des anecdotes, et Barrès nous parla du nouveau livre qu'il allait écrire. — « Un roman ! Oui, si vous voulez, disons plutôt, pour rester dans la vérité, un volume de trois francs cinquante à couverture jaune. Vraiment, je ne sais pas encore quelle forme donner à mes idées. Je sais parfaitement ce que j'ai à dire : tout est là devant mon esprit, rangé nettement, je n'ai qu'à commencer à l'écrire. Mais c'est cela justement qui m'intrigue ; j'ignore absolument ce que cela deviendra et j'ai l'impression que tout dépendra du ton de la première page. Sera-ce un traité moral ? Les anciens déjà considéraient la sobriété comme une vertu. Ou verra-t-on l'éternel couple de deux cavaliers, chevauchant ensemble sur la route solitaire au coucher du soleil ? Je ne saurais vous le dire.

« Mais non, le roman est démodé ; c'est un cadre de convention qu'il faut remplir à toute force, et...

« Et pourquoi donc chaque livre n'aurait-il pas sa forme à lui ? » dit Barrès soudain avec vivacité, comme si la question l'intéressait. « Est-ce que vraiment notre temps est assez peu spontané pour que nous ne possédions qu'une seule façon d'exprimer nos sentiments ?

« Voyez donc les écrivains du dix-huitième ! Quelle étonnante variété de genres pour y communiquer leurs idées. Laissons de côté les contes philosophiques de Voltaire et les dialogues de Diderot; arrêtons-nous seulement à Rousseau et remarquez la grande diversité des moules où il jetait ses pensées : ses *Discours*, *le Contrat social*, *la Nouvelle Héloïse*, *l'Émile*, *les Confessions*, *les Rêveries* : tous des sujets de roman et tous différents.

« Tout livre qui a exercé une influence sur le mouvement de la société a eu son allure propre, qui ne permet guère de le classer. Qu'est-ce que Don Quichotte ? Et Pantagruel ? Et Faust ? »

Certes, des réflexions de ce genre, faites par un auteur qui cherche une forme littéraire pour son œuvre, dénotent une ambition qu'on ne peut pas appeler commune. Et tout cela fut dit sur un ton de bonhomie ingénue, qu'on pourrait tout aussi bien appeler discrétion, — là-bas, dans le cabinet de travail élégant où Maurice Barrès nous faisait l'honneur de nous recevoir.

DANDY ET POÈTE

En toute franchise, je dois m'avouer que mon entretien avec Barrès m'a peu appris sur lui. Par-ci par-là pourtant, il y a quelques lueurs nouvelles dans mon esprit. Tâchons de rassembler ces traits insignifiants à première vue, et donnons-nous le plaisir d'une méditation à son sujet.

Prenons notre point de départ dans une observation aussi terre à terre que possible. L'accueil de Barrès était empreint d'une simplicité parfaitement naturelle. Point d'apprêts apparents chez lui, rien de conventionnel. Nature impressionnable et fort ingénieuse, mais au fond très simple, grâce à un afflux continuel de vie nerveuse.

Oui, ce ton naturel et sincère du langage doit sortir d'une réserve de force morale qui se cache sous l'extérieur frêle de l'homme. De temps en temps, cette énergie latente se fait jour à travers le jeu de la conversation ; mais d'ordinaire elle reste dissimulée. Et ce n'est qu'au premier abord qu'on peut la confondre avec la morgue du dandy ou du dilettante ; bientôt on y reconnaît la faculté principale et native de cet esprit.

Barrès a formulé quelque part, à propos de Renan, dans un de ses romans, la proposition suivante. Ce qu'on nomme grand événement, dans l'existence d'un homme, n'est, en réalité, qu'une provocation du sort, qui nous invite à mesurer nos forces contre lui. Il jette à la tête du premier un tas de traités de dogmatique ou d'histoire ecclésiastique ; à lui maintenant de se dépêtrer au milieu de ce fatras et de communiquer son âme à cette matière indigeste, de façon que ces études arides seront considérées comme la condition nécessaire de sa gloire et de son existence individuelle. Un second... Un second, comme Barrès, trouvera le général Boulanger sur son chemin et il ne pourra se soustraire à la contagion d'enthousiasme fiévreux que le monde éprouvait au commencement de 1888.

« Après avoir traversé cette jeunesse mécontente et mystique dont souffrent tant d'âmes en ce siècle, voici donc qu'enfin s'épanouit pour nous un champ d'action. Nous avons souffert sans qu'aucune sympathie vînt nous relever. Bénie soit l'heure..., etc., etc. [1]. »

Hosannah! le maître, le consolateur paraît! Couvrons de palmes la route qu'il va parcourir!

Ah! la dure besogne, vraiment, pour un dandy, de tenir sans se rendre ridicule la gageure du sort, acceptée dans un moment d'ivresse! L'homme, qui a du nerf, au contraire, saisit l'occasion et achève l'impossible. Barrès s'est fait élire député et a acquis une position politique. Une position n'est jamais ridicule. Même elle nous inspire un respect immense, quand elle est le fruit d'un seul petit article, publié dans une petite revue. Stéphane Mallarmé, avec sa voiture à âne, prix d'un poème hiéroglyphique, fait pauvre figure à côté.

Cependant, même un dandy aurait peut-être

---

[1]. *La Jeunesse contemporaine et le général Boulanger*, Maurice Barrès. *Revue indépendante.*

réussi à conquérir un siège de député. Du moins je veux bien le croire.

Mais ne pas rester sur ce triomphe-là, transformer l'expérience acquise en une conception élargie de la vie, user du choc des événements comme d'un moyen pour sa propre délivrance morale, voilà le fait d'un homme qui abrite une énergie originale au fond de son cœur.

Qu'est-ce qu'un dandy ? Et il ne peut être question ici que du fat intellectuel, tel que nous le montrent les pages de Maurice Barrès.

C'est l'homme qui veut jouir de l'existence sans se soumettre aux conditions qu'elle pose. Il demande à la société de ne lui répondre que là où il lui plaît de toucher ses cordes. Cet isolement de la vie, il l'appelle sa liberté et il ne parvient à cette indépendance qu'en supprimant dans son esprit, à toute force, le registre moyen, c'est-à-dire ce mélange d'habitudes et de sens commun que nous nommons le cœur.

Il ne connaît que ses sens et les besoins de son esprit. Après leur avoir permis quelques excès raisonnables, il traite ses sens comme le cavalier traite un cheval qu'il cherche à prendre en main après l'avoir fatigué d'abord par une course désordonnée. Son esprit, il le dompte en opposant l'ironie à ses écarts d'enthousiasme, et il se guérit de son ennui intellectuel en le dosant, mais toujours avec modération, d'une sensualité raffinée et qui n'épuise pas trop le tempérament.

Il ne craint qu'une chose, son instinct. « Méfiez-vous de votre premier mouvement, » c'est sa maxime favorite et, pour être assuré qu'il ne se trompera pas, il ne choisit que ce qui lui vient, après que le premier mouvement et le deuxième, même le troisième sont passés.

Que si en dehors de tout cela il est encore parvenu à douter des talents et des facultés qu'il s'attribuait (« cinq ou six doutes très vifs sur l'importance des meilleures parties de mon Moi »), il se sentira supérieur à lui-même, comme il l'était déjà aux autres, et il aura trouvé la clef de voûte de son indépendance; il ne reposera plus sur rien.

La vie de Barrès jusqu'ici a été un effort pour échapper à cette fatuité intellectuelle, qui voulait s'imposer à son esprit. Un penchant très caractérisé de son individualité l'entraîne vers elle; mais une autre faculté le retient, mystérieuse celle-là, et qui d'abord n'a pas voulu révéler son essence. Maurice Barrès parle dans *Sous l'œil des barbares* de cette lutte de sa raison raisonnante et des sens contre le démon secret, qui à leur logique ne sait rien opposer que des pressentiments et la nostalgie de l'au-delà. Le titre du livre fait allusion à la sensation douloureuse d'un enfant qui, boudant à l'heure de la récréation contre un poteau de la cour de l'école, le poteau de martyrs des Peaux-Rouges, se sent livré aux sarcasmes de son précepteur et de ses petits camarades; mais le véritable conflit moral se passe loin du regard des Barbares, puisqu'il est dans l'âme même : et c'est la lutte de la poésie sous l'étreinte de la morgue desséchante.

Barrès *est* poète ; poète-philosophe, je veux bien, poète-artiste, non pas ; mais sans aucun doute il est poète. Partout, sous la surface un peu morne et morose de son livre, on entend bruire les eaux vives de la poésie ; et, enserré dans les profondeurs, un courant passionné de lyrisme cherche péniblement une issue, jusqu'à ce que la voix plaintive du fleuve prisonnier arrive à se faire jour dans l'exclamation finale :

« Toi seul, ô maître, si tu existes quelque part, axiome, religion ou prince des hommes. »

Chez Barrès, ce ne fut pas le poète seul qui tressaillit d'enthousiasme à l'appel du général Boulanger. Le dandy aussi demandait à faire valoir ses droits. Une politique fondée sur la suppression du gouvernement des partis devait nécessairement exercer un attrait sur l'esprit du dilettante qui avait en horreur la convention sociale et le sens commun partout où ils montraient leur face. Mais ce fut pourtant le poète chez lui qui tira l'avantage principal du mouvement. Car, en comparaison du trésor inappréciable que Barrès gagna comme prix de l'enthousiasme auquel il se livra, la position de député perd toute sa valeur, et ce prix ce fut la découverte de l'âme du peuple.

L'âme populaire est une abstraction, que l'on ne peut comprendre sous une forme exactement définie : il en est d'elle comme de la source cachée des émotions confuses du cœur de Barrès. Ce qui ne veut nullement dire que la conscience humaine ne puisse avoir une perception sensible de l'une comme de l'autre. Tout au contraire, le démon mystérieux qui s'agite au fond du cœur du poète et le pousse à une création perpétuelle et à un renouvellement continu, ce démon même se sent uni à l'énergie originale, moteur essentiel de la vie du peuple.

Cependant, pour Barrès, cette notion mal déterminée ne suffisait guère. Dans la nature de cet homme, pleine de contrastes, les sentiments vagues confinent sans transition à un besoin très prononcé de précision formelle. Il lui paraît complètement inutile de se rappeler ou de rappeler au lecteur pourquoi l'enfant se trouvait là pleurant sous l'œil des barbares ; mais d'autre part son esprit d'exactitude rappelle à son regard que c'était contre le poteau de gauche qu'il s'appuyait, sous le hangar, au fond de la cour des petits. C'est ainsi que l'âme du peuple aussi devait avoir pour son imagination un côté par où il pût la saisir et, en allant à sa recherche, il trouva en même temps, — et il ne put en être autrement, — le secret de sa propre personnalité.

Vif, comme s'il datait d'hier, m'est resté le souvenir du jour où j'eus le bonheur de lire pour la première fois la partie d'*Un Homme libre*, qui est consacrée à l'analyse de l'histoire de la Lorraine, terre natale de l'auteur, — car c'est à ces pages-là que Barrès a confié ses premières impressions de voyage autour du sentiment populaire. La personnalité d'un peuple, ingénieux plutôt que doué d'un sang riche, s'affirmant au milieu de la lutte contre les barbares, — cherchant un appui moral auprès de nations plus privilégiées du sort, pour pouvoir donner tout ce qui était en elle, — condamnée, de par sa faiblesse d'origine, à se perdre dans un tout plus puissant, mais fière néanmoins en se rappelant l'instant où elle avait eu l'occasion de se faire valoir et de dire son mot à elle, — cette personnalité du peuple lorrain se dégage de ces feuillets, simples jusqu'à en devenir presque secs, avec une telle puissance d'intimité et de mélancolie voilée que nous la sentons palpiter tout près de nous.

Et grâce à la magie évocatrice du talent, qui sait communiquer une vie personnelle à l'aride chronique locale, nous entendons comme un accompagnement direct à ce récit des siècles passés, la confession du poète lui-même, qui y a retrouvé l'histoire de son propre cœur, de ses faiblesses, de ses humiliations et de sa fierté intime.

Ainsi Barrès, d'abord, a gagné la gageure que lui avait offerte la vie : il est devenu député de son peuple dans le vrai sens du mot et il a soutenu l'honneur de ce peuple devant la nation. Il a mesuré ses forces contre le destin et il est resté maître du terrain. Et à tout ceci l'individualité emprunte un sentiment d'indépendance bien différent de celui que donnent les dix ou douze doutes très fondés sur la supériorité des autres et « les cinq ou six doutes très vifs sur l'importance de mon Moi ».

Donc ce qui manque au fat intellectuel, le registre moyen des émotions humaines, Barrès l'a acquis par un détour. Le dandy hait son semblable. Un chapitre de *Sous l'œil des Barbares* m'apprend même qu'il est capable de prendre au collet l'homme qui aurait les idées les plus semblables aux siennes parce que, en les rendant banales, il ose empiéter sur le domaine sacré de *mon* originalité.

Barrès, au contraire, de par sa sympathie de poète, a découvert dans l'enceinte étroite de son *Moi* une issue qui donne sur l'humanité. Hors de son cercle social, qui le meurtrit, il entre en communication avec les éléments véritables de l'âme humaine. Ce n'est pas pour compatir avec elles, mais pour se fortifier en éprouvant l'appui des autres dont il sent le besoin, et en leur prêtant, de par son don de poète créateur, l'appui dont ils ont besoin à leur tour.

Barrès n'appartient pas à une race riche ; il ne saurait garder son autonomie morale qu'en rassemblant toutes ses forces et qu'en les gouvernant avec économie. Quand, dans la conversation courante, il prononce quelque jugement sur des camarades, son refrain ordinaire est : « Il n'a pas de sève. » Certes il a de bonnes raisons pour reconnaître cette faiblesse chez les autres; car si le sort l'avait pourvu lui même avec prodigalité il n'aurait pas eu à passer par un détour pour arriver au cœur de l'humanité.

« Il n'a pas de sève. » Je me rappelle le mot de Catulle Mendès sur Baudelaire : « Il n'était pas abondant. » Bien certainement, Barrès est de la famille, et c'est un vrai fils de Baudelaire comme poète et aussi en ce sens-là. Seulement, la veine poétique de Baudelaire, déjà dissimulée sous la prose dans les derniers temps de sa vie, chez Barrès s'est dérobée dans les profondeurs de son être. « Jamais je n'ai fait de vers, » ai-je entendu dire à Barrès dédaigneusement, un peu; et ce dédain n'est pas surprenant; de nos jours, où la poésie est méprisée, on ne saurait lui faire courir les rues sans la vêtir. « Au fond, je suis philosophe, » me disait Barrès avec son sourire discret. Pas un homme aujourd'hui, si ce n'est Moréas, n'osera avouer, dans la conversation familière, qu'il est poète. Les mots seuls ne font rien à l'affaire. Cherchons plus avant, et nous verrons que ce que Barrès a de commun avec Baudelaire c'est la veine pure du mysticisme qui forme l'élément indestructible de leur personnalité. Oui, le mysticisme, qui s'ignore parfois et se renferme dans une morgue inabordable, comme le métal dans les profondeurs du rocher, — mais qui se découvre aussi à lui-même sa puissance, et se répandra dans le monde pour exercer la bonne fraternié humaine et la douce pitié pour tout ce qui est affligé et brisé sur cette terre.

Il est si évident qu'au fond de son cœur cet homme est poète que, pour achever sa physionomie dans mon esprit, il faut que je m'aide de la comparaison avec un autre grand poète, plus rapproché de lui que Baudelaire, avec Verlaine. Cet adage que les événements de la vie sont une provocation du sort, qui veut mesurer nos forces, cet adage, comme nous l'apprend l'exemple du poète contemporain, demande une rectification qui le complète. Dans l'existence de Verlaine, nous voyons se développer aussi, au milieu du conflit avec les circonstances, des facultés qui s'étaient tenues cachées jusque-là ; mais en le sauvant, parce qu'elles lui permettent d'opposer le déploiement de toutes ses forces au choc des choses, elles apportent une perturbation morale par la prépondérance des éléments nouveaux. En d'autres termes, la bataille gagnée au dehors se poursuit au dedans ; les qualités de date récente s'efforcent de supprimer les autres, et le fonds ancien de l'homme cherche à transformer les nouvelles venues en instrument de son bon plaisir. Et bien que le contraste du cœur et de l'esprit n'ait guère les mêmes suites que la lutte entre les deux âmes qui se sont partagé l'existence de Verlaine, pourtant, la raison chez Barrès, avec tout son appareil de logique et d'ironie, n'a pas quitté et ne quittera point sa position acquise, sans livrer bataille au démon envahisseur qui veut l'envelopper.

Dans le roman d'*Un Homme libre*, les deux parties du Moi, l'émotion et l'intellect, très distinctes encore l'une de l'autre, gardent chacune la défensive : elles se voient, mais elles ne se parlent pas. Le *Jardin de Bérénice* inaugure leur union intime : le dandy, infatué de la culture de son Moi, descend de son piédestal pour entrer en relation avec l'âme du peuple; mais de temps en temps il paraît disposé à faire la niche au poète et il ne semble goûter ses fantaisies sentimentales que pour leur qualité de jouissances raffinées de l'esprit. On peut encore douter de la sincérité du rapprochement.

Barrès le sent mieux que nous, peut-être; il ne saurait se cacher ni cacher que l'harmonie est loin d'être complète, et forcément il lui faut parfois noyer son récit dans le vague, parce qu'il n'y a pas chez lui de notion arrêtée et définitive, ou plutôt parce que déjà ces notions lui sont impossibles. Mais c'est cette indécision justement qui rend son livre vraiment humain; il fait appel à nous, lecteurs, à notre cœur et à notre aide, dont il a besoin, et le brouillard où elles aiment à se perdre nous invite à attirer plus près de nous les belles choses qu'il nous montre.

Le Jardin de Bérénice...

Mais vraiment, en séjournant trop longtemps dans le même groupe d'idées, l'esprit court le risque de tourner en cercle sans faire un pas. Qu'il me suffise pour aujourd'hui d'avoir opposé l'un à l'autre ces deux personnages du dandy et du poète, infiniment respectables tous deux, mais à un degré différent, pour moi du moins, qui aime passionnément la poésie et qui ne connais rien de supérieur dans ce monde-ci à un poète.

UN AUTRE PHILOSOPHE

— « Enfin nous allons pouvoir causer à cœur ouvert, » me dit Marcel Schwob, et son visage de Bénédictin aux yeux fureteurs et mondains s'illumina d'un bon sourire de bienvenue. « Attendez : je vais vous faire de la place, » et tout en débarrassant la chaise longue du tas de livres qui s'y était amoncelé, comme partout ailleurs où s'offrait une surface à peu près plane, dans sa petite cellule : « C'est ici comme dans les grands fonds sous-marins ; on y voit des monstres qui devraient à jamais fuir la lumière du jour ; » il poussa du pied dans un coin un gros in-folio ; « mais en revanche on y trouve des perles. Regardez bien ceci. » Il tira d'un monceau de paperasses une enveloppe bourrée. « Devinez ce que c'est ? Le manuscrit original de la *Physiologie de l'amour moderne*, de Paul Bourget ? Non, — allez, — c'est peu vraisemblable ! — Voilà, cher ami, une chose vraiment authentique et vivante, et qui n'a besoin pour réveiller notre intérêt blasé d'aucune étiquette, moderne ou antique. » Triomphalement, il agita devant moi la liasse des papiers, comme si c'était l'appât d'un de ces requins des grands fonds dont il venait de parler ; puis il déposa l'enveloppe sur la table, et d'une voix solennellement comique qui cachait mal la satisfaction qu'il éprouvait, il me dit :

— « Ce sont les pièces du procès des Coquillards, une bande de malfaiteurs qui a été jugée à Dijon au milieu du xve siècle : des interrogatoires, des confessions, des délations et de plus, notez bien, une liste des mots de leur jargon, rédigée d'après la déposition d'un membre de l'association. Quel trésor, n'est-ce pas ? A l'aide de ces documents et d'autres données que j'ai recueillies aux Archives Nationales, je vais pouvoir me faire une idée exacte de la façon de vivre des classes dangereuses, au moment où s'établissait définitivement en France un pouvoir central, à l'heure précise où venait de naître l'état politique et social des temps modernes.

« On trouvait dans ces bas-fonds des gens de tous les ordres de la société. Des soldats sans moyens d'existence avouables, puisque la grande guerre de Cent ans allait finir ; des nobles, des fermiers, des ouvriers ruinés par la misère effroyable qui avait sévi ; des jeunes gens qui avaient commis un crime dans un moment de folie, des ecclésiastiques en rupture de froc et des étudiants en rupture d'école. Voilà tout ce qu'on trouve dans ces couches inférieures. Et c'est une image en miniature de la société; une nouvelle société en vérité, mais qui étend ses ramifications dans le grand tout dont elle est bannie, parce qu'elle sait y pénétrer avec ses baladins, ses artistes, ses filles et ses escrocs de haute marque.

« N'est-ce pas, voilà qui est intéressant, et ce serait une charmante occupation de l'esprit, d'essayer de saisir ce mouvement de descente et d'ascension de la bohême, si l'on pouvait suivre ces différents personnages dans leurs métamorphoses, si l'on tâchait de comprendre leur langage et de connaître les pensées que leur suggérait cette existence accidentée... On s'y livrerait de cœur et d'âme. Car, entendez-moi bien, ce sont ces couches inférieures de la société qui, pour une grande part au moins, ont rapproché instinctivement les diverses nations de l'Europe. C'était la première Internationale en dehors de l'Église. Je trouve dans ma bande des Écossais, des Espagnols, des Allemands, etc. Mais il me semble que ma découverte vous laisse froid et pourtant elle doit vous intéresser ? »

Tandis que Marcel Schwob déroulait son catalogue de professions et de nations, mon imagination un peu lente et mon savoir défectueux allaient quérir le roman de Walter Scott, Quentin Durward, afin de se représenter le tableau historique du temps dont parlait mon ami. La mention des Écossais me rappelait aussitôt le vieil archer de la garde royale, payant son écot avec un anneau de la chaîne d'or qui pendait à son cou. Dès mon enfance, ce porte-monnaie primitif a exercé un grand attrait sur mon esprit, et ma pensée était si absorbée dans ces beaux souvenirs romanesques que je ne trouvais plus rien à dire. Marcel Schwob, tout plein de son sujet, poursuivit :

« Savez-vous pourquoi j'attache autant d'importance à la connaissance précise de l'état des classes criminelles durant cette période du xve siècle ? C'est que je crois être sur la trace d'un fait moral qui me semble d'une valeur capitale pour la science historique et pour l'histoire de l'humanité. C'est alors pour la première fois que ces classes dangereuses ont acquis la conscience d'une vie autonome et située hors des limites de la société régulière. Elles faisaient contrepoids à la bourgeoisie, qui se groupait autour de la royauté. C'était la substance dont allait s'alimenter le mouvement contre l'autorité de l'Église et de l'État qui commence à se manifester au début du xvie siècle. Je vous exprime mon idée en deux mots, mais vous voyez bien clairement ce que je veux dire, n'est-ce pas ?

« Jusqu'au milieu du xve siècle, l'État avait eu à lutter contre ses ennemis au dehors, les Anglais et les grands vassaux de la couronne ; puis vient l'instant où la monarchie acquiert sa suprématie incontestée et où les petites dynasties vont disparaître. La lutte, extérieure jusque-là, se transforme en mouvement intérieur et c'est par cette guerre latente précisément que les éléments constitutifs de la société parviennent à la conscience de la vie propre qui les anime. Les ennemis de l'ordre régulier cherchent à se connaître, et de leur côté leurs adversaires essayent de se rendre compte du caractère des classes dangereuses.

« Vraiment, ce ne peut être par l'effet d'un pur hasard qu'en cette seconde moitié du siècle, dans des contrées différentes, on ait fait des enquêtes officielles sur la vie des gueux ; or, ces enquêtes se produisent un peu partout, et cette vie elle-même s'infiltre dans la littérature non seulement par la publication du *Liber vagatorum*, le livre des tours et des termes techniques de vagabonds, mais aussi par les ballades en jargon et les scènes réalistes des mystères, où on reproduit sur le vif les mœurs et le langage des voleurs de grande route, jusqu'à ce qu'enfin Rabelais et les grands maîtres du XVIe siècle, les chefs de la grande révolution intellectuelle, recueillent dans leur œuvre la vie vagabonde avec toutes ses manifestations et lui donnent par leurs créations une forme immortelle. Vous comprenez mon émotion, en voyant devant moi, encore vierge, une des sources de ce large fleuve qui nous abreuve tous, en saisissant presque de mes mains, dans cette bande des Coquillards, les conditions réelles de la vie de bohême au xv. siècle. »

Et entraîné par le courant de ses pensées, qui jamais n'apparaissent plus éblouissantes aux yeux du chercheur qu'au commencement de sa route, Marcel Schwob poursuivait sur le chapitre des gueux :

— « Avez-vous remarqué qu'à toute époque il y a dans les idées et les sentiments une sorte d'arrière-pensée, inconsciente souvent et ne se trahissant qu'à des intervalles, mais sans la connaissance de laquelle on ne s'explique jamais d'une façon complète le caractère du temps? Il est vrai que cet arrière-plan de l'esprit humain, de par sa nature même, ne revêt jamais une forme distincte, mais on peut se le représenter soit par un symbole, soit par un mythe, qu'on accepte comme sa manifestation réelle et c'est la véritable règle qu'il faut appliquer à tout ce qu'un siècle pense, dit ou fait. Pour le xv° siècle, je crois que c'est la parabole de l'*Enfant prodigue* qui exprime le mieux le sentiment confus de toutes les âmes; oui, c'est bien là le type que le xv° siècle réalise de préférence dans toutes ses créations. Cherchez bien et c'est ce vagabond que vous retrouverez dans ses aspirations sérieusement comiques et naïvement perverses. Vraiment cette fin de siècle est dignement représentée par le gueux qui a follement dépensé l'héritage des grands siècles du Moyen Age. Le voilà qui se traîne sur la grand'route laissant à chaque buisson un lambeau de sa cotte, avec le sentiment profond de son humiliation, plein de repentir, mais plein du souvenir aussi de ce bon temps passé où il festoyait avec ses amis et ses amies; ne voyant aucune issue à sa misère, mais persuadé, au fond de son âme, qu'il doit y avoir au ciel ou sur terre, quelque part enfin, une maison hospitalière, où l'attendra un père clément à une table bien servie. Oh ! ce rêve de l'affamé qui erre sur la grand'route !

« Voyez, dans cette sphère d'idées, comme mes Coquillards, mes vrais gueux, prennent leur relief. Ils sont à leur manière une des incarnations de la pensée intime de l'époque. N'est-ce pas toujours ainsi ? Est-ce que les classes dangereuses n'offrent pas une image, forcée peut-être, mais non faussée de la grande société sur la lisière de laquelle elles se meuvent ? Le clergé qui vit avec le peuple le sait bien. Et à ce propos vous vous rappellerez la singulière prédilection des prédicateurs libres du xve siècle pour cette même parabole de l'Enfant prodigue. Dans leurs sermons... J'aime extraordinairement la lecture de ces bons sermons d'autrefois. Et vous? »

— « Hélas ! » dis-je à l'éloquent défenseur des gueux, « vous mettez la main sur une des lacunes de mon éducation ; je sens très vivement aujourd'hui que j'ai lu trop peu de sermons. Mais dites-moi donc quel est le symbole qui se cache sous le mouvement des idées de notre époque à nous ? La parabole de l'Enfant prodigue me semblerait assez convenir à notre temps, si ce n'est que de nos jours il n'est point question du veau gras que tous attendent pour prix de leurs péchés et de leurs faiblesses, mais bien d'un autre veau, symbolique lui aussi, et qu'on a adoré dès les premiers temps de l'histoire, je veux dire le veau d'or. Mais laissons là cet intéressant problème. Permettez-moi d'user de franchise avec vous et de vous dire que vos Coquillards ont jeté quelque désarroi dans mon esprit. J'étais venu pour vous entendre dire autre chose, je voulais vous parler des difficultés que j'éprouve à porter un jugement sur le roman psychologique contemporain... »

A peine ces paroles m'avaient-elles échappé que Marcel Schwob s'emporta, et sans me permettre la moindre explication, se mit à tonner :

— « Vous osez prononcer devant moi ces mots néfastes ! Ne savez-vous donc pas que je les hais, et ne sentez-vous donc pas que je dois les haïr, ces récits falots, où, sous prétexte de nous dévoiler les secrets de l'âme, un monsieur nous raconte une aventure banale de petit salon, enjolivée de bribes mal digérées de Spinoza ou de Herbert Spencer ? De la psychologie ? Mais, cher Monsieur, il n'y a pas plus de prédictions psychologiques dans votre livre que dans ce simple fait : je sors avec mon parapluie, quand le temps est couvert. Quiconque ignore, aux premières pages de ces récits, où l'auteur veut en venir, mériterait d'être renvoyé sur les bancs de l'école pour y apprendre à lire. Voilà ce qu'on appelle noblement des problèmes de l'âme. Enfin, ceci n'est rien ; puisqu'il y a des amateurs de ce genre, ils ont le droit de s'amuser comme il leur plaît, — nous sommes tous égaux. Ce que je ne puis supporter, c'est que le monsieur qui vend ces portions frelatées peut-être, mais inoffensives au fond, prenne en les distribuant des airs d'importance, ou tire les ficelles de ces pantins avec l'onction d'un pasteur breveté d'âmes et d'un confesseur de consciences endolories. Voilà qui ne se peut souffrir et je protesterai de toutes mes forces chaque fois que l'occasion s'en offrira.

« Vous voyez d'ici la façon dont ces gens mettent leur sujet en œuvre. Ils vont raconter le cas de Mme A... ou de Mme B.., histoire vieille comme Boccace ou Brantôme, et par cela même éternellement jeune et intéressante, pourvu qu'on n'aille pas démembrer une anecdote claire et simple pour la bourrer de motifs psychologiques ou la farder d'une philosophie mauvais teint. Allez, je les vois venir. A peine tiennent-ils leur anecdote qu'ils s'empressent, ces psychologues, de la déhancher pour la faire entrer dans le cadre romanesque à la mode du jour. Ils font venir les robes de l'héroïne de chez Worth ou Redfern et ils la parfument des odeurs et des idées en vogue. Ils n'ont garde d'omettre que le linge du héros sera blanchi et repassé à Londres, — puisque c'est là seulement qu'on sait lui donner le lustre auquel il a droit (c'est du linge que je parle); ensuite ils lui mettent négligemment dans la cervelle les deux ou trois doutes *fashionables* du jour, et l'initient avant tout aux mystères du *tub* et des dessous de ces dames. Je ne dirai point qu'on ait besoin d'une science profonde pour écrire un roman psychologique; mais il faut pourtant une dose de connaissances diverses très respectable et je ne m'étonne guère de l'air pâle et fatigué que prennent nos romanciers quand, le soir, leur travail terminé, ils se laissent admirer avec quelque bienveillance et, adossés à la cheminée du salon, passant la main fiévreusement sur leur front, murmurent d'une voix mourante : « J'ai mal à l'âme. »

« Vous me demandez le mythe qui interprète d'une façon typique les choses de notre temps? — Eh bien ! avec tous ces psychologues qui encombrent le champ de ma vision, je ne puis penser qu'au *Livre des snobs* du grand Thackeray. Ces *snobs* viennent se mettre entre moi et la lumière qui émane des faits simples et clairs; ils font violence à la science que j'aime et ils rendent fade la religion que je ne puis imaginer que sévère et haute. »

Le torrent cessa un instant et je pus placer quelques mots.

— « Je vous jure que vous vous trompez et que je ne m'occupe guère du tout ce qui ânonne dans ce bas monde; même Ohnet me laisse froid, et (dois-je l'avouer?) dans l'œuvre de Bourget il y a des parties pour lesquelles je n'éprouve pas plus de sympathie que cet auteur clairvoyant n'en a lui-même.

« Je crois que ma langue a fourché, quand j'ai nommé le roman psychologique, et je voulais simplement amener la conversation sur l'œuvre de Barrès. »

— « Barrès! » Ici Marcel Schwob fit une pause. Évidemment il ne s'était pas encore formé une opinion nette sur l'écrivain. « Voyez-vous, » me dit-il, « je me tiens sur mes gardes. Est-ce chez moi un phénomène morbide, ai-je hérité de la maladie de Thackeray, peut-être, mais je sens partout des *snobs* et du *snobism*. Barrès est à mille lieues des gens dont je parlais; et pourtant il se dégage de lui un certain parfum, je ne dirai pas de *snob*, mais de Saint du *snobism*. Je me méfie quand je vois l'analyse des émotions de l'âme prendre le pas sur le reste, comme si à elle seule elle était capable de créer une œuvre d'art. Et encore si c'était l'analyse scientifique et impassible; mais l'analyse littéraire, est-ce autre chose, à dire vrai, qu'une promenade, agrémentée de jolis détails, que l'esprit fait de temps en temps sous prétexte d'exercice hygiénique, afin de pouvoir rentrer bientôt au paisible pays des préjugés chéris. Zola donne à sa promenade le nom décoratif de physiologie, et les autres s'intitulent psychologues; mais au fond ce ne sont, attifées au hasard de la rencontre avec quelques lambeaux de phrases scientifiques, que des idées sentimentales, vieilles comme le monde, et qu'on agite pendant un temps aux yeux des badauds pour les oublier ensuite au magasin des choses surannées.

« Croyez-vous que la difficile question de l'hérédité physiologique se pose aujourd'hui, devant l'esprit de Zola, en d'autres termes qu'il y a vingt ans au début de l'histoire des Rougon-Macquart? Il en est resté à son point de vue primitif. Et pourtant la science n'a étudié exactement ce problème que depuis la publication des premiers livres de Zola. Trouverait-on une seule trace de ces théories nouvelles dans l'œuvre du maître? Ils donnent à cette œuvre le nom de science, et tout au plus est-ce de la casuistique.

« Barrès, qui a un délicieux flair des courants de l'opinion, a peut-être senti qu'il courait risque d'échouer dans un genre démodé, et il a fait prendre à ses théories un bain d'inconscient. Elles en sont sorties régénérées, je le crois; mais il me reste un doute : l'homme qui est parti d'un système acquerra-t-il jamais la largeur de vue qui lui permettra de nous donner la représentation complète d'un fait? Se défera-t-il jamais de ce je ne sais quoi de factice qui nuira à l'intégrité de la sensation? L'intelligence qui bâtit les systèmes et l'expérience qui les éprouve sont du domaine de la science. L'art est une manifestation de l'homme tout entier.

« Vous vous souvenez de la définition que donne Ribot de la volonté? C'est, dit-il, la réaction propre de l'individu. La définition de l'art que j'essayais d'indiquer n'a pas d'autre sens et voilà bien la preuve de l'étroit rapport qu'il y a entre l'art et la volonté. L'art et la volonté ont leur source dans ce qu'il y a de plus individuel en nous, dans le centre de toutes nos facultés. Aussi l'essence de l'art c'est la liberté, tandis que la science cherche la détermination. Celui qui fait prédominer dans notre personnalité un élément au désavantage des autres amoindrit l'art parce qu'il restreint le libre mouvement de l'individu.

« Unité veut dire simplicité. — Mais je m'aperçois que notre conversation prend un tour de dissertation philosophique, » me dit Marcel Schwob, qui, le front appuyé dans les mains, avait prononcé la dernière partie de son discours, comme s'il lisait dans un livre invisible. « Je dois vous avouer que ces jours-ci mon esprit est assez préoccupé d'une préface que je vais écrire pour un recueil de nouvelles, qui paraît le mois prochain. Je veux dire, dans cette introduction, mon opinion sur la littérature de l'avenir, aussi bien que sur celle du passé, en un mot sur l'art en général. »

— « Cependant vous me semblez maître de votre sujet. »

— «Ah, quelle différence entre les théories exposées à bâtons rompus dans l'entretien familier et la solennelle inauguration, dans un traité d'esthétique, d'un dogme qui, pour le moment, est encore un peu en l'air! Savez-vous que la critique est plus difficile que l'art, parce qu'on ne sait jamais à qui on parle et à quel niveau il faut se mettre, tandis que l'artiste n'a qu'à s'occuper de lui? Je sais ce que vous allez me répondre, mais laissons cette controverse...

« Quant à ma préface, puisque j'ai commencé à vous en parler, je ne connais vraiment point d'entrée en matière plus simple que l'axiome suivant : pour tout homme le monde est double; il a conscience de soi et des autres. Étendez le cercle qui l'entoure autant que vous voudrez, ou bornez-le strictement à son voisinage immédiat, vous n'échapperez jamais à cette conception primordiale du Moi et des autres. Deux sentiments en nous y répondent : l'égoïsme et la sympathie ; dites, si vous le préférez, esprit de conservation et esprit de sacrifice, voilà les deux pôles de notre existence.

« Je vous demande pardon de cette comparaison banale; de plus elle n'est pas juste et j'en cherche une meilleure. Voilà! Que vous semblerait de l'image d'un pendule qui oscille entre les deux sentiments opposés ?

« En définitive, la vie intérieure de l'individu consiste en une série de ces oscillations qui seront plus ou moins grandes suivant que son organisation sera plus complexe et plus indépendante. Elles partiront de l'égoïsme extrême qui se manifeste par la plus égoïste de nos passions, la peur, pour arriver à l'abandon suprême de la personnalité ; puis elles retourneront en arrière. Je vous propose d'appeler ces moments d'arrêt, où le balancement intérieur atteint sa limite, les *crises* de l'existence individuelle. Alors l'histoire de l'homme se marquera par la succession plus ou moins espacée des crises qu'il éprouvera et dont l'intensité différera d'après son tempérament.

« Puisque nous en sommes venus là, laissez-moi compléter ma pensée en disant que cette vie intérieure, telle que je vous en ai décrit la marche de crise en crise, est la seule qui compte directement pour l'homme, quoiqu'il dépende toujours plus ou moins des circonstances ambiantes, comme tous les organismes. Claude Bernard, le premier, à ce que je crois, dans ses leçons sur la physiologie générale, a distingué entre le milieu extérieur et le milieu intérieur, où se meuvent les organismes. Il a montré que l'existence ne dépend nullement des influences extérieures, de l'atmosphère et de la température générale par exemple, mais du milieu intérieur, c'est-à-dire du sang et des autres liquides qui pénètrent dans les tissus et les nourrissent. Le milieu extérieur n'exerce qu'une action indirecte. Ainsi l'homme, d'abord et avant tout, vit intérieurement, et c'est ensuite seulement que se manifeste l'action du milieu extérieur, ou, pour rentrer dans mon sujet, qu'apparaît l'influence de ce que nous nommons les accidents de la vie.

« Cependant ces circonstances extérieures, que nous avons négligées jusqu'ici, ont leur vie à elles. La liaison des faits, qui constitue le milieu extérieur de l'homme, suit, elle aussi, son cours normal ; elle développe et accumule ses forces jusqu'à un point d'arrêt, que j'appellerais volontiers la *crise* des événements ; puis elle retourne en arrière pour recommencer de nouveau quand elle aura parcouru le demi-cercle de l'oscillation. Ainsi l'homme se meut au milieu de circonstances qui évoluent vers une crise quelconque, et cette crise peut le toucher fortement ou faiblement, sitôt qu'elle correspond au moment d'une crise intérieure chez lui.

« Cette coïncidence d'une crise intérieure avec la crise extérieure, je l'appellerai une *aventure*, et c'est de la vie humaine, conçue comme une succession d'aventures, que doit s'occuper l'art. Le roman d'aventures, prises dans le sens que je vous ai indiqué, est le roman de l'avenir.

« De l'avenir ! Entendons-nous bien, il a l'avenir devant lui, parce qu'il est d'hier et de tous les temps. Le chef-d'œuvre de la littérature moderne, *Hamlet*, est un roman d'aventures. Vous voyez, au début de la tragédie, la misanthropie du jeune prince Danois, son affolement devant la réalité cruelle de la vie, atteindre son apogée et éclater en crise intérieure ; alors le spectre de son père lui apparaît et amène une crise des événements extérieurs. Et c'est, dans le drame de Shakespeare, un va-et-vient d'émotions ascendantes et descendantes qui correspond exactement au développement des choses extérieures, mais toujours de façon que les mouvements de l'âme chez Hamlet gardent leur priorité et leur suprématie. Rappelez vous sa crise d'irrésolution au moment où le roi de Norvège demande passage sur le territoire de Danemark, ou à ses méditations au cimetière avant qu'il sache encore que c'est l'enterrement d'Ophélie qui se prépare. La crise de l'émotion semble appeler la crise des faits, et une explosion en est la conséquence inexorable. Cette tragédie-là est bourrée de crises intérieures et la vie de Hamlet est une succession d'aventures. Voilà l'exemple à suivre. »

— « Ce pauvre Hamlet, me disais-je, est donc une sorte de paratonnerre, sur lequel se déchargeait toute la tension tragique de l'atmosphère de son temps Tout tombait sur lui ou dans son voisinage. *Alas, poor Yorick*, preuves en main, on vient vous démontrer, *archischlemihl* que vous êtes, que ce sont vos nerfs qui ont causé les malheurs de votre famille et de votre pays, sans oublier les graves mésaventures de la raison sociale Polonius, fils et fille. »

— « Mais quelle est la forme que revêtira l'œuvre d'art ? » se demanda Marcel Schwob, qui évidemment voulait récompenser l'intérêt que je portais à l'explication de ses théories par une dissertation finale.

— « Retournons, si vous le voulez, aux leçons de Ribot sur la volonté. Suivant lui, la faculté de vouloir se manifeste de deux manières ; c'est une porte ouverte au courant des désirs, qui, instinctivement, cherchent une issue, mais c'est aussi une faculté d'inhibition, qui repousse ce fleuve tumultueux, le règle ou le détourne. Il y a des esprits et aussi des époques de l'existence où le caractère instinctif de la volonté est prédominant ; à d'autres époques et chez d'autres esprits, le côté régulateur de la volonté ou la faculté d'inhibition prend le dessus.

« En général l'histoire d'un peuple montre les mêmes aspects divers de la volonté nationale. Une période d'instinct, où chaque recrue voit en rêve le bâton de maréchal, est suivie d'une période de recueillement, où chacun hésite sur ce qu'il doit désirer. Ainsi l'histoire de l'humanité éprouve des oscillations régulières et la faculté de la représentation par l'art, si intimement liée à la faculté de vouloir, suit pas à pas cette marche ascendante ou descendante.

« Nous sommes maintenant dans une période de recueillement et non de désirs, et l'art, au lieu d'être désordonné et individuel, sera symétrique et réalisera des types. »

— « Voilà ce que j'avais à cœur de vous dire, » fit Marcel Schwob, après une petite pause, tandis que son visiteur restait plongé dans un silence méditatif. « Le reste, ce ne sont que des conséquences que vous pourrez tirer vous-même et je ne vois pas d'utilité à proclamer dogmatiquement ma conviction que l'art sera plutôt sculptural qu'exclusivement pittoresque, comme il l'a été dans ces derniers temps, qu'il sera symbolique et non pas naïf, qu'il tâchera plutôt d'éveiller le sentiment individuel chez les auditeurs que de montrer dans ses productions le côté personnel de l'artiste, etc., etc. »

— « Mais, » dis-je après une seconde d'hésitation, « est-ce que vos considérations sur le caractère de l'époque ne sont pas en contradiction avec le jugement que vous avez porté sur l'œuvre de Barrès. Vous vous êtes élevé contre l'analyse qui y domine, et, si je vois bien, ce serait, d'après vos idées, tout à fait dans le mouvement général du temps raisonneur plutôt que créateur, où nous vivons. »

— « C'est une question de plus ou de moins, comme pour tout ce qui se rapporte à l'art, » répondit Marcel Schwob. Et ne vous méprenez pas sur le fond de ma pensée, qui certes est loin de refuser à Maurice Barrès l'honneur d'être au premier rang des représentants de notre époque ; je ne faisais mes réserves que sur le tic de dandysme et d'ingéniosité que la vie ne reconnaîtra jamais comme une de ses vertus légitimes. Car avant tout et au-dessus de tout, l'art est une reproduction et une représentation de la vie, réduite à ses proportions véritables.

« Vous rencontrerai-je demain soir chez Renard ? Il a terminé sa nouvelle pour *le Mercure de France* et il nous verra certainement avec plaisir. Je ne sais pas si l'amitié que je lui porte me trompe ; mais, parmi nous, les jeunes, il me paraît celui qui a le plus de chances d'arriver à être le premier : à condition toutefois que la vie lui donne la forte secousse morale dont le talent a besoin pour se délivrer des entraves qu'il se forge lui-même. »

« TERREUR ET PITIÉ[1] »

J'ai lu quelque part sur Marcel Schwob une notice où on le comparait à Érasme. Un ami peut accepter cette comparaison, si l'on veut indiquer par là son esprit ouvert et son cœur franc qui lui ont créé des relations dans tous les camps littéraires et dans toutes les parties du monde.

D'autres, et ce sont les fakirs de l'art, ne s'occupent qu'à regarder fixement leur nombril ou à bouder dans leur coin ; lui, au contraire, va allègrement à la chasse de tout ce qui se passe au monde. Un père de l'Église du IIIe siècle lui inspirera de l'intérêt tout aussi bien que le meurtrier qu'on va condamner et qu'il ira visiter dans sa cellule pour étudier l'âme de l'assassin. Il goûtera, dans le texte original, le ton grandiose et le mé-

1. Marcel Schwob, *Cœur double*, avec une préface. Paris, Paul Ollendorf, 1891.

lange unique du tendre et du martial, qui font du *Lucifer* de notre Vondel le drame lyrique par excellence; mais en même temps il marquera sa préférence secrète pour le *Bateau ivre* de Rimbaud, où la folle poésie sort libre des liens qui essaient de l'enchaîner dans le cercle des conceptions claires et bien ordonnées. Son cœur et son esprit sont en mouvement perpétuel, et s'il voit s'agiter la personnalité humaine dans son milieu intérieur sous la figure d'un balancier qui va d'un sentiment à l'autre, certes il n'a eu qu'à observer l'oscillation continuelle de sa propre âme. Il ressent le besoin impérieux d'être à lui et chez lui, mais il ne saurait se passer pour tout cela ni de l'attachement des autres, ni des rumeurs bruyantes d'une capitale qui font diversion au va-et-vient de sa pensée ; et s'il poursuit avec ardeur l'étude d'un problème scientifique jusqu'à sa solution définitive, il n'en recueille pas avec une moindre avidité toutes les impressions qui viennent du dehors et qui lui permettront de créer dans ses contes fantastiques une représentation originale de la vie.

Nature complexe, impulsive et réfléchie à la fois! Et cependant, malgré cette contradiction intime de son individualité, elle trouve sa règle et sa belle ordonnance dans je ne sais quelle faculté héréditaire de derrière la tête et de derrière toute pensée consciente, qui le met à même de distinguer entre les différentes phases de sa personnalité, et de les retenir exactement dans leurs domaines respectifs. Par là s'explique la tâche que l'auteur s'est proposée dans l'introduction de son recueil de nouvelles, et il a voulu justifier devant le tribunal de son esprit le chemin qu'il avait parcouru en artiste, ou plutôt il a éprouvé la nécessité morale de faire ressortir ses petits récits sur l'arrière-plan des grandes pensées qui l'occupent continuellement.

Tous les auteurs, aujourd'hui, ont le désir de revenir dans l'introduction de leur livre sur ce qu'ils craignent que le livre même n'ait pas expliqué avec une clarté suffisante. Mais certainement, en ce qui concerne l'auteur de *Cœur Double*, nous avons affaire à d'autres motifs. En écrivant sa préface, Marcel Schwob n'a fait qu'obéir au double courant de sa personnalité qui le pousse à nous montrer d'abord ses sensations vêtues d'un habit de haute fantaisie, puis, l'instant d'après, à nous dire, d'une façon aussi précise que possible, la teneur de sa pensée.

Je ne saurais donc séparer de son livre, considéré comme un tout, l'introduction dont j'avais eu le privilège d'entendre le résumé sous la forme simple et expressive de l'entretien familier. Elle est la transposition, dans un langage autre que celui de l'art, des intentions que renferme l'œuvre d'art, et c'est comme l'inscription au fronton d'un temple qui donne le sens exact des bas-reliefs de sa décoration.

Oui, c'est bien ainsi que je me figure ce livre curieux de Marcel Schwob ; il m'apparaît comme la frise d'un temple qui nous montre dans son puissant relief la progression, j'allais dire la procession, d'un sentiment à travers l'histoire de l'humanité, et c'est le passage de la terreur à la pitié qui en fait le sujet.

Vague d'abord, et à cause de ce vague même plus oppressive parce qu'on ignore de quel côté le mal surviendra, la terreur s'assimile à la superstition la plus abjecte pour trouver des moyens de conjurer le sort menaçant on ne sait qui ni quoi. Mais cette calamité indéfinie, qu'on redoute, exerce en même temps une domination attirante sur l'âme faible, qui se livre à l'inconnu parce que c'est l'inconnu. Et c'est le vaisseau-fantôme, disparaissant dans le brouillard matinal, qui entraîne les marins; ou le tentateur Satan, qui attire l'âme d'une fillette naïve, dégoûtée de la rude besogne de son existence pénible.

A un degré plus haut de l'échelle sociale, la peur ne nous paraît plus produite par la malignité d'un pouvoir mystérieux au-dessus de nous, mais elle est causée par nos propres sentiments confus et tyranniques. La vie, un autre sphinx, offre des problèmes auxquels nous ne savons répondre que par notre désespoir, et la conscience, avec sa tête de Méduse, nous glace le sang dans les veines. Et de nouveau, à côté de l'effort de lutte que provoque en nous l'image effrayante des choses, se montre le charme secret du mal qui nous entraîne irrévocablement.

Nous cherchons à secouer ce joug, soit en opposant au pouvoir ensorceleur l'ironie de nos sens, qui malgré tout cherchent leur assouvissement, soit en nous prémunissant par l'ironie de notre intelligence qui nous donne un semblant d'impassibilité; mais nous n'y réussissons guère. Il n'y a d'autre remède contre l'angoisse envahissante que l'abandon complet de la personnalité dans la pitié absolue; il n'y a d'autre moyen pour se soustraire aux restrictions imposées par le seul fait d'exister que la résignation entière et l'amortissement de tous nos désirs, ainsi que les sages de l'Inde nous le prêchent comme le premier des devoirs.

Alors, — et c'est le récit du Maharajah se vendant de pleine volonté comme esclave au plus misérable de ses sujets, — la procession du sentiment de la peur à travers l'âme s'arrête, puisqu'elle a atteint la limite extrême, opposée à son point de départ.

Elle se met en mouvement pour une seconde fois, puisque Marcel Schwob n'a pas voulu se contenter de nous montrer la transformation progressive de la peur en pitié par des exemples pris dans la vie individuelle. Il a fait davantage. Il a essayé de nous dépeindre, en parcourant les âges de l'humanité, les états divers de la société, où le sentiment de terreur, flottant dans le cœur de l'homme, s'est précipité en formes typiques. Et il nous montre, à travers l'histoire, la vie desgueux, s'arrêtant devant chaque groupe qui représente une étape sur cette voie douloureuse du crime et de la misère, jusqu'à ce que l'ombre de la guillotine, la guillotine elle-même, apparaisse au bout de l'horizon, comme le point de repère et de repos final.

Puis il conclut la série de ses nouvelles en résumant le sujet dans un récit symbolique où la terreur et la pitié suprêmes, se heurtant face à face, nous font éprouver la sensation immédiate du motif égrené parmi les pages de l'œuvre.

J'ai nommé à dessein cette marche processionnelle des contes de *Cœur double* une succession de groupes figurés.

En effet, chaque récit forme un groupe. Comme la disposition de l'œuvre entière rappelle le décor sculptural d'un temple, les nouvelles, une à une, à leur tour ont un caractère plastique très marqué. L'action y est resserrée en un seul moment et l'exposition même renferme la crise. La clarté de l'ensemble, ni la précision des détails n'en souffrent pourtant. L'auteur semble nouer le nœud du récit, tandis qu'en réalité il en prépare la solution. Tout est fini en un clin d'œil. On se croirait en présence d'un escamoteur et c'est bien vraiment d'un artiste qu'il s'agit, car il a observé le moment précis où la crise vient de naître dans l'âme de ses personnages, et où, en se manifestant, elle appelle l'aventure qui amènera la catastrophe. A cet instant exactement il éclairera vivement le groupe de figures qu'il a choisi, et, le faisant ressortir en haut relief, il nous permet d'en embrasser tous les détails d'un seul regard.

Il a su entasser ainsi dans l'espace le plus resserré une multitude de traits tout débordants de vie palpitante. La nouvelle du *Sabot* en est un bon exemple. C'est le conte de la fillette qui livre son âme au diable. En un moment, toute l'existence monotone d'une femme de pêcheur se déroule devant nous dans la série de ses phases caractéristiques : l'enfance laborieuse, la dure vie de la mariée, les craintes de l'épouse et de la mère, la désolation de la veuve,—tout cela passe sous vos yeux et se précipite dans une succession rapide de tableaux pour se résoudre en l'extase de l'esprit, qui, planant haut et loin des viles besognes de la terre se livre à la contemplation pure de l'infini.

Une autre nouvelle, *les Sans-gueule*, saisissante par un mélange unique du tendre et du grotesque, décrit l'angoisse d'un cœur simple devant la cruauté du sort, qui écrase ce que nous aimons et efface jusqu'à la raison d'aimer. Quelques gestes, arrivant à peine à une expression définie de leurs intentions, et voilà tout ce qui burine ineffaçablement ce petit groupe de personnages capricieux dans notre souvenir. Car on serait mal venu à croire que cet artiste n'a sculpté ses curieuses figurines que pour nous amuser un instant en nous causant une peur atroce. Au contraire, il leur a soufflé sa propre vie et il entre en communion avec la nôtre par cette espèce de confession fragmentaire qu'il nous fait dans les pages de son livre. Il a pris sa lanterne, — une lanterne sourde de voleur, — et l'a promenée dans les angles obscurs de sa conscience; il a projeté les sensations éprouvées dans cette course nocturne sur la toile de son imagination, et il leur a donné un air étrange, comme s'il ne comptait guère sur notre sympathie pour des sujets qui viennent de si loin.

Mais ici se renouvelle le cas du peintre qui, défiant notre œil de suivre ses figures dans la brume où il les plonge, provoque notre besoin de voir et de sentir, et nous force à chercher. Et nous devinons, si nous ne l'avons su dès le premier abord, que ces nouvelles de *Cœur double*, quoi qu'elles fassent pour se tenir à distance, vivent vraiment de notre vie à nous. Disons mieux: après que l'impression d'étonnement qu'elles causent s'est dissipée, nous nous apercevons qu'elles viennent à notre rencontre, et qu'elles essaient de mettre la main sur nos pensées et nos sentiments.

Choisissons pour preuve de ce que nous avançons, dans la seconde partie du livre, l'étrange récit qui a pour titre: *le Loup*.

Dans la rase campagne, à la tombée du soir, erre un couple sinistre, fuyant la capitale où ils ont monté un coup : lui, un gars bien découplé, elle, fille des boulevards extérieurs, d'une quinzaine, peut-être d'une vingtaine d'années plus âgée que son homme, mais le teint frais, l'œil vif, fine pour deux. La nuit va venir ; les chiens des fermes aboient aux vagabonds hagards et affamés qui sentent peser sur eux la solitude de la plaine. Ils cherchent un gîte et se dirigent vers une carrière qu'ils reconnaissent de loin à la lueur rouge des lanternes au ras du sol. Des forçats libérés y travaillent ; le propriétaire n'est pas difficile et prend les gens qui s'offrent sans s'enquérir de leur passé. Un des premiers carriers que le couple de vagabonds rencontre est un vieux, solide et nerveux, dont le visage est couvert d'un loup en fil de fer qui le protège contre les éclats de pierres. L'homme au loup raille grossièrement le gars sur sa maîtresse. Une querelle s'engage ; ils en viennent aux mains. La femme, craignant un malheur, cherche à les séparer, mais en s'approchant du vieux, elle se fait reconnaître par lui et il retrouve en elle la fille pour qui il a commis le crime qui l'a conduit en Nouvelle-Calédonie. Furieux, il veut tuer le gars, malgré les cris perçants de la femme, et le cercle des travailleurs de la carrière se ferme autour des combattants. La victoire reste au plus jeune. D'un pic, qu'il a trouvé à ses pieds, il enfonce le crâne du vieux, qui tombe mort à la renverse tandis que le masque glisse de son visage ensanglanté.

« Tous les travailleurs crièrent : « Holà! »

« La femme se roula vers le bruit, et, rampante, vint regarder l'homme démasqué. Quand elle eut vu le profil maigre, elle pleura : « T'as tué ton daron, mon homme, t'as tué ton daron! »

« Dans la minute, ils furent sur leurs pieds et s'enfuirent vers la nuit, laissant derrière eux la ligne sanglante de la carrière. »

Je ne parlerai pas du talent supérieur qui se manifeste dans la façon de présenter cette tragédie resserrée en quatre ou cinq pages tout au plus, tous les acteurs du drame caractérisés individuellement, l'entourage précisé en quelques lignes, le pressentiment du malheur futur indiqué en deux ou trois traits significatifs, le tout formant un groupe qui se dissout dans la nuit de la mort et dans la nuit plus sombre encore du crime irréparable, — mais je me demande quelle impression les faits mêmes qui me sont contés laissent dans mon esprit. Je veux lutter contre la sensation d'étonnement que me cause l'étrangeté du récit en me rappelant l'histoire de Rustem, le héros persan qui provoque son père inconnu en combat singulier, ou encore l'histoire d'Œdipe qui tue son « daron » dans une rixe banale et épouse sa propre mère. Combien ces souvenirs de l'ancienne mythologie sont loin de moi, aussi loin que ce qui se passe là-bas, à la nuit tombante, dans la carrière inconnue!

Mais au contraire, plus j'y pense, plus ces récits classiques revivent dans ma mémoire, et, si je ne me trompe, d'une vie autrement intense qu'auparavant, maintenant que mon imagination voit transporté dans le présent ce qu'il me plaisait autrefois de considérer comme un cas préhistorique.

Et toutes les théories morales, — comme d'une lutte pour la vie entre deux générations qui se succèdent, — par lesquelles j'avais accoutumé de justifier devant mon imagination l'horreur de ces vieux mythes, me reviennent maintenant à l'esprit, mais accentuées d'une autre façon et éclairées de la lumière crue que projette sur leur classicité le récit moderne de *Cœur double*.

Oui, l'enfant tue le père, ou du moins il cherche à le tuer, s'il n'est pas tué par lui. C'est la dure loi qui lie indissolublement l'amour à la mort, tant dans le monde physique que dans le monde moral. Les faits se montrent rarement dans leur franchise brutale au niveau de la société où nous nous trouvons. Mais à la lisière extrême du monde dont je fais partie, un drame de sang et d'inceste, comme dans la nouvelle de *Cœur double*, se construit avec les mêmes événements, qui de notre côté de la société, du côté éclairé par le soleil de la morale conventionnelle, auraient tout au plus occasionné la comédie banale d'un père harassé de travail, et exploité par sa femme et le fils préféré avant tout.

C'est ainsi que les phénomènes morbides du

corps humain ne présentent pas un caractère différent de ceux que l'on observe dans son état de santé. Seulement, quelques-unes des conditions parmi lesquelles ils ont lieu se sont modifiées, et le physiologiste observe ces déviations pour en tirer ses conclusions sur la direction des forces actives du corps humain, livrées à leur impulsion propre et sans contrepoids. Car les malades ont un genre de sincérité que n'ont pas les gens bien portants.

Ainsi, ne reculons pas devant la confession de notre misère morale et osons reconnaître le lien qui nous rattache au mal : avant tout, soyons sincères !

SOUFFRANCES D'ARTISTE

Quand Jules Renard nous eut lu sa nouvelle, qu'il avait terminée pour *le Mercure de France*, il régna pendant quelques instants dans la chambre un silence profond. D'une main s'appuyant sur sa table de travail, tenant le manuscrit de l'autre, Renard, debout, attendait le jugement qu'un de ses deux visiteurs allait prononcer.

C'était un conte minuscule qu'il nous avait récité de sa voix grave et nette, une *découpure*, comme il disait. Cela s'appelait *les Chardonnerets*, et c'était l'histoire d'un chasseur dilettante qui, avec son costume tout neuf et son arme perfectionnée, part en guerre contre tous les habitants de l'air et de la campagne. M. Sud, le chasseur, n'est pas un homme terrifiant; au contraire, il lui faut déjà toute une résolution pour décharger son fusil. Quel triomphe, quand, aidé par le hasard, il a atteint d'un coup heureux toute une petite bande de chardonnerets perchés sur une branche! Que diront ses amis? Quelle contenance gardera-t-il sous leurs félicitations? Il ramasse ceux des petits oiseaux que son chien Pyrame n'a pas encore mordus, les met dans sa gibecière, et comme il en sent un qui remue encore, il les reprend tous dans la main. Il les regarde et se sent tout perplexe devant les palpitations de ces petits corps, fragiles comme une œuvre d'art, qui, par son fini, donne l'illusion de la vie. Un des chardonnerets, plutôt ébloui que touché par le coup du chasseur, profite de l'occasion qui s'offre et s'envole de sa main. M. Sud s'en réjouit comme d'une chose heureuse qui lui arrive; il trouve vraiment que c'est un bon tour que lui a joué le petit chardonneret; les autres, hélas! ne sauront plus regagner la liberté qu'il voudrait leur rendre. Il regarde autour de lui s'il n'y a personne pour l'épier, puis il range les pauvres oiseaux à demi morts sur le bord du ruisseau et le courant emporte les petites victimes. M. Sud a honte d'avoir tiré un coup de son beau fusil; et quand il aperçoit les gouttes de sang qui tachent son pantalon gris perle, sa conscience le point comme s'il était assassin.

Voilà tout ; le récit en lui-même n'a point d'importance, si ce n'est par le fini merveilleux qui donne l'illusion de la vie aux œuvres d'art. Un tout petit filet d'émotion traverse l'historiette en un réseau de veinules qui apparaissent à la surface par-ci, qui se cachent par-là ; mais cette émotion est contrebalancée par le sérieux comique du chasseur dilettante, glorieux et repentant. Le jeu entier des sentiments qui se rencontrent dans cette petite fable se trouve en équilibre complet. Ce n'est point de la compassion qui émeut M. Sud et qui le fait agir comme il le fait, mais c'est plutôt l'embarras secret qu'éprouve l'homme du monde devant un objet étranger doué d'une vie mystérieuse, ou encore le dilettantisme surpris devant les choses de la nature. Il y a de la sensibilité dans son action, mais rien qu'un soupçon de sentiment, et s'il y a de la maladresse dans ses poses, il évite le ridicule tout juste par l'honnêteté parfaite de son esprit.

Oui, vraiment, de par l'agencement subtil des faits qu'il raconte, le récit, sitôt qu'on veut se livrer aux sensations qu'il vous cause, prend les proportions d'un drame très serré. L'action, c'est la succession des mouvements de l'âme qui portent le tueur d'oiseaux à regretter son crime; ils éclatent en crise finale, quand il voit les gouttes de sang sur son habit vierge, et qu'il se baisse pour laver son pantalon dans l'eau claire du ruisseau, comme un véritable criminel qui cherche à effacer les traces de son assassinat.

Tout cela est dit en une langue transparente, sans lacune comme sans ornements, qui fait apercevoir toutes les palpitations des événements et leur nervure délicate, un petit chef-d'œuvre qui rivalise en finesse et en fragilité avec *les Chardonnerets* eux-mêmes qui en sont le titre.

Quel contraste avec la façon dont Marcel Schwob regarde les choses! Ici la vie en miniature, la tragédie du minuscule; là, dans le monde des gueux, la recherche de l'extraordinaire, la terreur du monstre dans l'homme.

L'admiration que manifestait Marcel Schwob pour la nouvelle de son ami, en était d'autant plus sincère.

Jules Renard ne se montrait pas insensible aux louanges qu'on donnait à son récit; l'œuvre récente ne s'était pas encore séparée de l'esprit qui l'avait enfantée, l'auteur y vivait encore avec une partie de son âme. Et le ton de sa voix était plus chaud que d'ordinaire lorsqu'il nous dit :

— «Pendant que j'étais occupé à écrire ce conte, j'ai pu observer très précisément l'instant où mon esprit a fait le mouvement tournant dont nous parlions naguère. Au début, la nouvelle était conçue dans un sens plus satyrique qu'à présent. J'avais d'abord l'intention de rendre ridicule M. Sud ;

mais pour un bourgeois qu'il est, il s'en tire encore assez bien, je trouve. Je ne sais quel sentiment s'empara de moi, tandis que j'écrivais. Était-ce le souvenir d'une aventure semblable, qui m'est arrivée, à moi? Était-ce cette espèce d'attendrissement que porte avec soi tout ce qui est du passé? Je me suis laissé entraîner par mon émotion, — oh bien peu, — et je suis très heureux de vous entendre dire que j'ai réussi à communiquer ce sentiment au sujet. Car, — n'est-ce pas, — il y a quelque chose de supérieur à l'œuvre d'art, c'est l'émotion qui s'en dégage. »

— « A condition toutefois, » se reprit-il, comme s'il craignait d'avoir été trop loin, « à condition que l'émotion reste pure, c'est-à-dire qu'elle ait été éveillée par le sujet même et non point par quelques détails factices. Mais ici je crois que je me suis tenu strictement dans les bornes que prescrit l'art.

« Quelle peine vraiment, » s'écria Jules Renard d'un ton amer en s'asseyant et en prenant sa pose habituelle de nonchalance, « quelle grande peine de forcer son émotion, sitôt qu'on en a ressenti le moindre grain et de souffler de toute la vigueur de ses poumons dans la grande trompette des sentiments! Cette peine ne vaut pas un liard. Cependant, il paraît qu'il est d'un grand charme, pour le public, de voir ce bariolage de couleurs criardes, ou d'entendre cette symphonie à instrumentation violente avec ses basses ronflantes et le roulement final de ses tambours forcenés. Mais tout cela, mes bonnes gens, et mon bon ogre de public, ce n'est pas de la chair saignante qu'on vous offre, ce n'est que du carton. Et pourtant il aime ça, le bourgeois, et il paie son prix d'entrée pour voir, pour entendre, pour goûter! Ai-je dit que cette exaltation artificielle de l'émotion ne valait pas un liard? Je me suis trompé. Le succès du livre, le succès financier en dépend!

« Ah je sais très bien que c'est ignoble d'y revenir toujours, » continua-t-il après une courte pose, en parlant d'une voix sérieuse et sombre et en regardant un point noir à l'horizon de sa pensée, « mais je ne puis me dégager de ce cauchemar qui me poursuit. Je voudrais bien que mon œuvre, à moi aussi, rapportât de l'argent; de l'argent, que je pourrais tâter et manier, comme une preuve sensible qu'il existe des gens qui apprécient mon travail. Quelque chose que je pourrais jeter aux pieds de l'homme qui se moque de mes labeurs, — oui, quelque chose qui me réconfortât dans mes moments d'humeur noire.

« Voyez-vous, » dit-il, « c'est un martyre que ce métier d'écrivain. »

A ces mots, Jules Renard s'était levé. Il traversa l'appartement d'une enjambée, puis s'arrêta tout près de la table, où il prit une brochure qu'il feuilleta sans penser à ce qu'il faisait.

— « Le langage ne veut pas ce que nous voulons, » dit-il. « Les mots ordinaires sont mous comme des fruits trop mûrs. Mettez-les dans une phrase et ils y font des trous; elle sonne creux, comme si notre pensée n'avait ni vigueur ni consistance. Ne me parlez pas des termes ornés, c'est l'affaire du pharmacien qui dore les pilules, non de l'auteur qui se respecte et qui respecte son public. Les mots extraordinaires donc, qui ne se trouvent dans aucun lexique? Comme ce serait puéril de faire de la gymnastique et des sauts périlleux là où il n'en faut pas ! — Mais pourquoi coûte-t-il tant de peine de dire simplement ce qu'on veut? Je reste assis toute la journée devant ma table de travail, me rongeant de dépit, et quand enfin j'ai achevé une page qui me satisfait, — alors, quoi ?

« Qui la lit? Nous sommes à trop grande distance l'un de l'autre, le monde et nous. Nous ne nous comprenons plus. Et le pis, c'est que dans notre pays de liberté on n'ose pas dire franchement ce qu'il y a de mieux en soi. Non, on craint la vérité, dès qu'elle blesse les trois ou quatre préjugés populaires, qui nous sont restés comme héritage de la génération précédente. On gêne ces messieurs de la presse, en touchant à ce qu'ils nomment religion, science, ou patriotisme, parce que dans ces sujets-là ils trouvent matière à déclamation toute préparée; et on scandalise les politiciens qui par ce commerce d'idées rances gagnent leur pain de tous les jours. On vous dit de toutes parts : personne ne pense ainsi, personne ne parle ainsi, et cela au moment juste où l'on s'est appliqué à formuler de la façon la plus claire ce qui est au fond de tous nos cœurs, à nous.

« Oh ! nous avons pleine liberté de tout faire ; nous pouvons exposer des dessins où des messieurs et des dames s'exhibent dans toute la brutalité de leurs désirs; nous pouvons remplir les colonnes de nos journaux de contes qui jouent le rôle d'entremetteurs pour maisons de tolérance : mais faites mine seulement de vous attaquer aux deux ou trois devises de la société, auxquelles personne ne croit plus et qui font crier tout le monde ! Et vous verrez ce qui arrivera. Peut-être qu'il en est autrement quand on a acquis une grande notoriété pour avoir flatté l'instinct secret de l'opinion publique ; on vous pardonne alors de lâcher de temps en temps une vérité ou de montrer ce qui se passe au fin fond de votre pensée. Et même alors combien de tact diplomatique ne faut-il pas déployer ! »

Jules Renard s'emporta.

En tout artiste il y a un enfant gâté qui se plaint de ne pouvoir décrocher la lune avec ses mains. Certainement cet enfant gâté doit exister chez Renard : mais ce n'était pas lui qui lançait cette invective contre une société qui, de par sa bêtise, restera éternellement incorrigible.

Cette boutade était née de quelques incidents du jour qui décelaient l'envie des classes officielles pour la génération nouvelle d'artistes, mais qui n'avaient nullement atteint la position personnelle de Renard. Il donnait de l'air à ses sentiments, comme on éprouve le besoin d'ouvrir la fenêtre pour se débarrasser des miasmes de l'atmosphère. Convaincu du sérieux qui le guidait, il faisait valoir ses droits et ceux de ses confrères à être pris au sérieux par la société.

C'est bien là la cause intime du différend entre le monde et les gens du métier, comme Renard, qui ont foi en leur œuvre. Les gens du monde ne croient jamais à la sincérité complète de l'artiste, parce qu'ils la voient souvent accompagnée d'un désir morbide des honneurs qu'il se croit dus. On ne comprend guère qu'un seul cœur puisse loger en même temps l'âme d'un enfant et d'un homme. Chez Renard, ce fut à ce moment l'homme qui parlait et qui maintenait les droits sacrés de son métier.

Sa vie jusqu'ici a été une lutte pour la sainteté de sa cause.

Le secret des souffrances de Poil-de-Carotte est que chacun le prend pour autre qu'il n'est. Ce malentendu existe aussi pour Renard. Élevé dans un milieu rustique, au centre de la France, au Morvan, il s'est senti perdu parmi ses semblables; au fond peut-être ses sensations n'ont pas été différentes de celles du Cadet de Richepin, quand il se trouvait déplacé au milieu de son entourage. Et plus tard, quand Renard se fut fixé dans la capitale, la lutte commença de nouveau.

Renard faisait des vers qui trouvaient des admirateurs; dans les salons où il était reçu, on le pressait de réciter ses poèmes même avant des poètes de grand renom, parce qu'on croyait aux promesses de son talent; et cependant il savait que pour faire des vers on n'a guère besoin d'être poète. Il publia ses premières nouvelles, un recueil de scènes champêtres réunies sous le titre *Crime de village* et, quoique pour nous il se retrouve tout entier dans l'un ou l'autre de ces récits, son intelligence lui disait, — et l'intelligence chez Renard est le porte-paroles de son instinct littéraire, — qu'il risquait de tomber dans un genre où le chic pourrait remplacer le véritable talent. Et il se moquait de ses premiers succès, il ne voulait pas que sa renommée vécût aux frais d'un style et de formes que d'autres avaient préparés pour lui. En un mot, il était possédé du désir d'être soi, — folie aux yeux du monde. L'esprit solide, héréditaire chez lui, mais fortifié encore au milieu de la nature sobre du Morvan, lui avait appris que tout ce qui n'est pas tiré du fonds personnel n'a pas pour nous de raison d'être.

Mais, d'autre part, cette même vue nette des choses lui montre aussi que c'est temps perdu de vouloir être original, si personne ne reconnaît votre originalité.

— « Ce que je veux ? » dit Jules Renard comme nous le taquinions un peu sur sa boutade contre les journalistes et les politiciens.

« Je voudrais être tantôt le premier homme de lettres de France et tantôt le dernier homme des bois. Oui, le premier! mais non par des chemins de traverse, non pas en forçant mes émotions à dire plus qu'elles ne valent en réalité, non pas en prenant quelque dada du jour pour me porter à la gloire. Je veux aller droit au but, sans m'occuper de ce qui est inutile ou factice, et si je ne puis parler, comme les grands romanciers, de la vie du monde sans courir le risque d'exagérer les faits à cause de mon ignorance, au moins je saurai dire mes propres sentiments et ceux de mon entourage immédiat. Quoique, là aussi, il soit difficile de tomber juste toujours et de ne pas faire de l'ironie quand on veut éviter la sentimentalité! Mais l'épreuve est à tenter.

« Et pourtant...! que sera-ce alors, sinon consumer son propre fonds, et se manger le cœur. Et pourquoi? Dans quel but?

« On aurait envie parfois de se faire romanesque et populaire comme les autres! Quel attrait dans cette facilité à se laisser porter par ses émotions et à créer une intention là où on aimerait à pouvoir la découvrir! Mais la vérité ne l'admet pas. Et c'est assez; n'en parlons plus. Savez-vous sous quelle image se présentent à mon esprit les événements de ce monde?

« On se trouve à la campagne et on est surpris par un orage, n'est-ce pas? La foudre éclate tout près de vous; vous n'osez pas regarder, vous êtes sûr qu'elle va tomber; le bruit augmente, le malheur s'approche, vos nerfs deviennent de plus en plus sensibles au coup qui va fondre sur vous, — puis tout à coup un silence profond. Vous croyez que l'orage rassemble toutes ses forces pour vous atteindre et vous êtes là, dans un paroxysme de peur ou de résignation, tout comme vous voudrez, devant le sort qui vous frappera. Mais c'est alors justement que l'orage est passé. Ainsi il en va de nous : quand nous avons fait tous nos préparatifs pour recevoir le coup qui nous menace, il ne viendra point. Et elles ne se rencontreront jamais : d'un côté l'émotion et de l'autre l'aventure qui l'amènera à son développement complet. »

Jules Renard était redevenu maître de lui, la crise venait de passer; de nouveau il se mit à l'aise dans son fauteuil, étira ses jambes, et avec le ton de supériorité nonchalante qu'on aimait à lui voir prendre il dit :

— « Vous, Schwob, j'en suis sûr, vous me montreriez les ruines faites par l'orage, vous me peindriez les fermes brûlées, les corps carbonisés, et après m'avoir rempli de terreur, vous éveilleriez en mon cœur la noble vertu de la douce pitié. Vous oublieriez peut-être que nos paysans sont assez fins pour ne pas se laisser frapper par l'orage sans y gagner quelque chose dans les compagnies d'assurances... Mais j'oublie de remplir vos verres. Servez-vous donc. »

UN PEUPLE ANCIEN

Combien je désirerais parler de toutes ces choses littéraires avec un homme comme Léon Cahun qui me les expliquerait peut-être à son point de vue. Est-ce que les conversations de ces derniers jours ne sont que des propos en l'air, ou donnent-elles vraiment une indication sur des forces sociales cachées qui sont sur le point de s'émouvoir ? Le rapprochement avec le monde de Barrès, qui lui fait présenter son livre au public comme un catéchisme qui enseignerait l'édification du Moi ; l'isolement de Renard, qui ne veut ni ne peut combler la distance qui sépare l'artiste de la société ; l'effort curieux de Marcel Schwob, qui, comme un enfant perdu de la bataille littéraire, essaie de pénétrer au cœur de la civilisation en enjambant la muraille que les classes honnêtes ont élevée contre l'invasion des criminels, toutes ces tendances diverses que je viens d'observer, vers quoi se dirigent-elles et qu'est-ce qu'elles signifient ?

Lorsque je me retrouvai dans le cabinet de travail de Léon Cahun et qu'une pause de la conversation me permit de l'interroger, je n'en profitai pourtant pas pour mettre en question ces problêmes. Je ne me hasardai pas à entamer un sujet si grave, et ce fut toute autre chose que je lui demandai.

— « Je ne vous ai rien dit encore de votre beau livre, *Hassan le Janissaire*. Voulez-vous savoir ce qui m'y a le plus frappé? Ce ne sont ni les périls au milieu desquels évolue le personnage, ni les actions héroïques qu'il accomplit si simplement, mais c'est la première scène du récit, où la jeune recrue est arrachée à sa maison paternelle par les soldats du Sultan. J'ai ressenti une émotion très vive en assistant aux adieux du père et du fils, quoique vous n'ayez exprimé ces traits de la vie de famille qu'en deux ou trois phrases rudes et presques brutales. Mais dans cette scène chaque mot porte et touche le cœur.

— « C'est parce qu'il partait du cœur, » me dit Léon Cahun de ce ton simple et enjoué qui caractérisait sa conversation. « Pour moi, il n'y a pas de lien plus fort que la famille, que la relation du père et du fils. — Et en vrai fils d'Israël je suis payé pour le savoir. Qui donc, pensez-vous, a gardé intactes à travers les siècles notre religion et notre nationalité? Croyez-moi, de tout temps le peuple élu a été exposé à la séduction de renier la foi de ses pères. Ce n'étaient pas seulement les greniers d'abondance d'Égypte qui nous attiraient, mais les belles aussi et les honneurs, tout en un mot ce qu'un peuple vaniteux, — et nous avons de la vanité à revendre, — désire ardemment. Pourquoi n'avons-nous pas courbé la tête devant les persécutions? Pourquoi, au moyen âge, n'avons-nous pas suivi, tous, l'exemple des Lévy, qui se sont convertis? Car ces ducs de Lévis, qui aujourd'hui sont à la tête de la noblesse française, sont bien les descendants de ces mêmes Lévis, qui se croyaient honorés, lorsqu'à la fête de la Purification, ils présentaient l'aiguière aux membres de la famille des Cahunim, l'ancienne aristocratie de l'Idumée! Pourquoi n'avons-nous pas fait comme eux? Parce que les souvenirs de la maison paternelle avaient trop de puissance sur nos cœurs. La religion, sortie du culte de la famille, est retournée, après la perte de notre pays et de notre capitale, au foyer où elle avait pris son origine. Et la foi ne se laisse pas expulser de ce petit coin intime de notre personnalité. Voyez-vous, il y a un sentiment plus fort que tous ceux qui naissent de la race, ou de la religion, ou de l'histoire nationale, et c'est la nostalgie du petit cercle où s'est passée notre enfance, et ce sont les souvenirs des fêtes domestiques attendues, et avec quelle impatience! Les joies que l'on y a goûtées, les visages riants des membres de la famille, le geste du père qui donne la bénédiction, tout cela reste gravé dans l'esprit. L'amour filial a remplacé pour nous la patrie; c'est lui seul qui a conservé nos traditions.

« Il n'y a rien au-dessus de ces souvenirs, — du moins pour un peuple nerveux tel que nous le sommes. Oui, c'est bien là la clef du cœur de notre nation. Qui donc a dit que nous aimons l'argent! Nous aimons à briller, tant par notre faste et notre générosité que par notre esprit, — car nous sommes vaniteux jusqu'à la moëlle des os, comme des femmes; — mais l'argent, en tant qu'argent, n'a pas de valeur pour nous. Qu'est-ce qu'un habitant du désert ferait avec de l'argent monnayé? Croyez-moi, le mot de l'Évangile : *Ne rassemblez point des trésors !* est un cri parti du fond de nos cœurs. Il témoigne du mépris de l'homme des montagnes pour l'homme des villes. Oh! je sais bien que dans notre histoire le citadin a joué aussi un rôle, mais c'est surtout dans notre nation qu'il a existé un contraste profond entre le campagnard et la tourbe des villes. Et l'on fera toujours bien de juger un peuple sur ses véritables représentants.

« En effet, ce qui m'étonne, » dit Léon Cahun en s'asseyant devant sa table de travail, où la lumière d'une petite lampe tombait sur la page ouverte d'un manuscrit mongol, « ce qui m'étonne, » dit-il d'une voix hésitante, comme s'il voulait répondre à toute sorte d'objections qu'il s'était faites lui-même en parlant, « c'est que les Juifs n'aient pas été absorbés dès longtemps par les nations au milieu desquelles ils ont vécu. Un peuple nerveux résiste difficilement à l'influence d'un entourage qui est plus constant que lui en équilibre moral. Malgré son sentiment de supériorité il se laissera mener docilement par la main énergique qui s'impose à lui. Il a une grande admiration pour le sang-froid et les vertus mâles des autres et se soumettra volontairement, quoique ce soit avec l'arrière-pensée de dominer à son tour son dominateur, grâce à son intelligence plus vive. Et en dernier lieu, par la mobilité de son esprit, le Juif possède une telle faculté d'imitation et d'adaptation que toutes les différences de race ou de civilisation s'effaceraient bientôt. Je puis vous assurer qu'il n'éprouve pour sa part aucune aversion pour tout ce que la société moderne peut lui offrir d'utile ou d'agréable ; au contraire, tout a pour lui le véritable attrait de la nouveauté. Et pourtant, quoique ni lois, ni convictions profondes ne s'y opposent plus, on ne peut pas dire que l'esprit d'union entre Juifs et chrétiens aille en croissant ; on remarque plutôt un certain recul des deux côtés ; de la part de la civilisation chrétienne comme de celle du peuple ancien, il y a hésitation et même méfiance.

« Et notez bien ceci : la ligne de démarcation entre les deux peuples est devenue plus prononcée depuis que notre passé national a commencé à disparaître de nos souvenirs. Je vous ai dit que nos traditions se sont gardées intactes ; mais je n'oserais pas répondre pour l'avenir. L'ancienne société juive, telle que je l'ai connue dans mon enfance, parce que mon père en était, cette société n'a plus devant elle une longue existence. Je ne dis pas à Paris, cela va de soi, mais même en province. Autrefois peut-être la province était la gardienne fidèle des vieilles coutumes, mais aujourd'hui que les grandes villes absorbent toute la sève virile du pays, ce qui ne doit vivre que par la province est condamné à mourir fatalement.

« Ce que j'ai remarqué à propos des Juifs peut tout aussi bien se dire des chrétiens. Chez eux aussi la civilisation perd sa marque distinctive, son empreinte chrétienne. Et en général, n'est-ce pas? la distribution des idées et des sentiments dans le monde se fait avec la plus grande égalité; ce qui est dans un groupe est aussi dans l'autre. Mais ce qui me déroute, c'est que cette conformité cause de l'éloignement entre les parties, plutôt que de la bonne harmonie.

« D'où cela peut-il venir? »

Et Léon Cahun se leva, puis parcourant la chambre pour mettre en mouvement ses idées comme s'il n'avait qu'à les agiter pour trouver la solution juste du problème, il se planta devant moi, me domina de son regard vif et me dit :

— « Il ne peut pas y avoir d'autre raison à cela que cette modification même que notre société est en train de subir. Cette dernière quinzaine d'années nous a fait beaucoup plus démocratiques : c'est-à-dire qu'il y a une classe inférieure montante qui donne le ton général à la civilisation. Et ce mouvement de bas en haut ne fait que commencer. On ne respecte plus les formes anciennes ni les conventions d'autrefois. Chaque civilisation repose sur quelques idées universellement acceptées, mais tandis qu'on a aboli les formes conventionnelles qui avaient cours naguère, on ne les a pas encore remplacées par d'autres. Et quoique ces idées fondamentales reconnues par le public fassent souvent obstacle au développement des opinions individuelles, elles offrent pourtant cet avantage que chacun sait précisément jusqu'où il peut aller. Ainsi je me rappelle fort bien avoir entendu dans mon enfance de vieux Juifs qui condamnaient la grande révolution quoiqu'elle nous ait apporté l'égalité et la liberté. Ils se plaignaient de ce que la société nouvelle exposât les Juifs à des tentations qui au temps des persécutions leur avaient été cachées ; et dans leur petit cercle de coreligionnaires ils vivaient en plus grande sûreté qu'au milieu des éventualités du grand monde. Les gens ne se livrent jamais entièrement à vous, quand ils ne peuvent calculer où cela les mènera.

« Vous avez vu que je n'ai guère de préjugés, — qui a été militaire une fois a appris à se ranger volontairement avec les autres, — mais savez-vous où vont mes pensées quand je roule ma cigarette le vendredi soir. Elles cherchent parmi les vieux souvenirs l'image de mon père, incorrigible fumeur. Combien devait lui coûter l'observation stricte de la veille du Sabbat ! Mais il se tenait religieusement au précepte qui lui défendait la pipe. — En revanche, je ne vous garantirais pas qu'il ne chiquait pas ce jour-là ; son oncle, qui avait servi sous Kléber au siège de Mayence, lui avait enseigné cette manière d'éviter les rigueurs de la loi. — Oui, je crois que sa chique ne le quittait pas même au moment où il faisait l'allocution du sabbat aux fidèles réunis à la synagogue. — Et toutes ces particularités me rendent la mémoire de mon excellent père encore plus chérie, si c'est possible; je garde ces souvenirs comme une partie de ma personnalité. — Non, je n'ai point de préjugés, mais si quelqu'un devant moi voulait se moquer de ce passé, vénérable à tout jamais, je ne le souffrirais pas; je n'en pourrais parler même avec une personne qui n'entendrait pas mon langage.

« C'est bien cela, voyez-vous : la civilisation, c'est la langue qui exprime, — pour le moment, — nos idées, notre foi, notre morale. La langue nouvelle est encore à naître et aujourd'hui il y a partout de la confusion parce qu'on se sert de langues différentes.

« Ceci donné, il n'y a rien d'étrange dans le fait que chacun se retire dans son moi.

« Moi aussi qui me trouve entre les deux périodes, appartenant par mes sentiments au passé, appréciant l'avenir en idée, — je découvre au fond de mon cœur des voix qui me disent de m'isoler dans l'orgueil de ma race. »

A ces mots, une expression vague d'ironie glissa sur les traits de son visage, et Léon Cahun continua très bas, comme s'il se parlait à lui-même.

— « Oui, oui, j'entends parfois, moi aussi, retentir au loin les chants des vierges d'Idumée, quand, enveloppées dans leurs longs voiles blancs, elles nous accueillaient sous les palmiers à notre retour de la chasse au lion ou de la razzia contre le Philistin. Le bon temps, quand nous revenions pour célébrer la Pascha sous nos tentes, le bouclier au dos, la lance à la main et l'épée au côté !

« Car nous sommes de la maison d'Esdras, nous appartenons à la race noble des Cohanim : l'arbre généalogique de la famille qui est conservé à Strasbourg vous l'attestera, » me dit mon aimable hôte, en fixant les yeux devant lui et en se frottant nerveusement les mains. « Je ne le dis vraiment pas pour me glorifier, quoique, bien sûr, il y ait quelque vanité dans mon fait, — nous sommes tous si vaniteux, — mais pour vous montrer le sentiment qui m'anime. Non, non, ce n'est pas de la vanité, c'est le type de la vieille race qui vient se manifester en moi de la manière la plus marquante.

« Chacun est aristocrate à sa façon, » dit Léon Cahun, après une petite pause donnée à des réflexions multiples et silencieuses. « Chacun porte en soi sa marque spéciale à laquelle il s'attache d'autant plus qu'il est repoussé de la communauté des hommes. Ceci n'est pas dit pour moi, Dieu merci, non. Je suis du bon vieux temps, un vétéran de l'armée qui a combattu pour la fraternité et la liberté, un républicain de la veille et de l'avant-veille. Je parle pour la génération d'aujourd'hui, qui ne nous comprend plus, et qui ne sait pas ce qu'elle veut, ni ce qu'elle doit vouloir. Regardez l'état de la littérature, — car j'ai bien le droit d'en parler, moi aussi. »

A ces mots, mon attention redoubla, parce que ma curiosité était éveillée ; je ne compris guère au premier moment quel lien direct rattachait dans son esprit le problème littéraire aux questions de race qu'il venait de traiter.

— « A combien de révolutions du goût n'ai-je pas assisté déjà ! » dit Léon Cahun. « Le croiriez-vous ? Enfant, j'ai connu des gens, dans notre petite ville d'Alsace, qui vivaient encore en pensée dans le monde idéal des romans de Mlle de Scudéry. Mon père, un homme de progrès, lisait les livres de Mme de Genlis. C'est par eux que mon éducation littéraire a commencé, — pour être achevée par les romans de Mme Sand ? — Eh bien oui, si vous le voulez. Je l'ai connue dans la dernière partie de sa vie et je vous dirai mes impressions sur elle. Pas maintenant, car je perdrais le fil de ma conversation et je reviens à mon argument.

« Les lettres, ces troupes irrégulières de l'armée de la civilisation, sont peut-être l'élément social le plus vivement affecté par la confusion du langage, qui caractérise une nouvelle société à son point de départ. On croirait à un âge d'or pour les artistes, parce qu'avec l'abolition des vieilles formules le temps semble venu pour eux de puiser directement aux sources de la vie, tandis que rien de conventionnel ne s'oppose plus à ce qu'ils parlent immédiatement au cœur de leurs contemporains. Mais en réalité c'est le contraire qui a lieu; il arrive ce que je vous ai fait observer à propos de l'entrée des Juifs dans la société bourgeoise du pays. La première chose qu'on remarque est un mouvement de recul, — et l'expression artistique recourt à des symboles ou à la représentation typique de ce qu'il y a de plus individuel au fond des âmes. Au moment même où tous les obstacles qui gênaient la liberté de l'art ont été enlevés, les artistes au lieu d'aller en avant, s'aperçoivent qu'il y a un abîme qui les sépare du public. »

— « Et à son tour le public a conscience de la distance que les artistes mettent entre eux et lui, » me permis-je de suppléer à l'argumentation.

— « Assurément, » répondit Léon Cahun, et suivant le courant de ses idées il dit : « Naturellement, il ne faut point pousser trop loin la comparaison entre le peuple nerveux dont je suis et la race nerveuse des artistes qui leur ressemble sous quelques rapports. Ici, à Paris, dans un grand centre de la civilisation où les artistes forment une nation à eux, cette ressemblance s'accentue davantage et je crois avoir le droit de parler comme je l'ai fait.

« J'y ajoute ceci pour être mieux compris. Il ne faut pas se figurer la société comme une masse continue, qui forme un tout; c'est plutôt un groupement de petits mondes qui chacun ont leur vie et leur but particulier. Ils désirent l'union complète, à condition toutefois qu'ils imposeront leur volonté au grand tout. Comme ceci est impossible, il s'établit un ordre social qui régit les relations entre ces mondes divers; tant que cette harmonie dure, chacun prend l'autre pour ce qu'il désire être; tout le monde est dupe de la convention et personne ne l'est. Mais dès que l'ordre est rompu, il règne de par le monde, selon les circonstances ou les caractères, soit une ambition exagérée, soit un renoncement nerveux à toute communauté d'idées ou de sentiments. L'artiste qui est nerveux perd l'équilibre de son âme. Trop sensible, il se retire dans son Moi ou s'amuse à des fadaises qui n'ont d'importance que pour lui seul; trop expansif, il montre, par la façon fébrile dont il veut s'emparer des choses, toute l'incertitude de son esprit et de sa main. Sensibilité extrême et manque d'équilibre moral, voilà, à mes yeux, le caractère de l'état présent de la littérature.

« Non, la nouvelle langue, qui exprimera le nouvel état des choses, n'est pas encore inventée.

« Je crois que ces observations sur un côté bien différent de la vie sociale d'aujourd'hui justifieront ce que je vous ai dit de l'attitude gardée par les Israélites. Nous traversons une crise.

— « Mais qu'en dites-vous, si nous passions au

salon où on nous jouera une sonate, de la bonne vieille école, s'entend?

— « Un moment, s'il vous plaît! Il y a une question que je voudrais vous soumettre. Il y a un motif favori dans la littérature contemporaine, sur lequel tous les auteurs de haut ou de bas étage jouent aujourd'hui leurs variations ; et ce motif c'est la pitié. Ne vous semble-t-il point que c'est là pour les artistes le moyen de se mettre en harmonie avec le nouvel ordre de choses ? »

— « La pitié ! » dit Léon Cahun en passant sa main sur ses cheveux. « Hum! Pour moi il s'y mêle un peu trop de peur et trop d'affectation, à notre compassion contemporaine. Vous savez qu'involontairement nous imitons les gens qui frappent notre imagination. Notre pitié n'est, pour la plus grande part, qu'une représentation que nous nous donnons à nous-mêmes sur la scène de notre âme : ce ne sont que des sensations mimées, qui mènent une vie factice grâce à la peur morose qui a touché notre esprit. Le vrai sentiment part d'une autre origine, il vient du cœur, directement ; et le véritable artiste n'atteint son but qu'en marchant sur la grand'route. Mais la sonate de Beethoven nous attend. Parlez-moi de pitié ! C'est là, chez Beethoven, que nous nous trouvons à la source vive des émotions humaines ; les autres ne sont qu'un miroir qui réfléchit avec plus ou moins de fidélité ces images de sentiments. »

TEMPS NOUVEAUX

Ce fut un véritable plaisir d'entendre Maurice Barrès mener la conversation au bon dîner que donnait notre hôte, un peu en son honneur. D'autres hommes célèbres,— du jour,— une fois qu'ils ont pris la parole, ne permettent point à un autre de la prendre à son tour, et pleins de leur sujet ils n'en démordent jusqu'à la fin et jusqu'après la fin du repas. Mais celui-ci, avec cette agilité supérieure d'esprit, qui le mettait en contact avec chacun de ses interlocuteurs, accueillait gracieusement toute objection, l'analysait en trois temps avec sa prestesse habituelle, et y trouvait l'occasion soit de choisir un nouveau point de départ, soit d'entamer un autre sujet. Il y avait là, autour de la table, des gens d'esprit et des esprits superbes, des gens tenaces et des tempéraments flegmatiques,— pour ne pas parler des femmes dans ces notes puritaines, où l'antique précepte garde ses droits : *mulier taceat in ecclesiá*, — mais aucun d'eux qui ne prêtât son attention entière et exclusive aux paroles du causeur, les femmes aussi, — ce qu'on peut bien signaler.

Et il y avait un ton de simplicité presque juvénile, qui prédominait dans l'entretien, malgré l'importance et le poids que Barrès savait lui donner.

— « Le théâtre contemporain, » dit Barrès, n'a plus de raison d'être ; il ne nous présente guère l'image de notre temps ou de notre société. On peut l'admettre encore comme amusement, quoique, pour moi, il soit assez difficile de concevoir comment il y a encore des gens doués de leurs cinq sens, qui trouvent du plaisir à voir toujours sortir le même œuf du même sac.

« Le théâtre qui aura de l'intérêt pour nous devra traiter d'autres sujets et sous une forme différente. Je me figure qu'il sera plus pratique et plus fantastique à la fois. Et d'abord il y serait question des problèmes qui nous tiennent au cœur.

« Un parvenu qui veut aller dans le monde et qui se rend ridicule, une femme qui déconsidère son mari par le plaisir qu'elle laisse prendre à ses amis, un fils prodigue qui fait pousser les cheveux gris sur le vénérable chef de son père, — voilà des choses qui, représentées sur les planches, semblent dans leur temps avoir exercé un grand attrait sur le public, d'autant plus grand, je le crois, que ces histoires le touchaient moins personnellement.

« Mais dès que les journaux s'appliquent avec une ardeur louable à nous dire d'une façon complète et pittoresque tous les faits divers qui arrivent dans une société qui se respecte, depuis l'accident du chien écrasé par une voiture jusqu'au suicide le plus récent, je ne vois guère d'utilité à aller chercher le soir, au milieu de risques de divers genres, ce que l'on vous a apporté déjà à domicile le matin, à l'heure du déjeuner, au moment où on a l'esprit frais et dispos à entendre des horreurs.

« Pourquoi, — car je retourne à mon théâtre idéal,— ne me dirait-on pas sur la scène des choses qui s'adressent à ma conscience et qui serviraient de plus à éveiller un courant d'opinion publique, parce que des gens comme moi, assis sur les mêmes bancs, les entendraient en même temps ?

« Il n'est pas besoin pour toucher ma conscience et ma personnalité de traiter de faits personnels à moi, et c'est ce que je voulais dire en imaginant que la vérité pratique mettrait des vêtements de fantaisie. Oui, la fantaisie devrait venir en aide à ceux qui s'occuperaient du théâtre moderne ; j'attends une grande imagination à la façon d'Aristophane, ou plutôt encore de Platon, qui animera d'une vie supérieure les symboles qu'elle voudrait nous représenter à la scène. Nous devrions aller à l'école de Platon pour apprendre à formuler nos pensées les plus profondes par des mythes élégants et sublimes. Aristophane ne serait pas à dédaigner; de la poésie ailée et salée de sel attique, s'entend, ne nuirait pas à l'affaire. Ah ! si nous avions seulement quelque Aristophane pour traiter dignement et comiquement le grand problâme religieux et social qui agite le fond de nos cœurs !

« Vous me direz peut-être que l'entreprise sombrerait fatalement, parce qu'il y aurait un public restreint. Ce serait l'élite de la nation. De tous côtés viendraient les gens qui s'intéressent aux grandes questions sociales ou humaines.

« Aurait-on une seule représentation ou dix, c'est à savoir, mais je suis peu inquiet de la question financière. Sur ce point-là, je rencontre partout un préjugé dans les esprits, comme si ce qui est vraiment bon en soi n'était jamais apprécié par la société à sa juste valeur. A cet égard, je suis optimiste. Il se peut bien qu'on ne nous paye pas toujours notre travail honnête en espèces sonnantes, mais alors c'est d'une autre façon que nous sommes rétribués, par la considération qui s'attache à notre personne ou par l'influence que nous exerçons.

« De façon ou d'autre, le public rend toujours la valeur exacte de la jouissance ou de l'émotion qu'il a reçue.

« Assurément il faut tâcher de ne pas irriter le monde. Il y a des choses pour lesquelles il est chatouilleux et qu'il n'aime pas voir traitées en plaisanterie. Avec du tact, on peut tout dire, mais c'est une grave erreur de croire que ce qui est à sa place dans un cercle restreint d'artistes peut être transporté devant le grand public, qui ne comprend pas les nuances de nos opinions, ni le sérieux qui est au fond de nos sarcasmes.

« Souvenons-nous toujours de la qualité intellectuelle ou sociale de notre public, et lors même que nous aurions à dire des vérités désagréables ou des choses abstruses, la victoire sera avec nous à la longue, du moment que nous prendrons soin de ne pas envenimer le débat.

« La preuve de la justesse de ce que j'avance c'est le sort qu'ont eu les idées de M. Renan. Lorsqu'il commença à appliquer la critique aux origines du christianisme, le public ne comprit rien à son véritable sentiment. Ce n'est que lentement, mais sûrement aussi, que la société les a adoptées, ces idées qu'elle avait commencé par croire destructives. On le tenait d'abord pour un adversaire de la religion ; et c'est justement lui qui a ramené le sentiment religieux dans la conscience des classes civilisées. Il a inauguré ce mouvement de respect qu'on ressent aujourd'hui à l'égard des questions religieuses. Personne, si ce n'est des gens mal élevés, n'oserait railler aujourd'hui la piété dans la conversation ordinaire. C'est au scepticisme de Renan que nous devons ce changement dans la façon de penser. Et je ne sais pas s'il n'apparaîtra pas à la fin que le monde a mieux compris Renan, que Renan ne s'est parfois compris lui-même.

« Car au fond, n'est-ce pas ? Renan n'est qu'un nom, et il ne signifie pour moi que ce que je vois en lui. J'y ai vu beaucoup et j'ai beaucoup appris de lui sur moi-même. Ah ! ces deux articles du *Journal des Débats* sur le journal d'Amiel, quelle révélation ! Et son dernier livre, je veux dire, son premier, qui a été publié récemment, *l'Avenir de la science*, livre admirable de puissance, d'abondant enthousiasme, quelle joie d'y voir la physionomie avec toute cette précision que le frottement de la vie efface de si bonne heure ! Ce Renan-là, le Renan de 48, aurait dû nous donner le théâtre dont nous avons besoin. Ses drames philosophiques plus récents, son *Caliban*, etc., n'ont peut-être ni le relief, ni la sûreté de dessin que demande la perspective de la scène, mais là encore il me remplit d'aise, quand j'y vois comment, avec toutes ses timidités, il prépare l'avenir.

« Oui, voilà bien l'homme avec lequel aura à compter la fin de notre siècle. J'ai pu lui déplaire et en subir des inconvénients disproportionnés ; mais cela ne nuit guère à l'amitié intime qui nous unit. Par amitié, je ne veux pas dire que je connaisse l'homme ; pour moi il n'est qu'un nom, un rayon de bibliothèque. L'homme lui-même est un vieillard, gêné par sa corpulence, qui parle toujours et ne s'intéresse qu'à ce qu'il trouve en remuant le magasin de ses propres idées. Mais je le possède dans ses livres et dans son influence sur la société contemporaine. Oui, je sais l'image que je me fais de lui en étudiant son œuvre, et de plus je crois savoir l'impression qu'il produit sur la société parisienne, où il est assez répandu. Je me suis appliqué à l'observer.

« Il y a une action mutuelle entre le monde et l'artiste. Ces rapports sont entretenus de part et d'autre par des filières singulières ; mais n'est-ce pas par les chemins secrets que sont transportées les marchandises les plus précieuses ? Au fond l'artiste et le monde ont le même idéal. Les uns et les autres cherchent à cultiver leur personnalité. Le but des gens du monde est d'étendre le cercle de leurs plaisirs, mais en dernier lieu ils s'efforcent de mettre en harmonie toutes ces différentes facultés qu'ils ont développées dans leur esprit. Pour arriver à ce résultat, ils appellent l'artiste à leur aide. Pour l'artiste, le monde aussi est le champ de l'expérimentation, et c'est encore sur le monde qu'il vérifie la valeur communicative de ses conceptions.

« En réalité, il n'existe donc point d'opposition. C'est un prêté-rendu de part et d'autre. Et que si l'on ne regarde qu'au résultat, je crois qu'à certains égards l'artiste est inférieur à l'homme de la société. En chaque artiste, il y a de l'ouvrier, et le métier n'ennoblit jamais ; au contraire, il restreint l'intelligence dans les limites du cercle où l'on se meut journellement ; la noblesse est acquise par ceux qui profitent de son travail.

« Je veux qu'on m'entende bien. Tout art est une forme de l'existence et l'artiste est un représentant du peuple aux états généraux de la vie humains; élu par la nature même, il puise à la source directe et il possède en soi ce que d'autres n'acquièrent que par son exemple : en un mot, il est planté plus solidement en terre, mais en revanche, et j'y reviens toujours, sa vue est limitée parce que son esprit est sans cesse occupé du métier. Voilà pourquoi dans l'échelle de l'humanité nous mettrons au degré le plus haut un génie dilettante comme Léonard de Vinci. Car, n'est-ce pas? pour nous, hommes, il importe avant tout d'être hommes dans le sens le plus complet du mot. L'art doit concourir à ce but.

« Je ne voudrais pas confondre l'art avec la religion : — cette religion-là aurait des saints vraiment trop étranges, — mais il me semble bien que l'impression que laisse en notre âme la contemplation de l'art doit toucher de près au sentiment religieux : à un acte de foi, pour employer l'expression la plus forte, qui nous aide à passer les mauvais moments, les instants de faiblesse de notre vie, en ranimant notre cœur. Ainsi, nous avons besoin les uns des autres. Sur ce point on commence à s'entendre. Je connais une société de jeunes gens, des dilettantes convaincus et qui ne désirent pas passer pour autre chose. Ils suivent avec une attention soutenue tous les mouvements qui se manifestent dans le domaine entier de l'art, et, en agréant ce qui leur semble convenir à leur pente d'esprit, ils cherchent à cultiver toutes les parties de leur Moi. Ils se tiennent modestement en dehors de la lutte des partis et des théories générales sur l'art. Pour indiquer, — comment dirai-je? — la discrétion suprême de leurs tendances, ils ont pris pour devise de leur club l'ancienne maxime : « Toutes proportions gardées. » Ce n'est pas un titre que se seraient donné des gens glorieux ou téméraires, n'est-ce pas? De temps en temps j'assiste à leurs réunions, et ils m'écoutent volontiers. »

— « Je ne m'en étonne guère, » dit un des convives, lorsque Barrès fut parti. « Voilà des jeunes gens modestes qui ne se privent pas de plaisirs. Je crois que Barrès enchanterait un auditoire de tigres. »

— « De tigres? C'est peut-être un peu fort, » dit un autre, qui déjà n'était plus sous le charme des paroles de Barrès. « Il est trop prudent pour s'attaquer à la force brutale ou à la santé puissante. Il me rappelle plutôt ces directeurs de consciences, qui s'informent d'abord des blessures de l'âme, avant de se charger du salut des personnes qui viennent à eux. Il recherche l'intimité de Bérénice, mais seulement après s'être initié à ses malheurs et à ses faiblesses. Et il n'a recueilli Marie Bashkirtseff au nombre de ses saintes que lorsqu'il fut convaincu qu'elle était morte, ce qui est le degré suprême de l'innocuité. »

— « Mais pourquoi cherchons-nous donc toujours à arracher à son milieu la personne que nous voulons juger? » dit notre hôte, honnête homme et homme de tact avant tout. « Trêve de commérages, quand l'écrivain que nous respectons tous vient de tourner le dos. Barrès ne se donne pas pour autre chose qu'il n'est. Il a voulu chercher les conditions dans lesquelles il serait possible à une nature d'une sensibilité extrême de tirer quelque plaisir du monde contemporain, si rude pour tous ceux qui aiment l'art et pour tous ceux qui souffrent des nerfs.

« Pour arriver à ce but, il a besoin de quelque espace où il puisse donner libre jeu à sa personnalité sans se heurter aux autres; il lui faut une couche d'air entre son Moi et le monde pour amortir les chocs. Du haut de son optimisme, il sourit à la société, parce que c'est une nécessité pour lui de voir des visages gais et contents dans son entourage et par son ironie il tient le public à distance, parce qu'il ne se fie pas en lui. J'aime à me le figurer dans une société analogue à celle qui se rassemblait autour de Laurent de Médicis, prince élégant si je m'en souviens, mais qui lui aussi ne souffrait pas d'un surcroît de santé. Comme Barrès se serait senti chez lui au milieu de ces hommes de la Renaissance, disputant subtilement avec eux sur les hautes questions de philosophie et de morale, mais comme eux aussi s'intéressant à d'autres choses encore qu'à ces arguties-là! N'avaient-ils pas, au fond de leur cœur, des pressentiments de cette religion sublime, que les esprits de notre temps cherchent avec tant d'ardeur? Et l'âme du peuple était-elle inconnue à ceux même qui tâchaient de transporter les grâces naïves de la chanson populaire dans leurs poésies pleines d'entrain et de malices ? Ah ! quelle société distinguée de dilettantes de génie que celle-là !

« Mais je me trompe ; non, Barrès est à nous, il est de notre monde et de nos jours. Ses livres n'ont pas été faits pour être récités dans un *club*, si distingué qu'il soit ; ils s'adressent à nous tous ; parce qu'avant tout ils sont sincères et prennent les choses telles qu'elles sont. Avez-vous jamais remarqué tout le courage moral qu'il a montré en introduisant le personnage de l'ingénieur, Charles Martin, dans un livre d'extrême délicatesse comme *le Jardin de Bérénice?* Prenez cet honnête ingénieur, qui va établir ses chaussées à travers les étangs pittoresques, ce brave homme qui croit vraiment tout ce qu'il dit, l'Adversaire en un mot, et transportez-le, si vous l'osez, dans ce milieu langoureux d'Aigues-Mortes qui exhale la monotonie poignante de ses landes immenses embrumées des lueurs sanglantes du couchant !

« Barrès l'a osé ; fort simplement il s'est attaqué à cette individualité si difficile à saisir, qui tombe tout d'un bloc dans le jardin de Bérénice. Il nous le montre, ce rustre amoureux, et il sait prendre ce géant passionné par les sens. Et c'est le combat de l'ingéniosité et de la sensualité, de David et de Goliath qui s'engage. Mais ce David généreux, allant jusqu'au bout, donne au Philistin tous les avantages de la bataille. Il veut l'enjeu du duel, Bérénice elle-même? L'Adversaire l'aura, il l'aura en toutes formes, nul ne pourra le lui contester légalement. Cependant, le logicien subtil, l'amant de l'esprit, le poète, possédera l'âme de Bérénice de façon inaliénable, il l'aura contre et malgré tous, malgré la jeune femme aimée elle-même, malgré la Mort !

« Mais l'affabulation de ce livre est digne d'Aristophane !

« Et voilà bien le sujet du drame moderne dont nous parlait Barrès. N'y a-t-il pas quelque part, dans une comédie ancienne, une scène où deux personnages quêtent la faveur du Peuple, Dèmos? »

— « Oui sans doute, » dit S... toujours joyeux quand il entend le nom d'Aristophane. « C'est dans *les Chevaliers.* »

— « Ma mémoire, alors, ne me trompait pas, » poursuivit l'autre. « Eh bien ! si l'on voulait exagérer un peu les traits du roman de Barrès, on aurait une personnification excellente du peuple dans la figure de Bérénice : jeune fille précoce, ayant beaucoup souffert et en revanche ayant beaucoup aimé, pécheresse indigne sans trop savoir pourquoi ni comment, et malgré tout ayant gardé parmi toutes les épreuves de sa vertu facile le grand charme de la bonté naïve du cœur. L'âne gris et le canard timide, ses compagnons habituels, donneraient des motifs de premier ordre au drame symbolique : ce sont les attributs de la dame, c'est-à-dire ses qualités essentielles dans leur perspective d'animalité. Ils constitueraient la note dominante de la guirlande fantastique qui s'enroulerait autour de l'image de « Notre-Dame l'âme du peuple ».

« Vous parlerai-je encore des deux amis de Bérénice, le poète et l'ingénieur, dans leur rôle tragi-comique de candidats à la députation et au titre d'amants de cœur de la belle dame sans vertu? L'un la tue à force de caresses, sitôt qu'elle est devenue sa femme légitime; l'autre ne la possède qu'après sa mort.

« Ici, des considérations diverses d'ordre politique se pressent dans ma tête, mais laissons la politique aux politiciens et occupons-nous de poésie. Ne pourrait-on pas appliquer à Bérénice les beaux vers que Faust adresse à Hélène, quand elle se dissipe en nuage sous son étreinte passionnée... Allons, — voilà que je ne les retrouve plus, je ne suis même plus bien sûr qu'ils existent. »

Nous nous regardions les uns les autres; chacun se rappelait qu'il devait y avoir quelque chose là; mais personne ne se souvint des vers. Notre hôte continua :

— « Je ne veux point dire par là, croyez-moi, que je pense un seul instant à mettre *le Jardin de Bérénice* au même rang qu'un drame d'un intérêt universel comme *le Faust* de Gœthe : le ciel m'en préserve. C'est une nouvelle dont il est question ici, dans un cadre restreint, et le sujet de la conscience populaire n'est sans doute pas épuisé par l'histoire de Bérénice. Elle me semble plutôt être une âme-sœur, plus frêle, du *Faune* de Raynaud, mais elle vit d'une vie véritable et c'est là le principal. Puis, et pour finir, elle me paraît être un motif supérieur de comédie pour le théâtre de l'avenir ! »

L'allusion au théâtre moderne fit naître une discussion passionnée. Il me fut impossible de suivre exactement l'argumentation de part et d'autre au milieu de la confusion et de l'ardeur de l'entretien.

RETOUR DANS LA NUIT

Il était fort tard déjà quand nous prîmes congé de notre aimable hôte. Marcel Schwob m'accompagnait dans mon interminable voyage par les rues noires; et je remarquai de nouveau que les heures de la nuit, sombres et silencieuses, tournent l'esprit vers les hautes abstractions et les grands problèmes de l'humanité, comme si nous pouvions les saisir plus facilement dans le vide matériel qui s'étend autour de nous.

Naturellement, nos pensées retournaient aux sujets qu'avait touchés Barrès dans son ingénieuse conversation.

— « Je suis curieux d'avoir votre opinion sur ce point, » dis-je à mon compagnon. « Croyez-vous que ces investigations, auxquelles nous assistons dans la plupart des livres qu'on publie, indiquent un courant sérieux des sentiments contemporains ? Est-ce un voyage de découvertes qu'entreprend l'esprit, ou n'est-ce qu'une fantaisie de dilettante qui se promène dans le vague et le bizarre ? Pour une fois, permettez-moi de parler en Janséniste réprouvé, mais sincère ; cette agitation de l'âme, curieuse d'expériences morales, est-elle le signe précurseur d'une régénération de l'esprit ? »

— « Comme il est difficile de répondre à votre question d'une manière satisfaisante ! » dit Marcel Schwob. « Pour moi, il me semble incontestable qu'il se prépare quelque chose. L'état d'esprit des jeunes a subi un choc qui l'a fait changer de direction. Les jeunes gens de mon âge, et je ne fais pas allusion seulement aux membres du club, dont parlait Barrès, mais les étudiants de l'Université, se sont mis à réfléchir sur les principes qui règlent l'existence de l'homme. Ils veulent se rendre un compte exact de la foi (voilà pour vous, Janséniste) qui devra guider leurs actes, lorsqu'ils seront appelés à remplir leurs fonctions sociales ; ils recherchent un idéal et l'union de tous ceux qui peuvent les aider à le réaliser. Et cette générosité de leurs âmes ne les prédispose pas à un certain vague dans les pensées ; au contraire, ils sont très sérieux et très énergiques, et ils ne se livreront pas au premier venu qui fera mine de les conduire [1].

« Avec cette sensibilité extrême pour tous les courants de l'atmosphère intellectuelle qui le caractérise, Maurice Barrès a pressenti ce changement de direction de l'opinion et il est venu à elle. Ou plutôt, — parce que supposer chez lui de la préméditation serait chose puérile, — il a obéi à cette même influence qui s'exerçait sur les autres, et sortant de sa tour d'ivoire, d'où il regardait le monde comme un joujou, il s'est converti à une conception plus humaine de la vie.

« Ce mouvement sera-t-il constant ? Qui pourrait le dire ? Je ne puis constater que le développement régulier et naturel des idées. Lorsque plusieurs forces diverses doivent concourir à mettre l'opinion publique en mouvement, on remarque toujours à la naissance de l'évolution une certaine incertitude de sens. Et c'est le cas ici, parce que, pour ne prendre que cet exemple de deux forces différentes, il faut que l'individualisme de l'artiste fusionne avec le sens pratique des gens du monde pour constituer le courant. Mais c'est cette hésitation même du début qui pour moi est une preuve de sincérité et de réalité. Ce qui est factice se manifeste sous forme de réclame ; et d'ordinaire

---

[1] Marcel Schwob fait allusion dans ces mots au mouvement des esprits de l'Université, tel qu'il se manifeste dans les articles publiés à la *Revue Bleue* et ailleurs, par M. Henry Bérenger, le sympathique président de l'Association générale des étudiants de Paris.

les sentiments profonds se dissimulent. Non, je ne doute pas que nous ne soyons à la veille d'une nouvelle alliance entre l'art et la vie. Quelle en sera l'influence sur la marche de notre société ? Je l'ignore. Que chacun de nous fasse de son mieux et cherche son chemin. Quant à moi, j'ai choisi le mien et j'irai jusqu'au bout. »

Marcel Schwob, l'homme le plus affectueux que je connaisse au monde, sait assumer un certain ton d'importance au moment où il le juge nécessaire. Il a cette espèce d'orgueil, particulière à l'homme qui a conscience de sa supériorité future. Tant qu'on se sent jeune, — vient-il jamais un temps où on ne le sent plus ? — tant qu'on reste persuadé que le monde ne sait pas encore ce que vous êtes, on remplace par sa fierté la gloire qu'on attend; c'est un équivalent.

Puis l'heure appelait la confiance intime.

— « Il m'est impossible de m'entendre avec les psychologues, » me dit Marcel Schwob. « La vie ne me paraît pas un thème de compositions de classe. Partout où je cherche à la saisir, elle fait explosion sous mes mains. J'y vois une succession de crises causées par un mouvement ascendant vers l'organisation et l'individualisation d'une part, et par un mouvement en sens contraire vers la dégénération et la désintégration de l'autre. Et c'est un ensemble de phénomènes portés à leur tension la plus haute, puis ramenés à un état d'indifférence complète.

«Je ne saurais rattacher à un conte banal toute cette histoire vraie de la société. Pour en comprendre tant soit peu la marche, j'ai besoin d'une collection de faits exactement observés dans un domaine strictement limité. Alors seulement je me fais une idée de ce qu'est en réalité la vie sociale.

«Vous avez peut-être raillé, comme d'autres, mon affection pour les recherches sur l'argot et le langage populaire. Voulez-vous que je vous dise nettement ce que j'en pense? C'est dans ces jargons méprisés que je crois tenir la clef du mystère. Avez-vous jamais suivi l'histoire d'un mot à travers les âges? Depuis le sens vague et équivoque que l'on y a attaché à son origine, jusqu'à ce qu'il soit devenu un concept clair, individuel, net de forme et même de son? C'est alors qu'il se trouve à sa place précise dans le corps de la langue ; rien ne rappelle plus ses origines obscures et il semble indépendant des éléments informes qui l'ont constitué. Il est le maître; il est même notre maître, puisque nous ne pouvons plus le manier comme nous voudrions, puisqu'il nous force de nous soumettre aux lois qu'il nous prescrit. On croirait que rien ne peut le chasser de la place autonome qu'il occupe. Et c'est justement alors que commence pour lui le retour vers en bas. Oh! on ne s'en aperçoit guère; on croit qu'un mot reste stationnaire, « beau » reste « beau » et « bon » reste « bon », à jamais. Pour moi, c'est autre chose; je le vois descendre après sa montée, je le vois dégénérer, c'est-à-dire devenir banal, d'individualisé qu'il était; je le vois tomber plus bas encore dans une existence obscure, jusqu'à ce que des mains brutales s'y attaquent, lui brisent les membres et en fassent une chose sans âme et sans nom, comme le monstre « bath [1] » qui désigne ce qu'autrefois on appelait « beau et bon ». Mais après ces transformations, — si toutefois la vie du langage ne l'élimine pas comme inutile, — je vois monter ce reste mutilé, je le vois conquérir sa place discrète, et, si sa bonne fortune s'en mêle, — car il y a des mots qui ont du guignon, — je le vois s'exalter et triompher. »

Marcel Schwob parlait avec une telle conviction que si même on avait eu peine à suivre ses arguments on aurait ressenti le choc qui mettait en mouvement ces phénomènes, ordinairement si tranquilles, du langage.

— « Vous me direz peut-être, » continua-t-il,

---

[1]. « Bath » ou « bate », qui en argot signifie beau et bon, est formé artificiellement, suivant l'opinion de Marcel Schwob. On a gardé seulement la lettre *b* du mot original et on y a ajouté la terminaison « ate » assez fréquente en argot. Ainsi « moche » dans le jargon des voleurs ne serait autre que « mal » (m-oche). Dans son *Étude sur l'argot français*, Marcel Schwob part du principe que les termes de jargon sont des mots déformés du langage ordinaire, et non des métaphores, comme on croyait jusqu'ici. Pour donner un exemple, selon lui il ne faut point considérer le mot argotique « tronche » (tête) comme un dérivé de « trancher » ou de « trunca », comme l'a fait Victor Hugo, qui y voyait une désignation de la tête coupée, mais simplement une déformation de « trogne ».

que vous n'avez jamais rien remarqué de pareil et vous m'affirmerez que ces mots déformés appartiennent à la société bien distincte et heureusement bien délimitée de messieurs les voleurs et les assassins, de sorte que même s'ils rappellent de loin un mot qu'on emploie ailleurs, il n'y a pourtant aucun rapport entre ce qui se trouve sur les hauteurs de la civilisation et ce qui grouille dans ses bas-fonds. Vous vous trompez... »

Il y eut un moment de silence ; évidemment, Marcel Schwob passait la revue des arguments qu'il pouvait apporter à l'appui de sa thèse; il fit rapidement un choix et me dit :

— « Vous vous trompez et je vais vous dire pourquoi. Vous pensez probablement que ce mouvement de déformation du langage, pour l'appeler ainsi, part exclusivement du monde des gueux et vous oubliez que les classes supérieures de la société, le cercle du sport, celui des artistes et des dilettantes du *high life* y sont aussi pour leur bonne part. Des deux côtés on attaque le mot établi et reconnu ; dans la rue, frondeuse et anarchiste, qui crée les termes nouveaux, et dans les réunions des gens du monde, qui aiment à recueillir les nouveautés qui courent la rue, — parce qu'il y a plus de causes de liaison entre la rue et le *high life* qu'on ne le croit d'ordinaire, — pour ne pas parler des artistes en qui il y a toujours du gamin, et je le dis à leur honneur.

« Je ne voudrais pas prétendre que cette attaque

réussisse habituellement, en apparence du moins. Mais je ne regarde pas l'extérieur des choses et je ne m'occupe nullement du résultat apparent. Ce qui m'intéresse, c'est la connaissance de l'action des forces qui agissent à un moment donné sur cet état social que nous appelons le langage ; je cherche à saisir, sous la surface tranquille, l'œuvre des puissances destructrices, qui minent l'édifice pour en construire un autre, fatalement. Qu'une catastrophe survienne, — une révolution ou une migration générale des peuples, qui abolirait pour un temps l'autorité de la tradition écrite, — et vous verrez bientôt quels sont les mots qui vivent en réalité et quels sont ceux qui ne mènent qu'une existence de fantômes. La chute de l'empire romain nous a montré ce qui pourrait arriver de nouveau. Vous n'ignorez pas qu'un des mots les plus nobles de notre langue, « la tête, » est sorti de la rue. Dans les temps troublés, où notre civilisation est née, « le chef, » *caput*, n'a pu maintenir sa position contre l'attaque du « pot », *testa* ; un beau jour il s'est trouvé remplacé par son rival ignoble [1]. C'est que, voyez-vous, il était mort, longtemps déjà avant que personne ne le sût.

« Il vous sera difficile peut-être de vous placer au point de vue d'où je contemple cette bataille des

---

[1]. Pour des formations analogues à *testa*, pot, avec le sens de « tête », voir : Marcel Schwob et G. Guieysse, *Étude sur l'argot français*, p. 22.

mots qui se heurtent, se blessent, se poussent dans l'obscurité, » dit Marcel Schwob qui de son côté, probablement, ne trouvait point son argumentation tout à fait probante. Du moins il s'empressa d'ajouter:

— « Ce qui me prouve que je suis sur la bonne voie, c'est que dans l'histoire des institutions sociales je rencontre la même succession de faits que dans celle des mots. Prenons la chevalerie, par exemple : née de la simple nécessité de défendre le sol contre les invasions hostiles, elle se développe en système d'obligations morales pour devenir dans sa métamorphose suprême le résumé de tout ce qui dans la nature humaine paraît noble et l'est. A ce moment précis elle entre dans sa période de décadence; la chevalerie devient une caricature et les chevaliers sont des aventuriers ou pis encore. Sans doute, pendant ce temps de déchéance réelle, le nom reste en honneur; mais la vie qui l'avait animée est ailleurs; l'esprit d'aventures militaires, l'esprit de découvertes à l'avant-garde de l'humanité, est allé se réfugier dans des classes sociales différentes : il va se développer, se dégager de ses nouvelles origines équivoques et obscures, et se bâtir des institutions nouvelles.

« La perspective de l'histoire nous permet facilement de voir cette marche ascendante et descendante des choses dans le passé. Cependant pour moi l'intérêt n'est pas là. C'est l'état présent de la société qui m'occupe, et j'y vois, comme dans les phénomènes du langage dont je vous entretenais, un mouvement qui part d'en bas pour arriver en haut, et qui retourne ensuite à son point de départ. Chaque trait de la nature humaine parvenu à son apogée et figé dans quelque institution sociale m'apparaît menacé par ce qu'il y a en bas d'informe et de désorganisé; et en revanche cet état difforme semble idéalisé à mes yeux par le développement qu'il contient en puissance. Oui, l'immoralité pour moi est un précipité de la convention morale supérieure et les mœurs de l'avenir sont en germe dans l'action brutale des classes inférieures ; je vois l'individu se perdant dans la masse et la masse se différenciant en individus, tout ordre nécessairement détruit et se reconstruisant de ses ruines mêmes. Mais, je le répète, à mon point de vue, tout ceci se passe simultanément, et c'est non seulement dans la succession du temps que les événements produisent leurs effets, mais aussi bien ils sont accompagnés en ligne parallèle d'effets analogues, qui manifestent leur dégradation ou leur exaltation, et représentent toutes les forces à l'œuvre dans la société : de sorte que l'état social nous offre à tout moment l'image du passé et de l'avenir, sur une échelle mouvante...

« J'ai peur que vous me preniez en flagrant délit de mysticisme. Je n'y puis rien, je vois comme cela, d'instinct. Il n'y a pas pour moi de ligne qui sépare ce qui est en bas de ce qui est en haut. Comment appeler ce sentiment? Faut-il lui donner le beau nom de la pitié? N'est-ce que la curiosité intellectuelle qui me mène à sonder les profondeurs du monde moral? Non, à vous dire vrai, ni ceci ni cela. Je vous l'avoue franchement, le mal a un attrait pour moi; la perversité me charme. »

Nous passions par l'Avenue de l'Opéra, pour gagner la rive gauche. Certes, la grande rue fastueuse a dû entendre de singulières causeries; mais je doute qu'elle ait été souvent le théâtre d'une confession à la fois si simple et si profonde que celle de mon compagnon.

En elle-même, elle ne m'étonnait guère. Tout homme doué d'un esprit poétique doit avoir ressenti l'attrait des choses basses. Quiconque se croit capable de créer soit une religion, soit un état, soit une représentation de la vie, s'adresse aux humbles et aux misérables, parce que là il peut donner la preuve de la force qui est en lui. Ce qui est organisé complètement ne fait point appel à sa sympathie; les organisations parfaites ont atteint leur pleine croissance selon leur loi propre et l'avenir ne leur appartient plus.

C'est vers les pauvres et les maudits du sort que le poète se sent attiré, puisque voilà pour lui la matière humaine qu'il peut animer de son souffle.

Et qu'on ne prétende point que de telles idées

ne puissent naître qu'au contact du mouvement désordonné d'une capitale où la misère et la grandeur se coudoient. Pour arriver à ce sentiment, il ne faut que ceci : être poète. Balzac l'a eue, enfant, au collège de Vendôme, cette vision mystique de la société, et il y a subi l'attirance inquiétante du mal. Browning nous a raconté, dans un de ses poèmes grotesques, que le *cant* anglais lui a pardonnés parce qu'il n'y a rien compris, comment il a reçu la révélation du mystère humain dans un petit village de la côte bretonne ; et il y a dans un coin de la naïve Souabe un poète ignoré qui a chanté le charme de la perversité sur un mode lyrique d'une grâce, d'une chasteté et d'une mélancolie infinies [1].

Mais cette conception poétique devient bien autrement importante quand elle acquiert, comme chez Marcel Schwob, l'autorité d'un principe scientifique, qui contient en germe un système vrai de la société humaine. Et c'est l'étude exacte d'une des manifestations les plus délicates de l'existence, du langage, qui donnera cette signification précise à la théorie mystique de l'harmonie sociale. Ici, il n'est plus question d'une belle inspiration du moment, mais d'une véritable découverte.

Ne vous semble-t-il pas parfois que l'humanité, après combien de tâtonnements ! est parvenue enfin à déchiffrer quelques mots nouveaux du livre de

---

[1]. Christian Wagner von Warmbronn, *Maerchenerzaehler, Brahmine und Seher*. Stuttgart, 1885.

son âme, — et ces mots la troublaient auparavant parce qu'elle ne savait pas en distinguer le sens ? Et n'est-il pas possible que nous assistions bientôt à quelque conquête définitive sur le domaine de l'inconscient, qui enferme l'espace si restreint de la terre connue de notre esprit ? Et ce pressentiment de l'avenir d'une idée nouvelle donna pour moi une importance exceptionnelle à l'heure où je reçus la confession intellectuelle de mon compagnon de route.

Nous longions le Louvre pour aller au boulevard Saint-Michel.

Marcel Schwob poursuivit le cours de ses explications; mais ce qui avait commencé par être une théorie générale, insensiblement finissait en une confidence tout intime et toute personnelle. Il me raconta combien dès son enfance sa nature inquiète et vagabonde l'avait fait souffrir jusqu'au moment où, ne sachant plus sa route, il avait trouvé un guide sûr qui avait dompté son humeur fantasque, en lui faisant apprécier le haut intérêt de l'étude scientifique exacte. Ses leçons lui avaient indiqué une immense carrière libre, ou sa curiosité pouvait s'assouvir.

— « C'est l'homme dont je vous ai fait faire la connaissance, » me dit Marcel Schwob; « et si vous l'estimez déjà profondément pour son intelligence ouverte et enjouée, quel ne serait pas votre sentiment pour lui, si vous aviez éprouvé comme moi les effets de sa bonté lucide, qui part du cœur, à laquelle je dois l'indépendance de mon esprit et ma fierté légitime.

« Ma fierté ! ne riez pas de cette expression ; c'est encore le seul sentiment qui puisse nous faire supporter les cahots de la vie. Mon pauvre ami Guieysse ! vous ne l'avez point connu..., vous ne pouvez savoir quel noble représentant de l'humanité la société a perdu en lui. Au moment même où il allait entrer dans la carrière qui offrait le plus d'avenir à son talent exceptionnel pour les recherches linguistiques, il n'a plus eu la force de résister à la pression de la vie, et il est mort avant la gloire.

« Quelle triste idée que de ne pouvoir honorer que la mémoire de l'ami, dont c'était ma plus haute ambition de devenir le collaborateur dans le champ de découvertes infinies qui s'ouvrait devant lui.

Mais peut-être que l'esprit ne mûrit que par le chagrin, et que l'imagination aussi a besoin de l'excitation de la douleur pour se déployer. Car j'y tiens, à mon imagination, et je ne changerais contre rien au monde ce qui me reste de mon humeur fantasque. Combien de ressources une ville comme Paris offre à ceux qui veulent exercer la mobilité de leur esprit en cherchant l'unité sous toutes les manifestations diverses de l'existence! Verlaine! Oui, Verlaine, ce nom me revient toujours à la bouche, parce que l'homme est toujours devant moi. Sa figure est un des grands problèmes de ma vie, ou plutôt non, c'est un des grands faits de mon existence spirituelle de ce moment. Vous qui êtes imbu des souvenirs classiques de l'école, vous serez peut-être étonné ; — mais sous quelle image pensez-vous que je le voie ? Pour moi, non seulement il a le masque de Socrate ; mais c'est Socrate lui-même.

« Ah ! ne vous récriez pas ! Bien des choses qui vous rebutent peut-être chez Verlaine ne nous choquent pas, nous, habitués que nous sommes à toutes les excentricités ! Et puis je ne parle pas du Socrate vulgaire, de cette espèce de professeur bonhomme et bonasse, fort en rhétorique et en philosophie, que l'on nous prône dans les manuels. Non, Verlaine me fait comprendre le vrai Socrate, celui que les Athéniens devaient condamner, mais dont Platon pouvait concevoir l'image idéale ; l'homme que sa femme ne pouvait souffrir, mais que recherchait le raffiné Alcibiade, le vrai Socrate en déshabillé, celui que raillaient les gamins d'Athènes et leurs confrères les poètes comiques, quand il restait debout pendant plusieurs heures en extase intellectuelle sur la place publique, mais dont l'extase a été la pâture d'esprit des générations suivantes jusqu'à nous, jusqu'après nous, et pour longtemps encore. Ainsi, pour moi, un seul mot de Verlaine, un de ces mots profondément naïfs dont il possède le secret, m'éclaire les abîmes du cœur humain et de la foi, ce qui est la même chose.

« Ceci n'est pas une métaphore, car cet abime attire comme l'autre et, tout en vous tentant, cherche à vous anéantir en vous soufflant l'orgueil de la destruction. Ah! quelle chose misérable et impuissante que l'homme! Vous rappelez-vous que Jules Renard un jour nous avouait sa prédilection pour *le Cadet* de Richepin? Cette disposition d'esprit, volontaire jusqu'à la férocité, se retrouve chez nous tous. Voilà pourquoi j'ai pensé quelquefois que la parabole de l'Enfant prodigue se prêterait peut-être aussi bien à symboliser la pensée intime de notre temps que celle du xve siècle avant la renaissance de l'esprit humain. L'Enfant prodigue! lui aussi un cadet, n'est-ce pas? *Le plus jeune des deux!* »

Nous avions passé la rivière. L'eau n'était qu'une tache sombre ; une ligne vague dessinait les faîtes des maisons du quai contre l'obscurité du ciel ; l'église Notre-Dame était une masse informe, montant confusément dans le gouffre noir de la nuit. Sur le boulevard Saint-Michel, on voyait encore les lumières éparses des cafés qu'on allait fermer et sur le trottoir se formaient de petits groupes de gens qui se disaient bonsoir pour rentrer chez eux.

— « Mais non ! » dit Marcel Schwob, après une pause de quelques secondes, qu'il donna à la réflexion. « Le fils prodigue sur sa route pénible voyait devant lui la maison paternelle, et nous, agités par des désirs aveugles, nous marchons vers l'inconnu. C'est un autre symbole qui nous convient : la figure d'Ahasvérus, du Juif-Errant, du voyageur sans trêve, qui a rencontré l'Idéal sur son chemin, mais qui lui a tourné le dos, parce qu'il ne le reconnaissait point dans la forme où il se présentait à lui; et il s'est mis à marcher, furieux contre lui-même, poussé par la folie de l'espérance vaine et il marche toujours. »

Et excité par la perspective sous laquelle les œuvres d'art se montraient à lui il poursuivit : « Voyez combien la comparaison est juste. Tout poème, — et je prends le mot dans son acception la plus étendue, — qui contient une parcelle de vraie vie a pour refrain ce : « Marche! marche! » comme si c'était sa qualification nécessairement sous-entendue et sans laquelle il perd tout sens réel. Vous rappelez-vous les *Terres vierges* de Tourguénieff avec leur conclusion d'une émotion poignante : le héros et l'héroïne se donnant la main pour aller parmi le peuple, c'est-à-dire vers l'inconnu ! Et la *Nora* d'Ibsen ! On s'est demandé souvent pourquoi cette petite poupée quitte sa maison chaude et son mari qui, après tout, n'est pas absolument insupportable, pour partir dans la nuit vers un avenir incertain. C'est que pour elle aussi a retenti la parole mystérieuse : Marche! et elle s'en va au loin, laissant derrière elle sa maison, ses enfants, tout ce qu'elle ne reconnaît plus comme l'idéal de l'existence, — en route vers l'inconnu ! Je ne parle pas des poésies de Verlaine, qui mettent à nu cette palpitation perpétuelle du cœur s'épuisant en rêves étranges; mais ce qui est tout près de nous, l'œuvre de Barrès, elle aussi, ne trahit-elle pas cet état d'agitation incessant de l'âme, inassouvie à jamais? Oui, le marcheur éternel erre dans ces pages de son pas inquiet. Et le livre aujourd'hui qui touche nos cœurs ne commence en vérité que là où son récit finit, — pour être continué par nous, en nous. »

Ici j'interrompis mon compagnon en lui montrant un homme qui marchait péniblement à quelque distance. Il traînait la jambe gauche et s'appuyait faiblement sur le bâton que tenait sa main tremblante. La lumière d'une des rares lanternes éclaira un instant sa forme douloureuse et grise : il hésita et retourna la tête, comme incertain de la route qu'il allait prendre.

— « Verlaine! » dit Marcel Schwob. « Est-ce que le François I serait déjà fermé? Nous allons le rejoindre, n'est-ce pas? »

Je retins mon ami par le bras.

FIN

vers l'inconnu. C'est un autre symbole qui nous convient : la figure d'Ahasvérus, du Juif-Errant, du voyageur sans trêve, qui a rencontré l'Idéal sur son chemin, mais qui lui a tourné le dos, parce qu'il ne le reconnaissait point dans la forme où il se présentait à lui; et il s'est mis à marcher, furieux contre lui-même, poussé par la folie de l'espérance vaine et il marche toujours. »

Et excité par la perspective sous laquelle les œuvres d'art se montraient à lui il poursuivit : « Voyez combien la comparaison est juste. Tout poème, — et je prends le mot dans son acception la plus étendue, — qui contient une parcelle de vraie vie a pour refrain ce : « Marche ! marche ! » comme si c'était sa qualification nécessairement sous-entendue et sans laquelle il perd tout sens réel. Vous rappelez-vous les *Terres vierges* de Tourguénieff avec leur conclusion d'une émotion poignante : le héros et l'héroïne se donnant la main pour aller parmi le peuple, c'est-à-dire vers l'inconnu ! Et la *Nora* d'Ibsen ! On s'est demandé souvent pourquoi cette petite poupée quitte sa maison chaude et son mari qui, après tout, n'est pas absolument insupportable, pour partir dans la nuit vers un avenir incertain. C'est que pour elle aussi a retenti la parole mystérieuse : Marche ! et elle s'en va au loin, laissant derrière elle sa maison, ses enfants, tout ce qu'elle ne reconnaît plus comme l'idéal de l'existence, — en route vers l'inconnu ! Je ne parle pas des poésies de Verlaine, qui mettent à nu cette palpitation perpétuelle du cœur s'épuisant en rêves étranges; mais ce qui est tout près de nous, l'œuvre de Barrès, elle aussi, ne trahit-elle pas cet état d'agitation incessant de l'âme, inassouvie à jamais? Oui, le marcheur éternel erre dans ces pages de son pas inquiet. Et le livre aujourd'hui qui touche nos cœurs ne commence en vérité que là où son récit finit, — pour être continué par nous, en nous. »

Ici j'interrompis mon compagnon en lui montrant un homme qui marchait péniblement à quelque distance. Il traînait la jambe gauche et s'appuyait faiblement sur le bâton que tenait sa main tremblante. La lumière d'une des rares lanternes éclaira un instant sa forme douloureuse et grise : il hésita et retourna la tête, comme incertain de la route qu'il allait prendre.

— « Verlaine! » dit Marcel Schwob. « Est-ce que le François Ier serait déjà fermé ? Nous allons le rejoindre, n'est-ce pas ? »

Je retins mon ami par le bras.

FIN

TABLE DES MATIÈRES

Préface.. VII

PREMIÈRE PARTIE

Une Causerie... 1

EUGÈNE CARRIÈRE
Une Exposition de Tableaux................................. 2

AUGUSTE RODIN
Un Atelier de Sculpture.................................... 7

CATULLE MENDÈS
Sur le Boulevard... 11

GEORGES DE PORTO-RICHE
Au Théâtre... 24

ALPHONSE ALLAIS ET MAURICE DONNAY
Au Chat-Noir... 27

ARISTIDE BRUANT
Au Mirliton.. 36
Sur la butte Montmartre.................................... 47
Poète populaire.. 59

JEAN MORÉAS
Poète moderne.. 66
Critiques amicales... 75
Poésie romane.. 84

ERNEST RAYNAUD
Album d'artiste.. 94

PAUL VERLAINE
Prélude.. 99
Interview.. 114
« *Bonheur* ».. 123
Un Dieu en Exil.. 128
Tristesse.. 140

TABLE DES MATIÈRES

DEUXIÈME PARTIE

LÉON CAHUN
La Génération d'hier.................................... 147
Hassan... 157

JULES RENARD
La Génération d'aujourd'hui............................ 163
Où allons-nous... 170

CLAUDE MONET
Une Impression.. 175

STÉPHANE MALLARMÉ
Intermezzo.. 178

JEAN RICHEPIN ET J.-H. ROSNY
Efforts et Tendances................................... 184

MAURICE BARRÈS
Concordance... 194
Un Philosophe... 200
Dandy et Poète.. 208

MARCEL SCHWOB
Un autre Philosophe................................... 220
Terreur et Pitié....................................... 239

JULES RENARD
Souffrances d'Artiste.................................. 250

LÉON CAHUN
Un Peuple ancien...................................... 262

MAURICE BARRÈS
Temps nouveaux....................................... 275

MARCEL SCHWOB
Retour dans la Nuit................................... 288

Poitiers. — Imp. BLAIS, ROY et Cie, rue Victor-Hugo, 7.

www.ingramcontent.com/pod-product-compliance
Lightning Source LLC
Chambersburg PA
CBHW060351170426
43199CB00013B/1835